长江疏浚土
综合利用技术与应用研究

张玉龙　杨恒勇　王瑞彩 ◎ 著

河海大学出版社
·南京·

图书在版编目(CIP)数据

长江疏浚土综合利用技术与应用研究 / 张玉龙，杨恒勇，王瑞彩著． -- 南京：河海大学出版社，2024.3
ISBN 978-7-5630-8898-0

Ⅰ．①长… Ⅱ．①张… ②杨… ③王… Ⅲ．①长江流域－疏浚工程－吹填土－综合利用－研究 Ⅳ．①U616

中国国家版本馆 CIP 数据核字(2024)第 051872 号

书　　名	长江疏浚土综合利用技术与应用研究 CHANGJIANG SHUJUNTU ZONGHE LIYONG JISHU YU YINGYONG YANJIU
书　　号	ISBN 978-7-5630-8898-0
责任编辑	陈丽茹
特约校对	官美霞
装帧设计	徐娟娟
出版发行	河海大学出版社
地　　址	南京市西康路 1 号(邮编：210098)
网　　址	http：//www.hhup.com
电　　话	(025)83737852(总编室)　(025)83722833(营销部) (025)83787601(编辑室)
经　　销	江苏省新华发行集团有限公司
排　　版	南京布克文化发展有限公司
印　　刷	苏州市古得堡数码印刷有限公司
开　　本	787 毫米×1092 毫米　1/16
印　　张	14.25
字　　数	330 千字
版　　次	2024 年 3 月第 1 版
印　　次	2024 年 3 月第 1 次印刷
定　　价	138.00 元

作者简介

张玉龙，镇江市港口发展集团党委委员、副总经理，高级工程师，从事水利工程建设管理与研究近30年。曾负责过10余项省、市重点工程项目，主持及参与10余项科技项目，获得江苏省水利系统"111人才工程"培养对象、先进工作者、镇江市"169跨世纪学术技术带头人培养工程"技术骨干等荣誉，发表多篇高水平论文，获得授权专利12项。

杨恒勇，镇江市港发绿色资源有限公司副总经理、镇江市水利协会理事。主要从事河道疏浚土综合利用、航道及锚地清淤维护等水工研究，以及岸坡稳定性分析、水流水沙数模等方向的研究工作。参与科研项目近10项。

王瑞彩，河海大学港口海岸与近海工程学院教师，工学学士、工学博士，主要从事疏浚土资源化利用、结构及其周围介质的相互作用、土体变形及岸坡稳定性分析、地基处理等方向的研究工作，参编《土建工程CAD/BIM技术应用教程》、《画法几何及水利工程制图》（数字课程教材），参加中国大学MOOC（慕课）水利工程制图课程建设工作。主持和参加科研项目20余项，发表多篇高水平论文，获得授权发明专利20余项，荣获水利教学成果一等奖1项、省部级科技三等奖2项。

序言

长江经济带事关全国发展大局,党的十八大以来,习近平总书记多次深入长江沿线考察调研,足迹遍及长江上中下游,为长江经济带高质量发展指明了前进方向、提供了根本遵循。沿着总书记指引的方向,长江经济带沿线11个省(自治区、直辖市)坚持生态优先、绿色发展,扎实推动长江经济带高质量发展。

近年来,随着我国经济建设的发展以及环境保护力度加大,砂石供需矛盾日益凸显。长江河道疏浚土作为一种可利用资源已经被越来越多的人认识、接纳和重视,疏浚土资源属性和经济价值逐渐显现。人们意识到长江河道疏浚土资源利用具有巨大潜力,综合利用工作对政府、经济、社会具有重要意义。疏浚土资源利用不仅可以补充砂石市场需求,也是解决长江泥沙淤积问题、促进长江通航能力的有效途径之一,是贯彻中央化解地方债务风险的重要抓手,是践行习近平总书记"生态优先、绿色发展"理念的重要举措,是推进各类资源节约集约利用、加快构建废弃物循环利用体系的有效措施。

在习近平总书记的方针指引下,我国生态治理战略稳步推进,长江经济带高质量发展为长江河道疏浚土综合利用提供了良好的契机。该书是几位作者多年从事疏浚土综合利用工作研究成果的总结,全面介绍了长江河道疏浚土综合利用的理论、装备、研发与应用。该书的出版将为发挥疏浚土资源优势、彰显长江河道疏浚土综合利用的效益,提供有力的技术支撑。

交通运输部、水利部等相关部门高度重视疏浚土综合利用工作,自2017年以来,联合各地人民政府,大力开展相关工作,印发多项政策文件,规范河道疏浚土综合利用工作,持续巩固提升河道非法采砂整治成果,有效保障了防洪安全、航道与通航安全、生态安全,服务地方经济社会发展。

未来,疏浚土综合利用工作将更加注重创新驱动,通过科技创新培育疏浚土综合利用的产业链、价值链,提升附加值。要着力推进疏浚土在区域重大工程,特别是河湖生态化治理方面的技术研发与利用;要切实加强对疏浚土综合利用全环节的监测和控制,确保施工安全、生态安全;要在疏浚土对环境影响最小化的基础上,最大限度地发挥其价值,以高质量的综合利用助力长江经济带高质量发展。

(何传金同志系长江航道局党委委员、副局长,总工程师)

前言

长江是中国的第一大河,承担着重要的经济和文化使命,推动长江经济带发展是国家一项重大区域发展战略。习近平总书记多次视察长江,强调要坚持"共抓大保护、不搞大开发",坚持生态优先、绿色发展,统筹推进生态环境保护和经济社会发展。在此背景下,疏浚土上岸利用具有十分重要的现实意义。

近年来,随着长江经济带高质量发展等重大战略开展,砂石骨料需求量持续上涨。长江航务管理局、长江水利委员会联合镇江、荆州等地市人民政府,积极探索开展长江航道疏浚土综合利用,不断强化长江河道采砂管理秩序,规范长江流域内疏浚土资源的管理与利用,优化疏浚物抛弃处理工艺,加强长江航道维护和生态保护,有力缓解区域砂石供需矛盾,促进长江岸线经济社会发展。

实践表明,疏浚土综合利用是以习近平经济思想为指导,建设现代化经济体系的生动体现;是践行习近平生态文明思想,落实长江"共抓大保护、不搞大开发"战略的重要举措;是运用习近平新时代中国特色社会主义思想的世界观和方法论,解决遗留问题、推动发展的有效措施;是提升底线思维能力,防范化解地方政府债务风险的有力抓手。

本书深入探讨了长江河道疏浚土综合利用工作,第1章至第7章系统介绍了疏浚土的概念、研究背景及现状、长江河道演变及疏浚土分布、长江疏浚土综合利用体系建设,阐述了当前长江疏浚土的技术研究、衍生产品及应用,同时,选取镇江、荆州两地试点示范案例进行详细分析,让读者能够更加深入地了解长江河道疏浚土综合利用工作,为读者提供疏浚土综合利用的宝贵经验。第8章至第9章分析了长江疏浚土综合利用存在的一些问题并提出合理化的对策和建议,展望未来疏浚土综合利用高质量发展蓝图,希望为疏浚土综合利用提供新的发展思路。

感谢长江航道局、长江镇江航道处、长江南京航道工程局、江苏省水利科学研究院等单位在本书撰写过程中给予的支持、配合与帮助,感谢上海应用技术大学人文管理学院张炜劼、江苏省镇江市高等专科学校徐玲娣,镇江市港发绿色资源有限公司孔伟程、宋远飞、沈星晨、张世晓、蒋思雅等同志在资料的收集与整理、文字与图片的编辑等方面做了大量工作。

长江河道疏浚土综合利用是近几年提出的新课题,相关研究较为鲜见。本书是作者近年来参与长江下游河道疏浚土综合利用相关研究成果的总结,限于作者学识,疏漏之处在所难免,恳请广大专家、读者批评指正。

目录

第1章 绪论 ·· 1
1.1 疏浚土的概念 ·· 3
1.2 疏浚土综合利用研究背景 ··· 4
    1.2.1 时代背景 ··· 4
    1.2.2 政策背景 ··· 7
1.3 疏浚土综合利用现状 ··· 8
    1.3.1 疏浚土综合利用研究现状 ······································ 8
    1.3.2 国内疏浚土综合利用概况 ······································ 9
1.4 长江疏浚土综合利用研究意义 ·· 10

第2章 长江河道演变及疏浚土分布 ··· 13
2.1 长江干线河道概况 ·· 15
    2.1.1 河道基本情况 ·· 15
    2.1.2 地貌特征 ·· 16
    2.1.3 河床边界条件 ·· 16
    2.1.4 水文泥沙特性 ·· 17
2.2 长江上游河道演变及疏浚土分布 ···································· 18
    2.2.1 长江上游水道现状 ··· 18
    2.2.2 长江上游典型水道演变 ······································· 18
    2.2.3 长江上游疏浚土分布 ·· 19
2.3 长江中游河道演变及疏浚土分布 ···································· 23
    2.3.1 长江中游水道现状 ··· 23
    2.3.2 长江中游典型水道演变 ······································· 24
    2.3.3 长江中游疏浚土分布 ·· 29
2.4 长江下游河道演变及疏浚土分布 ···································· 31
    2.4.1 长江下游水道现状 ··· 31

2.4.2　长江下游典型水道演变 ································· 34
　　2.4.3　长江下游疏浚土分布 ··································· 36

第3章　长江疏浚土综合利用体系建设 ································ 39
3.1　现场作业监管体系 ··· 41
　　3.1.1　组织领导 ··· 41
　　3.1.2　船舶管理 ··· 41
　　3.1.3　施工监管 ··· 41
　　3.1.4　例行检查 ··· 42
　　3.1.5　归档总结 ··· 43
　　3.1.6　网络信息智能化监管 ··································· 43
　　3.1.7　第三方监理 ··· 43
　　3.1.8　申报验收 ··· 44
3.2　安全环保监管体系 ··· 44
　　3.2.1　警戒船 ··· 44
　　3.2.2　疏浚设备及消能装置安全管理 ··························· 44
　　3.2.3　运输驳船安全管理 ····································· 45
　　3.2.4　码头作业安全管理 ····································· 46
　　3.2.5　环保管控措施 ··· 46
　　3.2.6　安全管控措施 ··· 47
　　3.2.7　现场安全管理措施 ····································· 48
3.3　现场应急管理体系 ··· 49
　　3.3.1　施工期突发事件应急响应 ······························· 49
　　3.3.2　应急组织机构及工作职责 ······························· 49
　　3.3.3　安全施工专项方案 ····································· 49

第4章　长江中下游疏浚土综合利用试点示范案例 ······················ 55
4.1　荆州市长江航道疏浚土综合利用 ····························· 57
　　4.1.1　荆州市疏浚土综合利用项目背景 ························· 57
　　4.1.2　荆州市疏浚土综合利用项目概况 ························· 57
　　4.1.3　荆州市疏浚土利用技术示范 ····························· 59
　　4.1.4　荆州市疏浚土综合利用小结 ····························· 60
4.2　镇江市长江河道疏浚土综合利用 ····························· 60
　　4.2.1　镇江市疏浚土综合利用项目背景 ························· 60
　　4.2.2　镇江市疏浚土综合利用项目概况 ························· 61
　　4.2.3　镇江市疏浚土利用技术示范 ····························· 62
　　4.2.4　镇江市疏浚土综合利用小结 ····························· 69

4.3 高资海轮锚地疏浚土综合利用实施技术案例 ········· 70
　4.3.1 项目背景 ········· 70
　4.3.2 资料搜集与技术策划 ········· 72
　4.3.3 疏浚专项设计 ········· 72
　4.3.4 冲淤演变及回淤研究 ········· 79
　4.3.5 疏浚采砂综合影响分析 ········· 88
　4.3.6 疏浚施工方案 ········· 98
　4.3.7 疏浚采砂论证报告目录及主要附件 ········· 102

第5章 长江疏浚土综合利用工程技术研究 ········· 105
5.1 长江疏浚土絮凝处理关键技术研究 ········· 107
　5.1.1 试验材料及仪器 ········· 107
　5.1.2 试验方法 ········· 108
　5.1.3 单掺絮凝剂泥水分离研究 ········· 112
5.2 长江疏浚土固化关键技术研究 ········· 122
　5.2.1 清淤底泥的石灰和矿渣固化方案 ········· 122
　5.2.2 不同掺量对固化底泥影响分析 ········· 123
5.3 长江疏浚土生态治理应用技术研究 ········· 127
5.4 长江疏浚土其他工程应用技术研究 ········· 137
　5.4.1 疏浚土修复水生环境研究 ········· 137
　5.4.2 疏浚土构建生态化湿地技术研究 ········· 139
　5.4.3 疏浚土河道加固工程应用技术研究 ········· 141

第6章 长江疏浚土衍生产品的研发及应用 ········· 145
6.1 制备绿色建材衍生产品的研究及应用 ········· 147
　6.1.1 疏浚砂建材掺配利用 ········· 147
　6.1.2 制备轻质环保陶粒的技术研究 ········· 147
　6.1.3 疏浚砂生产建材烘干砂 ········· 154
　6.1.4 疏浚砂制备石膏砂浆和铸造砂 ········· 155
6.2 制备生态河道养护产品的研究及应用 ········· 156
　6.2.1 基于长江下游疏浚砂的航道整治预制构件研究 ········· 156
　6.2.2 利用疏浚砂因地制宜实施河道治理 ········· 166
6.3 制备低碳预制产品的研究及应用 ········· 169
　6.3.1 疏浚土制作预制砖技术 ········· 169
　6.3.2 掺有长江下游疏浚砂的钢筋混凝土构件 ········· 170
6.4 疏浚土在改良土壤和种植中的研究及应用 ········· 172
6.5 制备文创工艺品的研究及应用 ········· 174

第7章 长江疏浚土综合利用设备与生产工艺研究 ·················· 175
7.1 长江河道疏浚设备现状 ·················· 177
7.1.1 疏浚施工船型及技术参数 ·················· 177
7.1.2 运输船 ·················· 181
7.2 疏浚土生产工艺研究 ·················· 181
7.2.1 水上疏浚技术及工艺研究 ·················· 181
7.2.2 接驳技术及工艺研究 ·················· 184
7.2.3 沥水工艺研究 ·················· 188
7.3 疏浚土技术改造研究 ·················· 189
7.3.1 疏浚船技改研究 ·················· 189
7.3.2 运输船技改研究 ·················· 190
7.3.3 疏浚土技术展望 ·················· 190

第8章 长江疏浚土综合利用问题与建议 ·················· 193
8.1 疏浚土制度建设方面的问题与建议 ·················· 195
8.1.1 当前存在的问题 ·················· 195
8.1.2 关于制度建设方面的建议 ·················· 195
8.2 疏浚土管理体系方面的问题与建议 ·················· 196
8.2.1 当前存在的问题 ·················· 196
8.2.2 关于管理体系方面的建议 ·················· 196
8.3 疏浚土实践操作方面的问题与建议 ·················· 197
8.3.1 当前存在的问题 ·················· 197
8.3.2 关于实践操作方面的建议 ·················· 197
8.4 疏浚土市场供应方面的问题与建议 ·················· 198
8.4.1 当前存在的问题 ·················· 198
8.4.2 关于市场供应方面的建议 ·················· 199

第9章 长江疏浚土综合利用高质量发展探索 ·················· 201
9.1 "变废为宝"助力低碳绿色发展 ·················· 203
9.1.1 疏浚土经济效益 ·················· 203
9.1.2 疏浚土综合利用生态效益 ·················· 204
9.1.3 疏浚土综合利用社会效益分析 ·················· 205
9.2 疏浚土综合利用标准化建设 ·················· 206
9.2.1 准入前提 ·················· 206
9.2.2 管理团队 ·················· 206
9.2.3 配套建设 ·················· 206

  9.2.4 规划设计 ·············· 207
9.3 项目申报批复与验收评审的优化 ·············· 207
  9.3.1 项目申报批复 ·············· 207
  9.3.2 项目验收与评审 ·············· 208
9.4 长江疏浚土综合利用信息化建设 ·············· 208
  9.4.1 信息化建设的重要性 ·············· 208
  9.4.2 智慧化管控平台 ·············· 209
  9.4.3 智能水尺测量 ·············· 209
9.5 疏浚土综合利用产业链建设 ·············· 210
  9.5.1 疏浚土延伸产业及砂石市场前景 ·············· 210
  9.5.2 疏浚土延伸产业发展趋势 ·············· 211

参考文献 ·············· 212

第1章

绪论

近年来,随着国内经济社会的快速发展,各级政府加大了对基础产业和基础设施建设的投入力度,砂石需求日趋增多,加之江河、湖泊总体来沙量持续减少,砂石供需矛盾逐渐突显。

2016年,习近平总书记在推动长江经济带发展座谈会上强调走生态优先、绿色发展之路,坚持"共抓大保护、不搞大开发"。在此背景下,水利部和交通运输部联合推动开展长江河道疏浚土综合利用工作,组织在荆州、九江、镇江等地先行开展试点,从一定程度上缓解了区域砂石供需矛盾。

1.1 疏浚土的概念

1. 疏浚土的定义

疏浚土是指河道(包括湖泊、水库、人工水道等)管理范围内实施各类涉河工程建设或维护性清淤、疏浚工程项目所产生的砂、石和土的总称。

2. 疏浚土综合利用的定义

疏浚土综合利用是指疏浚土按照行政属地原则由政府协调上岸利用的过程。疏浚土可以用于保障重点基础设施和民生工程项目建设等。

3. 疏浚土与传统工程性采砂的区别

与传统工程性采砂获得的砂石相比,河道疏浚土综合利用具有以下特点。

(1) 河道疏浚土依河道疏浚工程而存在,河道疏浚土的利用与河道疏浚工程不能分割。河道疏浚土正是由于河道疏浚工程而产生,且该砂石的开采过程与河道疏浚工程施工是同一个过程。一般而言,河道疏浚施工与出让利用疏浚土的过程具有连续、相互衔接的特点,可以降低河道疏浚土利用的成本。

(2) 河道疏浚土利用前景十分广阔。长江河道疏浚砂石均可利用,粒径较大的可应用于建筑工程,粒径较小的可用于吹填造地等工程。人类从事河道疏浚可追溯到千年以前,主要基于泄洪排涝利于农耕以及浚深水道利于航运。早期河道的疏浚土基本上被弃置,近年来随着我国经济的发展,河道疏浚土应用范围不断扩大,在土壤改良、人工造地、生态修复、修坝筑堤、制作建筑材料等方面都逐渐得到应用。在长江沿线地区,粒径在 0.1~2.0 mm 的河道疏浚砂石逐渐变成了稀缺资源,市场价格一路上扬。

(3) 河道疏浚砂石的自然资源属性没有变化。河道砂石具有自然资源和河床组成部分的双重属性。河道疏浚工程使得所获砂石改变了其作为河床组成部分的属性,但并没有改变其被利用的价值。此外,根据《中华人民共和国河道管理条例》(以下简称《河道管理条例》)规定,在河道管理范围内进行采砂、取土和弃置砂石等活动,必须报经河道主管机关批准。这一规定仅允许河道疏浚工程主体经批准后可以实施河道疏浚工程,并未涉及疏浚砂石权属的变更。因此,河道疏浚砂石,即因河道疏浚而获得的砂石,其自然资源属性在河道疏浚工程实施前后并没有改变。

(4) 倡导利用方向有所不同。传统工程性采砂一般包括建筑砂料开采和吹填等其他砂料开采。而长江河道疏浚土利用具有"坚持政府主导,部门联动;坚持资源国有,统一处置;坚持重点保障,统筹利用;坚持严格监管,规范实施"的"四个坚持"工作原则,疏浚砂石主要用来保障国家重点工程、市政基础设施和民生工程的建设等。

1.2 疏浚土综合利用研究背景

1.2.1 时代背景

1. 国家关于长江经济带的战略部署

发展是解决我国一切问题的基础和关键。"共抓大保护、不搞大开发"思想,既是习近平总书记对长江流域生态保护作出的重要要求,更是习近平总书记对流域区域发展理念的重大创新,不仅符合我国国情需要,也契合长江流域现状。党的十八大以来,习近平总书记先后在重庆、武汉、南京主持召开推动长江经济带发展座谈会,对长江经济带发展作出了全局性、根本性、系统性的谋划。将"共抓大保护、不搞大开发"写入法律,长江保护法的出台施行将形成保护母亲河的硬约束机制。"共抓大保护、不搞大开发"作为一个整体和实践指南,围绕水做文章,突出工作重点,以持续改善长江水质为中心,扎实推进水污染治理、水生态修复、水资源保护。

(1) 战略部署。2016年1月,习近平总书记在重庆召开的推动长江经济带发展座谈会上,全面深刻阐述了推动长江经济带发展的重大战略思想,提出实施长江经济带发展战略。当前和今后相当长一个时期,要把修复长江生态环境摆在压倒性位置,共抓大保护,不搞大开发。2018年4月和2020年11月,习近平总书记在武汉和南京主持召开全面推动长江经济带发展座谈会,赋予长江经济带谱写生态优先绿色发展新篇章,打造区域协调发展新样板,构筑高水平对外开放新高地,塑造创新驱动发展新优势,绘就山水人城和谐相融新画卷,成为我国生态优先绿色发展主战场、畅通国内国际双循环主动脉、引领经济高质量发展主力军的新历史使命。

为了加强长江流域生态环境保护和修复,促进资源合理高效利用,保障生态安全,实现人与自然和谐共生、中华民族永续发展,2020年12月26日,中华人民共和国第十三届全国人民代表大会常务委员会第二十四次会议通过了《中华人民共和国长江保护法》,自2021年3月1日起施行。《中华人民共和国长江保护法》是我国第一部流域保护法律,建立了长江流域协调机制,统一指导、监督长江保护工作,形成保护母亲河的硬约束机制。坚持生态优先、绿色发展的战略定位。把保护和修复长江流域生态环境放在压倒性位置,同时也注重优化产业布局,调整产业结构,并且突出"共抓大保护、不搞大开发"的基本要求。长江保护法坚持更高的标准、更严格的措施,强化资源保护、污染防治和生态修复。

(2) 发展蓝图。习近平总书记以"共抓大保护、不搞大开发"为导向,推动长江经济带发展的决策部署,明确提出了推动长江经济带发展需要正确把握的五个关系:第一,正确把握整体推进和重点突破的关系,全面做好长江生态环境保护修复工作;第二,正确把握生态环境保护和经济发展的关系,探索协同推进生态优先和绿色发展新路子;第三,正确把握总体谋划和久久为功的关系,坚定不移将一张蓝图干到底;第四,正确把握破除旧动能和培育新动能的关系,推动长江经济带建设现代化经济体系;第五,正确把握自身发展和协同发展的关系,努力将长江经济带打造成为有机融合的高效经济体。

长江经济带覆盖11个省市,约占1/5国土面积,聚集的人口占全国40%以上。经济的快速增长、流域的大规模开发，造成局部水环境质量下降、水生态系统受损、水土流失加剧、重要湿地萎缩，环境污染风险加大。习近平总书记强调："不搞大开发不是不要开发，而是不搞破坏性开发，要走生态优先、绿色发展之路。"习近平总书记关于长江经济带建设的一系列重要指示，将美丽中国建设具化到长江流域和长江经济带这个关节点，全面擘画了长江经济带生产发展、生活富裕、生态良好的美丽蓝图与科学路径。

(3) 推动长江经济带建设迈入新的更高发展阶段。以"共抓大保护、不搞大开发"为核心理念的长江经济带发展战略，是习近平新时代中国特色社会主义思想的重要组成部分，为长江流域的保护与发展提供了思想指引和行动指南，为新时代流域治理和区域发展注入了思想动力和实践活力，必将有力推动长江经济带建设迈入新的更高发展阶段。

绿色发展、科学发展和创新发展是人与自然和谐共生的发展。"共抓大保护、不搞大开发"，要求加强全流域生态保护与修复，提升森林、湿地、生物多样性保护力度，提高城乡环境综合整治成效；高标准、严要求打好污染防治攻坚战、推进体制机制改革创新，为全国生态文明建设提供可复制、可推广的经验模式。通过"共抓大保护、不搞大开发"，促进长江经济带产业结构、生产方式、生活方式优化升级，构建现代化经济体系。

推动区域之间资源要素等的合理流动与协调配置，才能进一步推进区域经济的协调发展。长江下游地区要将生态优势转化为发展优势，将下游优势转化为创新上升优势，这对实现国家阶段性、整体性战略部署，具有全局性重大意义。开展疏浚砂综合利用是推动长江经济带发展的重要体现，积极开展疏浚砂综合利用工作是长江航道绿色发展的有益尝试和探索，既有效解决了长江航道工程施工及养护中遇到的疏浚土处置难题，变废为宝，减少疏浚回淤，改善航道通航条件，减轻疏浚对环境的影响，还有利于缓解地方砂石供应矛盾，减轻非法采砂监管压力，促进地方经济发展。

(4) 不断提升和巩固长江经济带共抓大保护格局。推进长江经济带生态环境保护是一项长期复杂的系统工程，生态环境保护和建设任务艰巨，存量消减慢、增量新增快。长江经济带建设需以习近平新时代中国特色社会主义思想为指导，抓住流域治理的底线和关键，突出化解长江流域和长江经济带的生态困局，科学处理保护与发展的辩证关系，科学领会习近平总书记关于长江经济带发展系列重要讲话精神的精髓、实质和科学方法，以"共抓大保护、不搞大开发"为主线，以生态优先、绿色发展为引领，坚持把修复生态环境摆在压倒性位置，牢固树立和践行"绿水青山就是金山银山"的理念，增强生态发展的自主创新能力，突出抓重点、补短板、强弱项、聚合力，推进信息化与产业融合发展，引导产业有序转移和分工协作，加快发展现代服务业，打造沿江绿色能源产业带，提升现代农业和特色农业发展水平，实现流域、区域整体高质量发展，进一步提升和巩固长江经济带共抓大保护格局。

2. 党的二十大对绿色发展的重要论述

2022年10月16日，中国共产党第二十次全国代表大会在北京召开，习近平总书记在党的二十大报告中指出："大自然是人类赖以生存发展的基本条件。尊重自然、顺应自然、保护自然，是全面建设社会主义现代化国家的内在要求。必须牢固树立和践行绿水青山就是金山银山的理念，站在人与自然和谐共生的高度谋划发展。""要推进美丽中国建设，坚持山水林田湖草沙一体化保护和系统治理，统筹产业结构调整、污染治理、生态保护、应对气候变化,协同推进降碳、减污、扩绿、增长,推进生态优先、节约集约、绿色低碳发展。"

加快发展方式绿色转型,是党中央立足全面建成社会主义现代化强国、实现第二个百年奋斗目标,以中国式现代化全面推进中华民族伟大复兴作出的重大战略部署,具有十分重要的意义。推动绿色转型发展,必须抓住资源利用源头,各类资源都要统筹好开发与保护、增量与存量的关系,全面提升利用效率,促进发展方式绿色转型。

（1）加快发展方式绿色转型。党的二十大报告指出,要实施全面节约战略,倡导绿色消费,推进各类资源节约集约利用,加快构建废弃物循环利用体系。构建废弃物循环利用体系,是实施全面节约战略的重要内涵,是深化循环经济发展的重要举措,是全面提高资源利用效率的必由之路。

习近平总书记指出,新时代抓发展,必须更加突出发展理念,坚定不移贯彻创新、协调、绿色、开放、共享的新发展理念。绿色发展是新发展理念的重要组成部分,绿色决定着发展的成色。加快发展方式绿色转型,就是要坚持和贯彻新发展理念,正确处理经济发展和生态环境保护的关系,把经济活动、人的行为限制在自然资源和生态环境能够承受的限度内,改变传统的"大量生产、大量消耗、大量排放"的生产模式和消费模式,使资源、生产、消费等要素相匹配、相适应,实现经济社会发展和生态环境保护协调统一、人与自然和谐共生。绿色发展要贯穿经济社会发展全过程、各领域,加快绿色转型,是对我国发展方式的一场深刻变革,将对生产方式、生活方式、思维方式和价值观念产生全方位、革命性影响。

党的二十大报告指出,"推动经济社会发展绿色化、低碳化是实现高质量发展的关键环节"。高质量发展是绿色成为普遍形态的发展。加快发展方式绿色转型,就是要改变过多依赖增加物质资源消耗、过多依赖规模粗放扩张、过多依赖高能耗高排放产业的发展模式,按照促进人与自然和谐共生的要求,从"有没有"转向发展"好不好"、质量"高不高",构建科技含量高、资源消耗低、环境污染少的产业结构,大幅提高经济绿色化程度,有效降低发展的资源环境代价。以绿色化、低碳化为显著特征的绿色转型,将通过技术进步、提升效能等降低资源消耗和污染物排放,减少温室气体和对自然生态破坏,从而形成资源高效、排放较少、环境清洁、生态安全的高质量发展格局。

"尊重自然、顺应自然、保护自然,是全面建设社会主义现代化国家的内在要求。"人与自然和谐共生是中国式现代化的重要特征。中国式现代化坚持推动绿色发展,同步推进物质文明和生态文明建设。加快发展方式绿色转型,就是要深刻把握自然规律和经济社会可持续发展一般规律,加快形成节约资源和保护环境的产业结构、生产方式、生活方式、空间格局,走出一条生产发展、生活富裕、生态良好的文明发展道路。

长江河道疏浚砂综合利用项目是对传统航道疏浚物处理方式的优化,改变了传统疏浚物抛弃处理工艺,通过运输上岸实施综合利用,从而避免了疏浚物抛弃过程中对长江水体的扰动和二次污染,减轻疏浚工程对长江水体动植物生存环境的影响。同时对长江河道疏浚砂石进行生态资源化利用,通过研发疏浚砂的高附加值产品,推动疏浚砂综合利用向纵深发展,加快建立健全绿色低碳循环发展经济体系,助推经济社会发展全面绿色转型。

(2)提升生态系统多样性、稳定性、持续性。党的二十大报告指出,要坚持统筹推进生态保护和恢复。以国家重点生态功能区、生态保护红线、自然保护地等为重点,加快实施重要生态系统保护和修复重大工程。实施生物多样性保护重大工程。要持续提升生态系统质量和稳定性,推进实施重要生态系统保护和修复重大工程,加大珍稀濒危野生动植物保护拯救力度。开展大规模国土绿化行动,科学推进荒漠化、石漠化、水土流失综合治理。推行草原森林河流湖泊湿地休养生息,实施好长江十年禁渔。建立完善生态保护红线生态破坏问题监督机制,加强生态保护红线、县域重点生态功能区生态状况监测评估,有效防范重大生态环境风险,加强生物安全管理,防止外来物种侵害。

长江属多泥沙河流,河床冲淤演变复杂。在习近平新时代生态文明思想的引领下,大量开采长江河道砂石资源已经越来越不符合绿色发展理念。传统的航道疏浚作业,将疏浚物抛至长江深水处,二次落江容易对长江内的水生态环境产生一定影响,干扰水生物生存环境。通过长江航道疏浚砂综合利用,对长江疏浚物实施上岸管理,能够从一定程度上降低航道疏浚对长江水生环境的影响,保障江内鱼类和其他水生生物的生存空间,提升长江生态系统的多样性、稳定性、持续性。

1.2.2 政策背景

习近平总书记强调推进长江经济带发展必须走生态优先、绿色发展之路。2020年11月14日,习近平总书记在南京召开的全面推动长江经济带发展座谈会上明确要求"使长江经济带成为我国生态优先绿色发展主战场、畅通国内国际双循环主动脉、引领经济高质量发展主力军"。2020年12月26日《中华人民共和国长江保护法》的颁布,充分彰显了党中央对长江经济带"共抓大保护、不搞大开发"重要决策部署的重视。

为贯彻落实习近平生态文明思想,推动长江经济带"共抓大保护、不搞大开发",2019年7月江苏省人民政府印发了《关于长江江苏水域禁止采砂的通告》(苏政发〔2019〕49号),规定除因整修长江堤防进行吹填固基或者整治长江河道、整治长江航道以及通江口门、码头、锚地等疏浚采砂外,长江江苏水域禁止采砂。随着砂石供需矛盾凸显,为稳定砂石市场供应、保持价格总体平稳、促进行业健康有序发展,2017年开始长江水利委员会联合长江航务管理局等单位相继在九江市、荆州市两处开展疏浚砂综合利用试点工作,2019年江苏省镇江市、泰州市紧随其后,积极推动开展长江下游疏浚砂综合利用。

随着试点工作的持续推进,相关政策保障水平在不断提升。2020年3月25日,国家发展改革委、水利部等15部门和单位联合印发了《关于促进砂石行业健康有序发展的指导意见》(发改价格〔2020〕473号)(以下简称《指导意见》),《指导意见》强调要及时总结推广河道疏浚砂综合利用试点经验,推进河砂开采与河道治理相结合,建立疏浚砂综合利用机制,促进疏浚砂利用。2020年9月25日,水利部、交通运输部发布了《关于加强长江干流河道疏浚砂综合利用管理工作的指导意见》(水河湖〔2020〕205号),提出"坚持政府主导,部门联动;坚持资源国有,统一处置;坚持重点保障,统筹利用;坚持严格监管,规范实施"的"四个坚持"工作原则,进一步规范长江干流河道疏浚砂综合利用管理。2021年9月23日,江苏省长江河道采砂管理联席会议办公室印发《关于加强长江河道疏浚类采砂项目管理工作的意见》(苏砂管联席办〔2021〕7号),进一步要求不断提升长江河道疏浚砂利用保障水平，探索建立政府主导、水利主管、企业（国有）主营、集约处置的长江河道疏浚砂综合利用新模式，鼓励有条件的市、县（市、区）探索建立适合本地区特点的疏浚砂综合利用以及收益反哺长江河道治理与保护的相关工作机制。2023年1月水利部、交通运输部联合印发了《水利部 交通运输部关于推行河道砂石采运管理单制度的通知》（水河湖〔2023〕5号），在全国推行河道砂石采运管理单制度。可见，从中央到地方均在积极推进长江疏浚砂综合利用工作，相关政策保障水平在不断提升，并鼓励有条件的市、县（市、区）进行先试先行，积极发挥示范引领作用。

1.3 疏浚土综合利用现状

1.3.1 疏浚土综合利用研究现状

长期以来，国内外学者针对疏浚砂资源化利用技术开展了大量研究。SIHAM等人利用疏浚沉积物作为原材料，改进铺路填方利用技术，研究通过适当的处理方法，将疏浚土用于铺路填方工程。王卓甫等人讨论了河道砂石市场的可调控性，提出在实行河道采砂许可制度的环境下，应通过适当控制开采（供应）量来调控砂石的供应价格，并探讨了不同量价关系的特点。何宁等人研究利用疏浚砂土填充袋筑堤技术，应用于围堤建设的工程实例，结果表明堤体及地基稳定性能够符合安全设计要求。谈晓青针对长江口航道疏浚淤泥（砂）特点，研究其应用于底层抹灰石膏的临界掺量、外加剂改性技术等。丁慧等人利用粉煤灰和矿粉，对疏浚砂土进行固化，使得处理后的疏浚砂土能够达到填料的设计要求。AMAR等人利用疏浚沉积物作为胶凝材料的替代物，研究表明煅烧后的沉积物改善了胶凝材料的性能。王海兵就河道采砂以及清淤疏浚治理模式进行讨论，粗略地提到采取河道采砂与河道疏浚治理相结合的理念。郑永梓结合疏浚土的内涵，分析疏浚土利用中存在的问题，包括利用方式单一、缺乏有效管理、利用率低等，并基于这些问题提出相应的解决对策。黄佳音等人介绍了疏浚土制备回填土、免烧建材型材、绿化土等资源化利用方式，分别从岩性特征、营养盐及重金属污染等情况、有机质及盐分含量定性与定量相结合分析疏浚污染土资源化利用途径选择的依据，并据此对太湖与白洋淀疏浚土分别成功制备免烧砖和绿化土进行实证分析。丁继勇等人提出长江河道疏浚砂石宜采用"采砂作业＋砂石出让"的交易方式，将河道疏浚施工作业与疏浚砂石资源交易的主体分开。在分析长江河道疏浚砂石利用主要环节的基础上，构建长江河道疏浚砂石利用管理模式，即河道疏浚工程与疏浚砂石交易应由政府水行政主管部门统一监管，而交通运输行政主管部门具体管理航道等疏浚工程，河道管理机构管理疏浚砂石出让。包起帆等人从生态环境塑造、滩涂资源保护、长江口河势控制等方面着手，探讨了开展长江口大保护的有关路径和方法，提出了以横沙大道延伸及促淤护滩工程为依托，实现2020年后综合利用长江口深水航道疏浚土在新横沙生态成陆的具体方案。丁继勇等人进一步以疏浚土在疏浚砂石资源化利用中的配合度为控制参数，构建了疏浚砂石资源化利用激励模型，同时结合委托代理理论和采砂管理实践，探讨了激励模型中激励系数设计，并以算例说明模型与参数设计的合理性。柴萍等人系统分析了疏浚底泥在土地利用、堆肥发酵、制砖及填方材料等领域的资源化利用技术，最后提出了污染底泥资源化利用的研究展望。徐会显等人通过对荆江三口地区枯水期疏浚泥的颗粒特性、化学成分、营养成分以及毒性等特性进行分析,综合评价了潜在生态风险,并对其资源化利用途径进行探讨研究。陈彦霖着重阐述淤泥固化处理技术,同时剖析了淤泥资源化利用途径。姚仕明等人总结了长江流域泥沙资源利用的主要途径,分析了在长江流域输沙减少、泥沙重分配的新形势下,为缓解长江泥沙供需矛盾,长江上游需通过加强梯级水库联合水沙调度优化水沙资源配置,从宏观上改善泥沙分布不均的局面。同时,在上游水库开展挖砂清淤等措施,充分利用水库泥沙资源,加强河道采砂管理与规划,合理利用支流湖泊泥沙资源,减轻长江干流泥沙需求压力,并积极推动长江航道疏浚砂的综合利用。诸裕良等人指出以长江航道整治废弃疏浚砂作为主要原料制备砂浆,可以大量利用废弃疏浚砂和各种工业废渣,有效缓解天然砂石材料短缺和枯竭的问题。杨会臣等人评述了当前国内外对河湖疏浚设备和淤泥资源化利用的几种主要途径,包括物理利用、生物处理以及化学处理方法等,同时对新型的干馏法进行了介绍,指出了未来淤泥资源化利用的主要发展方向。陈秀瑛等人依托镇江市、泰州市长江航道疏浚砂综合利用(试点)工程,对长江下游航道疏浚砂综合利用全过程进行研究,提出了水上转运区、分散式上岸以及五联单监管的模式。李升涛等人分析了长江下游航道超细疏浚砂的理化性质,并以超细疏浚砂为原料,设计了 5 种不同疏浚砂掺量的碱激发矿渣混凝土(AASC)配合比,研究了其流动性、抗压强度、劈拉强度和吸水率的变化,并通过扫描电子显微分析(SEM)、X 射线衍射(XRD)和压汞(MIP)技术,分析了 AASC 的物相组成和微观结构。可见,现有研究大多是针对疏浚砂资源化利用实施与管理模式的探讨,以及针对疏浚砂本身采用物化方式改变其性质,从而使其更利于上岸利用。

1.3.2　国内疏浚土综合利用概况

1. 疏浚土综合利用发展历程

长期以来,国内沿海地区疏浚土利用仍处于探索阶段,利用率较低。进入 21 世纪后,沿海地区(上海、天津、唐山市曹妃甸区、广州、深圳、防城港市)的吹填造陆、围海造地有了迅猛发展,综合效益令人瞩目。

长江航道疏浚土的利用开始于 20 世纪 50 年代。当时对疏浚泥沙的利用是将其堆积在下游边滩上淤高形成沙滩,引水入槽,提高航道水深,这一时期属非防污染意识的疏浚泥土利用阶段。长江航道疏浚土的较大规模利用开始于 20 世纪 80 年代中期。这时的疏浚泥土利用方式有两种:一种是基建性航道开挖,通过开挖达到陆上回填,例如很多堤防加固建设工程都是通过绞吸船或耙吸船的吹填来实现的;另一种方式是维护性疏浚,利用疏浚泥土来吹填造地或基建用地,这类疏浚泥土利用多见于长江两岸港口基建性工程中。可以说在这一时期,长江航道管理者才真正算得上是有了疏浚土综合利用的意识,但是由于各项工作源自施工任务要求,长江航道管理者是被动应对而非主动作为,所以这一阶段仍只能算是启蒙阶段。

我国对"疏浚土是一种资源、疏浚土可综合利用"的观点已基本达成共识,但目前国内尚无相关技术规范、标准可循,管理协调机构及激励机制等尚不完善,需要建立明确健全的法规制度、高层次统一管理的协调机构以及相应激励机制,进而使得长江航道疏浚砂的有效综合利用得到广泛开展。

2. 近年长江河道疏浚土综合利用情况

长江河道采砂管理事关长江治理、开发和保护大局以及长江通航环境的改善和黄金水道效益的发挥。河床砂石是河道稳定、水沙平衡的物质基础,每年可供开采的床沙质是有限的,若无限制地、掠夺式地开采江砂,将会破坏长江的河势以及长江河床的冲淤平衡。根据水利部、交通运输部联合制定的《水利部、交通运输部关于进一步加强长江河道采砂管理工作的通知》(水建管〔2012〕426号)文件精神,长江采砂管理实行地方人民政府行政首长负责制,逐级落实由政府负责,水利部门牵头,交通港航、海事、航道、公安等相关部门配合的责任制体系。

长江航道局维护四川宜宾至江苏浏河口 2 628.8 km 的长江干线航道(不包括由长江三峡航道局负责养护的宜昌至庙河中水门 59 km 长江干线航道),同时还维护着海轮航道、缓流航道、副航道、小轮航道、专用航道、支流河口航道等,维护总里程达 4 753.4 km。其中宜宾、泸州、重庆、宜昌中上游4个辖区航道的河床底质为砂卵石,武汉、南京2个辖区的河床底质为沙(泥)。为确保航道通航尺度,长江航道疏浚维护施工,每年疏浚土方量约为 3 000 万 m^3。因为政策许可和出口方向的限制,疏浚土基本被就近抛弃在航槽外。

近年来,因经济发展需要,大部分地方政府对长江航道疏浚土产生了浓厚的兴趣,希望疏浚土能在上岸后得到综合利用。2017年开始,长江水利委员会联合长江航务管理局,共同推动开展长江航道疏浚土综合利用试点工作。之后,湖北省荆州市、江西省九江市、江苏省镇江市、江苏省泰州市陆续启动了长江航道疏浚砂综合利用试点工作和项目。

目前对于疏浚土的利用主要是吹填、重点工程基础回填及城市建设工程等工程利用方面,未来可加强多元化的综合利用研究,如建立公园、湿地恢复、打造休闲区景观以及多用途场地开发,在疏浚土储存区进行水产养殖等。

1.4 长江疏浚土综合利用研究意义

1. 推动长江经济带发展,提升长江水生态环境

2020年11月14日,习近平总书记在南京召开的全面推动长江经济带发展座谈会上明确要求"使长江经济带成为我国生态优先绿色发展主战场、畅通国内国际双循环主动脉、引领经济高质量发展主力军"。长江经济带的建设发展离不开对砂石资源的需求。对疏浚土实施综合利用,能够降低传统疏浚土抛江处理过程中对水体环境的二次扰动,避免对水下动植物生存环境产生影响,减少水体中悬浮颗粒,提升水生态环境质量。

2. 解决长江干流河道淤积问题,促进长江航运发展

以往长江航道疏浚土的处理方式主要为在航道部门指定区域抛弃,或抛至深水航道内。由于水流的作用,疏浚土会随时间推移被水流夹带至下游航道中,造成下游河道的淤积;同时,疏浚土溢流扩散也会增加航道的回淤积量。通过实施疏浚土综合利用项目,将疏浚土及时、有效地上岸进行综合利用,从根本上改变以往将大量疏浚土直接外抛的简单做法,可以大幅度提高疏浚施工效率和全线的疏浚效果。

3. 支撑地方经济发展,缓解城市建设用砂供需矛盾

砂石资源是地方经济社会发展重要的物质基础和支撑,是建筑、道路、桥梁、水利等基础设施建设的材料。伴随各地经济社会的迅速发展,城市基础建设、民生工程、产业投资等各类项目的用砂需求总量不断增加。近几年,由于国家环保政策的收紧,砂石供需关系逐渐失衡。长江疏浚土的综合利用能够为地方重点工程建设项目提供用砂保障,为城市的砂石供应提供适当补充,有利于沿江地区经济社会的发展。

4. 提升长江流域管理水平,维护河道采砂秩序

近年来,由于国家对河道保护和水生态环境保护的日益重视,水利部门和沿江各地高度重视采砂管理工作,通过持续的高压严打,长江流域的非法采砂现象基本绝迹。推动长江航道疏浚土综合利用工作有利于进一步强化长江河道采砂管理秩序,规范长江流域内航道疏浚土资源的管理与利用,切实加强对河道采砂工作的监管力度。

5. 响应国家节能减排号召,有助于实现碳中和目标

疏浚土综合利用通过对航道疏浚物的"废物利用",以工艺创新的方式产出满足城市建设需求的砂石建材资源,统筹推进地区砂石产业结构与能源结构调整,进一步优化砂石行业能源消费结构,有效降低砂石行业的碳排放,协同构建砂石资源的循环经济产业链。未来,砂石资源综合利用体系将不断完善,绿色发展内生动力显著增强,疏浚土综合利用全面实施,绿色砂石供应链运营体系更加成熟,通过砂石行业绿色低碳管理体系,多产业协同降碳,推动砂石行业早日实现"双碳"目标。

第 2 章

长江河道演变及疏浚土分布

由于长江不同河段在河道情况、地貌特征、水文泥沙特性等方面均存在较大差异,使得长江疏浚土在地理分布的数量和特性上存在不同。不同区域内的长江疏浚土综合利用工作,需根据上述情况的不同因地制宜开展实施。

2.1 长江干线河道概况

长江,世界水能第一大河,发源于青藏高原的唐古拉山主峰各拉丹冬雪山西南侧,干流全长 6 363 km,总落差约 5 400 m,自西向东流经青海、四川、西藏、云南、重庆、湖北、湖南、江西、安徽、江苏、上海 11 个省(自治区、直辖市)。根据地形地貌、气候差异和地质条件等因素,将湖北宜昌和江西湖口作为长江干流的分界点,分为上游地区、中游地区和下游地区三大部分。

2.1.1 河道基本情况

1. 长江上游河道基本情况

长江干流宜昌市以上为上游,长 4 504 km,占长江全长的 70.4%,控制流域面积 100 万 km²。宜宾市以上称金沙江,长 3 464 km,落差约 5 100 m,约占全江落差的 95%,河床比降大,滩多流急,主要支流是雅砻江;宜宾至宜昌河段长约 1 040 km,本段加入的主要支流中,北岸有岷江、嘉陵江,南岸有乌江。长江上游航道示意图如图 2-1 所示。

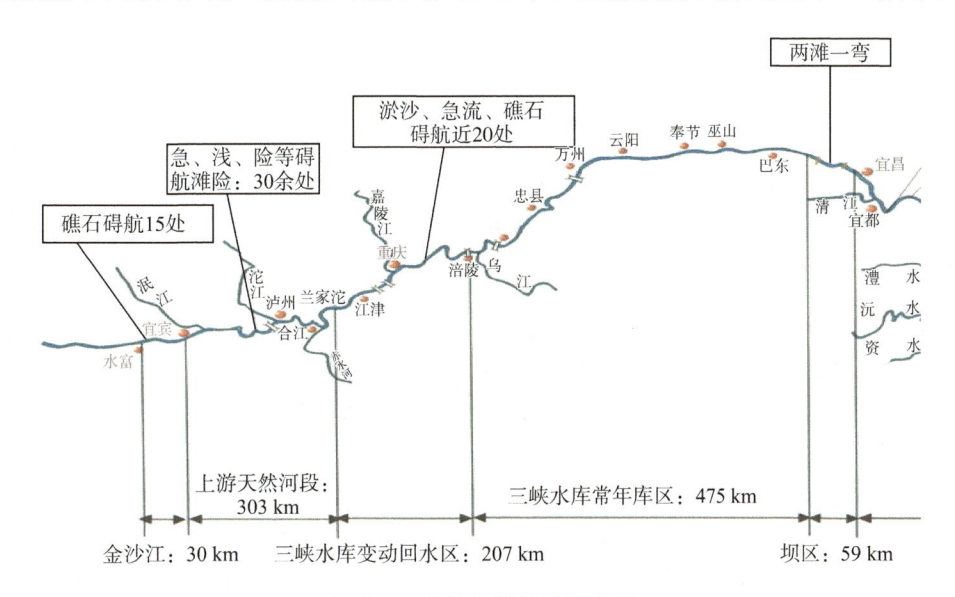

图 2-1 长江上游航道示意图

2. 长江中游河道基本情况

宜昌市至湖口县为中游,长 955 km,流域面积 68 万 km²,本段加入的主要支流中,南岸有清江及洞庭湖水系的湘、资、沅、澧四水和鄱阳湖水系的赣、抚、信、修、饶五水,北岸有汉江,本段自枝城至城陵矶为著名的荆江,南岸有松滋、太平、藕池、调弦(已堵塞)四口分水和洞庭湖,水道最为复杂。

3. 长江下游河道基本情况

湖口县至出海口为下游,长 938 km,流域面积 12 万 km²,加入的主要支流有南岸的青弋江、水阳江水系、太湖水系和北岸的巢湖水系。

2.1.2 地貌特征

长江流域地貌丰富多彩,上游呈现高原山地与险滩峡谷,中游展现平原丘陵和湖泊,下游形成平原水网。地貌特征源于地质、气候和水文等多重影响,构成了长江流域多样性的生态系统和适应多样活动的环境。

1. 长江上游地貌特征

上游地区位于青藏高原东部,地势高峻,地貌以高原和山地为主。在这一区域,长江的源头在青海省玉树藏族自治州,流经青藏高原,形成了梅里雪山、巴颜喀拉山等雪山冰川景观。河道狭窄,流速较快,形成了许多险滩和急流,如金沙江的急流段。同时,上游地区也有峡谷地貌,著名的雅鲁藏布大峡谷就位于此区域。

2. 长江中游地貌特征

中游地区是长江河流的主要部分,地貌特征更加多样。在这一区域,长江流经四川盆地、重庆市以及湖北、湖南等省份。中游地区地势相对平坦,河道流速减缓,形成了大片的平原和冲积平原。中游地区有一些著名的丘陵和山脉,如巫山、武陵山等。在这一区域,长江形成了许多湖泊,如洞庭湖、鄱阳湖等。

3. 长江下游地貌特征

下游地区位于长江三角洲,地势较为平坦,地貌以平原和水网为主。长江分为多条主要水道,形成了错综复杂的水网系统。这一地区有着丰富的湿地和沼泽,同时也是重要的农业产区和经济发展区域。

2.1.3 河床边界条件

长江河床边界条件因上、中、下游地理特点差异,呈现多样性。上游受冰川融水和急流险滩影响,中游平坦稳定,下游受季风、潮汐影响,河床边界形成条件错综复杂。这些条件塑造了长江不同地区独特的水流特征,但也因河流淤积和洪水风险需要进行持续的管理和防护。

1. 长江上游河床边界条件

上游地区的河床边界条件受到青藏高原的影响。由于上游地势较高,河流流速较快,水流冲刷力较强,因此上游的河床常常呈现陡坎状,存在较多的险滩和急流段。河段内河床平面形态宽窄相同,曲折多弯。此外,上游地区还受到冰川融水和雪水的影响,季节性水位变化较大。

2. 长江中游河床边界条件

中游地区的河床相对平坦,水流速度较慢,使河床边界的侵蚀作用较弱。季风气候下的夏季降雨增大了侵蚀力度,然而由于地形平缓,水流的冲刷作用相对有限。水利工程建设和人类活动可能改变河流水动态,影响河床的侵蚀和淤积情况。

3. 长江下游河床边界条件

下游地区的河床边界条件主要受到长江三角洲地形和海洋影响。下游地区水流缓慢,水流冲刷力较弱,因此河床主要呈现出分支众多、错综复杂的水网系统,河道容易淤积。由于受到潮汐和海水影响,下游地区还存在潮汐河段,河水和海水交汇,形成了特殊的河床条件。

2.1.4 水文泥沙特性

长江的水文泥沙对长江流域的生态环境和资源管理产生了深远影响。宜昌站是长江上游最后一个控制站,其径流由上游的屏山站来水,支流岷江、嘉陵江、乌江来水,以及其余小型支流与屏山站至宜昌站区间汇流等组成。大通站是长江干流最后一个主要水文控制站,也是入海之前的控制站,其径流由上游宜昌来水,支流汉江、洞庭湖和鄱阳湖来水以及其余小型支流和宜昌站至大通站区间汇流组成。两座控制站水文情况分别代表上游及全流域水文情况。

1. 径流量和输沙量

宜昌站年径流量呈波动趋势,1950—1959 年、1960—1969 年、1970—1979 年、1980—1989 年、1990—1999 年、2000—2010 年的平均年径流量分别为 4 439 亿 m^3、4 535 亿 m^3、4 145 亿 m^3、4 443 亿 m^3、4 313 亿 m^3、4 049 亿 m^3,呈现升—降—升—降的波动变化趋势。宜昌站历年最大输沙量为 1954 年的 7.54×10^8 t,2001 年输沙量出现急剧变化,1954—2001 年输沙量平均值为 4.90×10^8 t,2002—2013 年输沙量平均值为 0.62×10^8 t,减少了 87.3%。

大通站年径流量也呈波动变化趋势,1950—2010 年的平均年径流量分别为 9 358 亿 m^3、8 765 亿 m^3、8 511 亿 m^3、8 977 亿 m^3、9 514 亿 m^3、9 429 亿 m^3,呈现降—升—降的波动趋势。大通站历年最大输沙量是 1964 年的 6.78×10^8 t,2000 年输沙量出现急剧变化,2003 年三峡大坝蓄水之后下降趋势更为明显,2011 年更是达到了谷值 0.72×10^8 t。1954—2000 年大通站的年输沙量平均值为 4.30×10^8 t,2001—2013 年输沙量平均值为 1.63×10^8 t,减少了 62.1%。

根据宜昌站和大通站实测年径流量和输沙量的统计数据来看,长江干流的径流量有波动变化趋势,但总体呈现出稳定状态,2000 年前后,长江输沙量发生了极大的变化,呈现减小趋势,且从上游到下游,下降幅度逐渐变小。

2. 悬移质泥沙颗粒级配

受自然因素和人为因素的共同影响,长江干支流河道的悬沙粒度呈现出全线降低的趋势。20 世纪 50 年代至 2000 年,屏山、宜昌、乌江武隆水文站多年平均中值粒径分别为 0.031 mm、0.022 mm、0.027 mm,2001—2005 年,屏山、宜昌、乌江武隆水文站多年平均中值粒径分别为 0.015 mm、0.007 mm、0.006 4 mm,悬沙平均中值粒径的波动变幅较大。宜昌站悬沙粒度变化是上游各来沙区悬沙粒度变化共同作用的结果,因此,宜昌站悬沙粒度的细化表明长江上游的来沙平均粒径已经有了明显减小的趋势。

由于长江中下游的泥沙通量主要来源于上游河段,上游河段悬沙粒径的减小对中下游的悬沙粒度有一定程度的影响。20 世纪 50 年代至 2000 年,汉口、汉江皇庄水文站多年平均中值粒径分别为 0.018 mm、0.057 mm,2001—2005 年,汉口、汉江皇庄水文站多年平均中值粒径分别为 0.012 mm、0.052 4 mm,可明显发现各站的悬沙平均中值粒径均有所细化。大通站作为长江下游最后一个水文站,其悬沙情况基本上可以代表全流域悬沙情况。1950—2000年,大通站的悬沙多年平均中值粒径为0.017 mm,2001—2015年,大通站的悬沙多年平均中值粒径降为0.01 mm左右,由此表明长江干支流河道的悬沙粒度呈现出全线降低的趋势。

2.2 长江上游河道演变及疏浚土分布

2.2.1 长江上游水道现状

长江上游合江门至丰都段,上起宜宾合江门(上游航道里程1 044 km),下至重庆丰都(上游航道里程480 km),全长564 km。合江门至丰都段沿程有岷江、沱江、长宁河、赤水河、綦江、嘉陵江、乌江等支流汇入,流域覆盖四川、贵州、云南、重庆三省一市,自古以来就是连接西南地区的水上运输大动脉,作为西部沿江各省与长江中下游及沿海地区的重要水上通道,在西部交通网中占有十分重要的地位。

该河段为典型的山区河流,素以滩多、礁险、流急、水乱著称。河道狭窄弯曲,两岸山势较平缓,多为低山丘陵,无高山峡谷,多呈单面山,河床组成主要为砂卵石,间或有部分基岩,河岸稳定,江心洲、边滩发育,主要以宽谷河段为主,间或有少量窄深河段。该河段洪水期与枯水期河面变化较大,枯水期河面狭窄,洪水期水面大幅放宽。据统计,枯水期河面宽度大多在200~400 m,洪水期河面宽度大多在500~1 000 m,个别河宽最宽可达2 000 m。枯水期的水面流速一般为2.0~3.0 m/s,但个别滩险河段的最大流速可达4 m/s,平均纵比降0.27‰。在滩险河段,"斜流""滑梁水""泡漩水"等不良流态较为普遍。河段内江心洲和边滩发育,河床多为卵石,河岸为砾岩,间有砂岩,岸线和航道较为稳定。

2.2.2 长江上游典型水道演变

长江上游的弯曲型航道,自然情况下年内浅滩演变规律为"洪淤枯冲",深槽演变规律为"洪冲枯淤"。水富至江津的天然河道,受向家坝电站蓄水影响,容易出现汛期不通航汊道深槽过度冲刷、汛后通航汊道冲刷不足的现象,如位于四川省宜宾市江安县的香炉滩水道余家湾浅滩,左汊为通航主汊,2018年4月地形测图显示汊道内4 m等深线部分断开,而右汊出口深槽受冲刷持续发展,进口处深槽发展吸流强度增加,导致左汊过流条件进一步下降,枯水期出现碍航现象。

天然河段的顺直或微弯河道由于河段两岸石梁、边滩分布,水流条件复杂多变,航槽内易出浅。位于四川省泸州市的小米滩水道碍航特性则表现为"上浅下险",上段由于关刀碛头部受冲刷水位降低,泥沙易落淤,浅区部位虽然近年多次疏浚,但是汛期回淤明显,航槽水深不足。

位于变动回水区的河段,由于三峡工程汛期及汛末防洪调度和提前蓄水,压缩了河段汛后退水冲刷时间和力度,引起泥沙累积性淤积,呈现出"淤滩冲槽""滩槽加大"的演变趋势。变动回水区上段江津至铜锣峡河段,主要是消落初期水位消落,浅滩泥沙冲刷不及时,航道尺度不足而碍航。如位于重庆市巴南区鱼洞水道的弯鱼嘴浅滩,弯鱼嘴右翅及尾部蓄水后持续淤积,挤压航槽,右岸深槽的持续冲刷发展也导致左汊过流条件变差。

中段铜锣峡至长寿段,受三峡水库蓄水影响时间相对较长,航道条件也有较大改善,碍航特性主要是汛前水位快速降低,部分河段出现水深航宽不足。由于铜锣峡至长寿段两岸多礁石,部分重点滩险受礁石与浅滩双重影响,航道有效尺度不大,少量泥沙淤积就可能对航道条件产生较大影响,在船舶大型化背景下,影响尤为明显。

2.2.3 长江上游疏浚土分布

1. 香炉滩水道

鸳鱼嘴、水井湾、余家湾、香炉滩等水道近年均开展了养护疏浚。鸳鱼嘴在 2016 年、2017 年、2020 年枯水期均实施了养护疏浚。水井湾浅区在 2022 年下半年实施了养护疏浚,由于疏浚量较大,该浅区采取分批次的养护疏浚方式,于 2022 年对淤积相对严重的上半段实施疏浚,2023 年对下半段实施疏浚。余家湾于 2016—2018 年每年都对北槽进行了养护疏浚。疏浚的部位涵盖整个余家湾北汊航槽,从进口桌子角(落锅儿),中段锣锅碛直至出口香炉滩,主要的疏浚区是上、中段,即落锅儿—锣锅碛沿线。香炉滩仅在 2016 年采用钢耙船进行了疏通,2021 年枯水期对中段碛翅进行了疏浚。香炉滩水道示意图如图 2-2 所示。鸳鱼嘴近年养护疏浚情况表如表 2-1 所示,水井湾近年养护疏浚情况表如表 2-2 所示,余家湾近年养护疏浚情况表如表 2-3 所示,香炉滩近年养护疏浚情况表如表 2-4 所示。

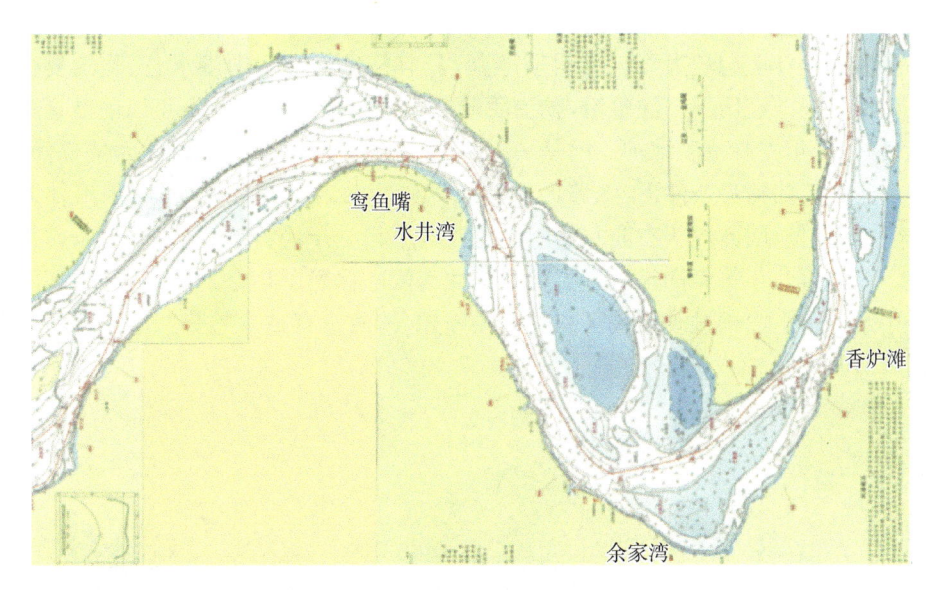

图 2-2 香炉滩水道示意图

表 2-1 鸳鱼嘴近年养护疏浚情况表

序号	维护时间	疏浚量(m³)	疏浚部位
1	2016 年 1 月 27 日—2016 年 3 月 15 日	103 600	鸳鱼嘴凸嘴
2	2017 年 2 月 24 日—2017 年 4 月 2 日	92 200	鸳鱼嘴凸嘴
3	2020 年 1 月—2020 年 2 月	54 120	鸳鱼嘴凸嘴

表 2-2　水井湾近年养护疏浚情况表

序号	维护时间	疏浚量(m^3)	疏浚部位
1	2022年10月25日—2022年12月7日	44 992	水井湾浅区

表 2-3　余家湾近年养护疏浚情况表

序号	滩名	维护时间	疏浚量(m^3)	疏浚部位
1	余家湾	2015年10月20日—2016年1月16日	165 400	锣锅碛
2	余家湾	2016年5月10日—2016年6月5日	3 548	香炉碛
3	余家湾	2016年10月28日—2017年3月20日	169 273	落锅儿、锣锅碛
4	余家湾	2017年11月13日—2017年12月31日	45 337	落锅儿
5	余家湾	2018年1月1日—2018年5月3日	52 220	锣锅碛
6	余家湾	2018年10月25日—2018年12月17日	58 380	锣锅碛

表 2-4　香炉滩近年养护疏浚情况表

序号	维护时间	疏浚量(m^3)	疏浚部位
1	2021年4月10日—2022年5月10日	19 504	香炉碛

2. 小米滩水道

小米滩是长江上游较为著名的碍航滩险,具有枯水急、浅,中洪水急、险的复杂碍航特性。该滩历史上经历了多次整治,整治后航道条件明显改善。2016年以前航道条件相对稳定良好,偶尔需要疏浚维护。但是2016年以来每年都需要维护疏浚才能保障畅通,主要是由于在弯曲河势条件下,随着凹岸侧关刀碛边滩的完整性被破坏,原滩体基本消失,主流取直右偏,因此现从右向左的航槽过渡段下口处于泥沙淤积区,航道条件水深越来越差。该滩近几年每年都是通过实施维护性疏浚才保障了枯水期航道畅通,疏浚部位均位于小米滩上下深槽过渡段浅区和关刀碛碛翅,疏浚量有减少趋势。小米滩河段河势图如图2-3所示。

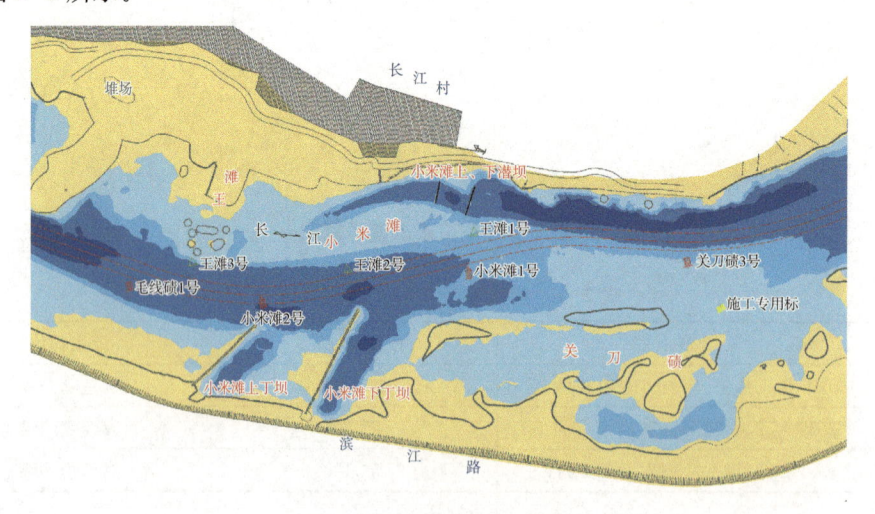

图 2-3　小米滩河段河势图

小米滩近年疏浚维护情况如表 2-5 所示。

表 2-5　小米滩近年疏浚维护情况

序号	滩名	维护时间	工程量（m³）	疏浚部位
1	小米滩	2016 年 10 月 24 日—2016 年 12 月 8 日	110 300	过渡段浅区
2		2017 年 11 月 18 日—2017 年 12 月 31 日	25 270	过渡段浅区
3		2018 年 1 月 1 日—2018 年 2 月 28 日	24 770	过渡段浅区
4		2019 年 2 月 10 日—2019 年 3 月 9 日	19 180	过渡段浅区
5		2020 年 1 月 14 日—2020 年 5 月 31 日	49 600	过渡段浅区
6		2020 年 11 月 10 日—2020 年 12 月 7 日	24 720	过渡段浅区
7		2021 年 10 月 31 日—2021 年 11 月 23 日	17 911	过渡段浅区
8		2022 年 11 月 16 日—2022 年 12 月 7 日	30 111	过渡段浅区

3. 叉鱼碛水道

叉鱼碛浅滩位于左右深槽的过渡段，且位于上游右槽出口，位于卵石输移带，航道条件历来不好。20 世纪 60 年代就开始整治，航道条件有所改善。近年来边界条件变化，加上维护水深提高，因此碍航问题更加突出，每年都在疏浚维护，但由于退水冲刷能力不足，回淤非常明显。叉鱼碛滩河势图如图 2-4 所示，叉鱼碛滩近年疏浚维护情况如表 2-6 所示。

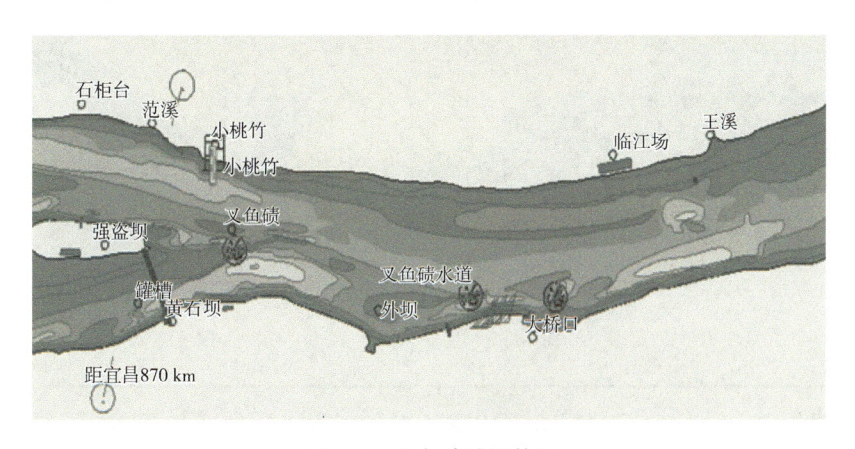

图 2-4　叉鱼碛滩河势图

表 2-6　叉鱼碛滩近年疏浚维护情况

序号	滩名	维护时间	工程量（m³）	疏浚部位
1	叉鱼碛	2015 年 12 月 21 日—2016 年 1 月 16 日	39 300	过渡段浅区
2		2017 年 1 月 10 日—2017 年 3 月 20 日	25 826	过渡段浅区
3		2018 年 1 月 3 日—2018 年 3 月 30 日	31 480	过渡段浅区
4		2018 年 10 月 13 日—2018 年 12 月 17 日	52 000	过渡段浅区
5		2020 年 1 月 14 日—2020 年 3 月 19 日	36 029	过渡段浅区
6		2021 年 1 月 12 日—2021 年 2 月 26 日	20 210	过渡段浅区
7		2022 年 1 月 12 日—2022 年 2 月 24 日	28 954	过渡段浅区

4. 东溪口水道

2019年9—11月,对金堆子水域碍航物开展清障相关工作,清障区设计水深3.2 m,通过完工测图可知,清障区最小水深达到2.9 m,较好地改善了该段通航条件。2020年上半年枯水期,对庙角碛碛翅和金堆子浅区进行了维护性疏浚,疏浚底高为设计水位下3.2 m,完成疏浚工程量约1.92万 m^3。2021年1—2月枯水期庙角碛浅区实施了养护疏浚,疏浚区基线长310 m,疏浚底高为设计最低通航水位下3.2 m,完成疏浚工程量0.89万 m^3。此外,2021年2月至4月还采用破碎装置对庙角碛江心孤立碍航物开展试验性清障,清障底高为设计最低通航水位以下3.1 m,完成清障工程量310.9 m^3。2022年上半年和下半年均对庙角碛浅区实施了维护性疏浚,分别完成疏浚工程量1.06万 m^3 和1.72万 m^3。庙角碛滩河势图如图2-5所示。

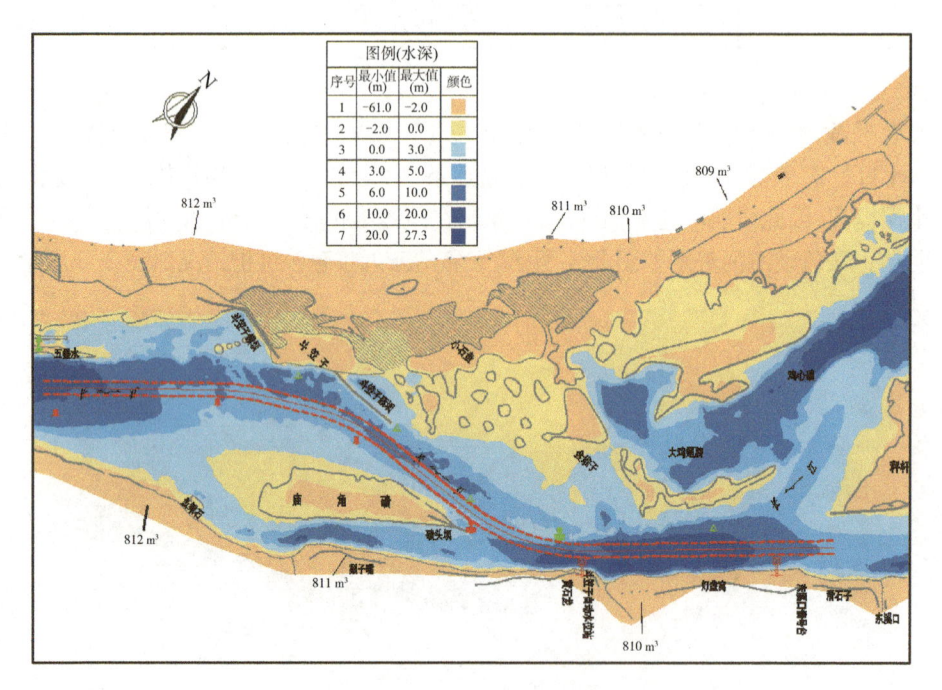

图 2-5 庙角碛滩河势图

庙角碛滩近年疏浚维护情况如表2-7所示。

表 2-7 庙角碛滩近年疏浚维护情况

序号	滩名	维护时间	工程量(m³)	疏浚部位
1		2019年10月—2019年12月	690	金堆子清障
2		2020年1月14日—2020年3月19日	19 200	庙角碛碛尾浅区
3	庙角碛	2021年1月—2021年2月	8 889	庙角碛碛尾浅区
4		2022年1月—2022年2月	10 619	庙角碛碛尾浅区
5		2022年9月—2022年10月	17 199	庙角碛碛尾浅区

2.3　长江中游河道演变及疏浚土分布

2.3.1　长江中游水道现状

长江中游宜昌至湖口河段全长 954.4 km,其中从枝城至洞庭湖出口的城陵矶河段通称荆江。按照长江中游干流水道的河床形态和水道演变特性,可划分为宜昌至枝城段、枝城至城陵矶段、城陵矶至湖口段。宜昌至枝城河段从长江三峡出口南津关至枝城,长约 60.8 km,属山区性水道向冲积平原水道过渡的弯曲型水道,右岸有清江汇入。枝城至城陵矶河段全长 347.2 km。左岸有沮漳河汇入,右岸有松滋口、太平口、藕池口和调弦口分流入洞庭湖;城陵矶附近洞庭湖出流汇入长江。上荆江属弯曲型水道,长 171.7 km,全河段平面形态较为平顺,曲折率为 1.72。下荆江属典型的蜿蜒型水道,全长 175.5 km;20 世纪 60 年代,人工裁弯前水道长约 240 km,水道蜿蜒曲折,曲折率达 2.83。城陵矶至湖口河段长 546.4 km,属分汊型水道,两岸有汉江、鄱阳湖水系及其他支流汇入;两岸分布有对河势起控制作用的天然山矶节点,形成藕节状宽窄相间的分汊型河段。三峡水库蓄水运用后,运用初期的下泄沙量大幅度减少,导致坝下游水道发生长时期、长距离的河床冲刷,引起河型变异和河势调整等问题。

三峡工程修建后,改变了坝下游水道的来水来沙条件,主要表现为:一般洪水年份汛期的下泄流量过程与建坝前改变不大,仅洪峰得到削减;枯水期流量增大;水库下泄水流挟带的泥沙量减少,颗粒也变细;荆江三口进入洞庭湖的分流、分沙量减少,荆江过流量和输沙量增大。来水来沙条件的改变导致长江中下游水道将经历较长时期的"冲刷－平衡－回淤"过程。三峡建坝后,长江中下游两岸边界条件仍与建坝前基本相同,而且在 1998 年长江全流域性大洪水后,长江堤防工程和河势控制工程的建设取得了重大进展,水道的边界条件更为稳定。因此,三峡工程建成后,长江中下游各河段的河床形态和河床演变规律总体上不会有重大改变,即虽然河型可能发生一定的变异,但仍能保持原有基本河型不变。

1. 宜昌至枝城河段

宜昌至枝城河段属山区性水道向冲积平原水道过渡的弯曲型水道。受两岸边界条件制约,水道平面形态长期保持稳定少变。三峡水库蓄水运用初期,河床冲刷即可达到基本平衡,冲刷深度也不大,因此该河段河型仍将保持不变。

2. 枝城至藕池口河段

枝城至藕池口河段属弯曲型水道,各弯道均由江心洲分为主支汊。由于两岸土质组成抗冲性较强,加之近 50 多年来的护岸工程建设,水道平面形态和总体河势基本稳定。三峡水库蓄水运用后,河床冲刷下切明显,如在原有基础上对两岸护岸工程及时加固,水道边界条件可保持基本不变,水道演变规律也不会有重大改变,即基本河型不变。

3. 藕池口至城陵矶河段

藕池口至城陵矶河段为典型的蜿蜒型水道。自 20 世纪 60 年代实施人工裁弯工程以来,80 年代又陆续实施了下荆江河势控制工程,水道变化剧烈的状况已基本得到控制。三峡水库蓄水运用后,下荆江水道冲刷剧烈,河床呈现冲深和展宽现象,随着下荆江河势控制工程的继续实施,河床平面形态将保持稳定,蜿蜒型水道原有的自然裁弯、撇弯切滩等演变现象将得到有效控制,将被改造为限制性蜿蜒型水道。

4. 城陵矶至湖口河段

城陵矶至湖口河段属分汊型水道。长期以来,水道平面形态和多数汊道的主支汊地位稳定少变。三峡水库蓄水运用后,水道沿程发生不同程度的冲刷,但原有的河床边界条件不会发生重大改变。随着河势控制工程的继续实施,水道分汊段和顺直段的平面形态仍将保持稳定,多数汊道主汊和支汊的地位保持不变,分汊型河型也基本不变,仅部分汊道可能出现支汊萎缩或因上游河势变化而发生主支汊易位。

2.3.2 长江中游典型水道演变

长江中下游干流河道演变大体上可分为五大段,即宜昌至枝城段、荆江河段(枝城至城陵矶段)、城陵矶至湖口段、湖口至徐六泾段和河口段。

2.3.2.1 宜昌至枝城段

宜昌至枝城段河道全长约 60.8 km,以古老背为界,分为宜昌和宜都两个河段,是山区河流向冲积平原河流的过渡段。河道两岸多为丘陵和阶地,河床组成以砾质为主,抗冲能力较强,河势基本稳定。

1. 河道冲淤变化

三峡工程运用后,宜枝河段主流平面位置、滩槽格局未发生明显改变,但由于来水来沙条件的改变,河床冲刷较剧烈。近期河道演变主要表现在:

(1)河道大幅冲刷,河床以纵向下切为主,河床质粗化

葛洲坝水利枢纽修建前,本河段冲淤基本平衡。葛洲坝水利枢纽实施后至三峡工程实施前,由于葛洲坝库区拦沙、建设过程中在河床开采砂卵石骨料以及长江大洪水等因素的综合影响,河床以冲刷为主。1981—1998 年、1998—2002 年河床冲刷量分别为 0.36 亿 m^3、0.45 亿 m^3,均以枯水河槽冲刷为主,河床平均下降 1 m,最大下降 3 m。三峡工程蓄水运用后,2002 年 10 月—2013 年 10 月,宜枝河段平滩河槽(宜昌 30 000 m^3/s 流量,下同)冲刷 1.43 亿 m^3,以枯水河槽(宜昌 5 000 m^3/s 流量,下同)冲刷为主,枯水河槽冲刷量占总冲刷量的 91%;河段年均冲刷强度为 22.1 万 $m^3/(km \cdot a)$,远大于葛洲坝水利枢纽建成后至三峡工程实施前这一时段(1975—2002 年)的年均冲刷强度 9.0 万 $m^3/(km \cdot a)$。2013 年 10 月—2019 年 10 月,宜枝河段冲刷 0.23 亿 m^3,年均冲刷强度为 6.5 万 $m^3/(km \cdot a)$,冲刷强度明显有趋缓之势,且以枯水河槽冲刷为主。

从宜昌至枝城段冲淤分布来看,2006—2016 年,本河段主河槽冲刷发展,特别是关洲左汊冲刷显著,最大冲深在 16 m 以上;淤积区主要位于关洲、柳条洲以及芦家河浅滩附近的放宽段,淤积幅度在 2 m 左右。不同时段宜昌至枝城各河段平滩河槽冲淤量如表 2-8 所示。

表 2-8 不同时段宜昌至枝城各河段平滩河槽冲淤量

时间	冲淤量(亿 m^3)		年冲淤强度[万 $m^3/(km \cdot a)$]	
	宜昌河段	宜都河段	宜昌河段	宜都河段
2002 年 10 月—2013 年 10 月	−0.17	−1.27	−7.8	−29.1
2013 年 10 月—2019 年 10 月	−0.03	−20	−2.4	−8.5

(2) 洲滩面积总体有所萎缩,深槽冲刷扩展

三峡工程运用以来,宜昌至枝城河段虎牙滩以上洲滩相对稳定,虎牙滩以下洲滩冲刷萎缩。河段内深槽总体处于冲刷发展趋势,主要表现在深槽范围扩大、深槽高程降低。

2. 河道冲淤变化趋势

根据坝下游冲刷数学模型计算结果,2017—2025 年末该河段冲刷量约为 0.45 亿 m³,河床平均冲深 0.74 m。该河段河床抗冲能力较强,河床泥沙组成较粗,局部有基岩出露,预计随着三峡工程蓄水时间的增长,该河段冲刷强度有所减小,胭脂坝汊道将维持原有主、支汊格局,宜都弯道和白洋弯道河势不会发生重大变化。

2.3.2.2 荆江河段(枝城至城陵矶段)

枝城至城陵矶段河道全长约 347 km,以藕池口为界,分为上、下荆江河段。

1. 河道冲淤变化

(1) 河道大幅冲刷,深槽下切

三峡水库运行前,1998 年 10 月—2002 年 10 月荆江河段平滩河槽下河床冲刷量约为 1.0 亿 m³,年均冲刷强度近 7.2 万 m³/(km·a)。其中,上荆江冲刷约 0.83 亿 m³,枯水河槽冲刷量约 0.77 亿 m³,占平滩河槽冲刷量的 93%;下荆江平滩河槽冲刷约 0.17 亿 m³,而枯水河槽淤积了约 0.26 亿 m³。

三峡水库蓄水运用后,2002 年 10 月—2013 年 10 月,荆江河段平滩河槽冲刷 6.98 亿 m³,年均冲刷强度为 18.3 万 m³/(km·a),河道滩、槽均发生冲刷,与 1998 年 10 月—2002 年 10 月时段的"冲槽淤"特征有所不同。枯水河槽累计冲刷 6.13 亿 m³ 占平滩河槽总冲刷量的 88%。从沿程分布来看,枝江河段冲刷强度最大,达到 23.4 万 m³/(km·a)。2013 年 10 月—2019 年 10 月,荆江河段平滩河槽冲刷 4.94 亿 m³,年均冲刷强度达 23.7 万 m³/(km·a),其中,枯水河槽冲刷占比高达 93.9%;沙市河段年均冲刷强度最大,达 49.5 万 m³/(km·a)。总体来看,三峡水库蓄水后荆江河段大幅冲刷,深槽下切。不同时段枝城至城陵矶各河段平滩河槽冲淤量如表 2-9 所示,不同时段枝城至城陵矶各河段平滩河槽年均冲淤强度如表 2-10 所示。

表 2-9 不同时段枝城至城陵矶各河段平滩河槽冲淤量　　　　单位:亿 m³

时间	枝江河段	沙市河段	公安河段	石首河段	监利河段
2002 年 10 月—2013 年 10 月	−1.49	−1.34	−1.06	−1.76	−1.33
2013 年 10 月—2019 年 10 月	−0.81	−53	−0.73	−0.86	−1.01

表 2-10 不同时段枝城至城陵矶各河段平滩河槽年均冲淤强度

单位:万 m³/(km·a)

时间	枝江河段	沙市河段	公安河段	石首河段	监利河段
2002 年 10 月—2013 年 10 月	−23.4	−23.8	−15.5	−20.4	−12.4
2013 年 10 月—2019 年 10 月	−23.4	−49.5	−19.4	−18.3	−17.4

从枝城至城陵矶段冲淤分布来看,2006—2016 年,河道主河槽呈冲刷发展态势,泥沙落淤区主要位于马羊洲、太平口边滩中下段、突起洲头部、蛟子渊心滩、青泥湾边滩以及

下荆江连续弯道段凹岸侧。

(2) 上荆江总体河势相对稳定,局部水域年内主流摆动幅度较大

三峡水库蓄水运用后,上荆江分汊段主支汊分流格局多年来相对稳定,但深泓在太平口顺直段、三八滩分汊段、马家咀展宽段、郝穴河湾出口处摆动较大,局部河势仍有调整。下荆江段主流线平面位置年内变化具有"汛期主流趋中走直、中枯水期落弯贴岸下行"的特征。三峡水库蓄水运用后,除监利弯道外,其余弯道段的顶冲点均出现一定幅度下移,弯道之间的过渡段主流平面位置相应出现调整。

(3) 江心洲受冲后退,下荆江局部水域边滩切滩撇弯

三峡水库蓄水运用后,荆江河段的江心洲基本呈现洲头冲刷后退、面向主汊一侧的洲体近岸冲刷的演变特点,洲滩面积呈减小态势,以芦家河江口洲、太平口心滩、三八滩和金城洲变化最为显著,减幅在75%以上。下荆江河弯的凸岸边滩上部大幅冲刷,调关、七弓岭和观音洲弯道的凸岸边滩出现了切滩撇弯现象。

2. 河道冲淤变化趋势

根据坝下游冲刷数学模型计算结果,2017—2025年年末,枝城至城陵矶河段仍呈冲刷趋势,其中,枝城至藕池口河段冲刷2.97亿 m^3,河床平均冲深1.33 m;藕池口至城陵矶河段冲刷量为1.46亿 m^3,河床平均冲深0.52 m。规划期内河段分汊格局不会发生重大变化,但局部河段的主流顶冲部位将有一定的调整。下荆江河段的河势受上荆江河道冲刷、三口分流及江湖关系影响,在下荆江河势控制工程的作用下,预计规划期内总体河势仍将保持相对稳定,局部河段的顶冲部位有所下移,河道边滩相应发生冲淤调整并向下游缓慢蠕动。

2.3.2.3 城陵矶至湖口段

1. 城陵矶至武汉

城陵矶至武汉段河道全长约275 km,包括岳阳、陆溪口、嘉鱼、簰洲湾和武汉(上段)五个河段。河段两岸分布有多处节点,对河势起较强的控制作用。

(1) 河道冲淤变化

①河道由淤转冲,深泓以纵向下切为主

三峡水库蓄水运用前,城陵矶至武汉段河床冲淤大致可以分两个阶段:第一阶段为1975—1996年,河床持续淤积,累计淤积2.738亿 m^3;第二阶段为1996—2001年,河床表现为持续冲刷,累计冲刷1.665亿 m^3。

三峡水库蓄水运用后,城陵矶至武汉段表现为冲刷,深泓以纵向下切为主。2001年10月—2013年10月,平滩河槽冲刷量1.0亿 m^3,年均冲刷强度为3.0万 $m^3/(km·a)$,冲刷主要集中在枯水河槽,中低滩小幅淤积。从冲淤沿程分布来看,嘉鱼以上河床冲淤基本平衡,嘉鱼以下河床以冲刷为主,嘉鱼、簰洲湾、武汉河段年均冲刷强度分别为6.4万 $m^3/(km·a)$、3.2万 $m^3/(km·a)$、8.1万 $m^3/(km·a)$。2013年10月—2019年10月,城陵矶至武汉段平滩河槽冲刷量为4.67亿 m^3,年均冲刷强度为28.2万 $m^3/(km·a)$。其中,枯水河槽冲刷占比高达94%。界牌、陆溪口、武汉河段年均冲刷强度较大,分别为26.2万 $m^3/(km·a)$、50.6万 $m^3/(km·a)$、30.9万 $m^3/(km·a)$。不同时段城陵矶至武汉各河段平滩河槽冲淤量如表2-11所示,不同时段城陵矶至武汉各河段平滩河槽年

均冲淤强度如表 2-12 所示。

表 2-11　不同时段城陵矶至武汉各河段平滩河槽冲淤量　　单位：亿 m³

时间	白螺矶河段	界牌河段	陆溪口河段	嘉鱼河段	簰洲河段	武汉河段
2001年10月—2013年10月	−0.02	0.02	0.21	−0.24	−0.29	−0.68
2013年10月—2019年10月	−0.22	−0.80	−0.68	−0.45	−1.22	−1.30

表 2-12　不同时段城陵矶至武汉各河段平滩河槽年均冲淤强度　单位：万 m³/(km·a)

时间	白螺矶河段	界牌河段	陆溪口河段	嘉鱼河段	簰洲河段	武汉河段
2001年10月—2013年10月	−0.7	0.3	7.9	−6.4	−3.2	−8.1
2013年10月—2019年10月	−17.0	−26.2	−50.6	−23.8	−17.0	−30.9

从城陵矶至武汉段冲淤分布来看，2006—2016年，主河槽呈冲刷发展态势，其中，新淤洲、新洲右汊冲刷幅度达 6 m 以上；泥沙落淤区主要位于白螺矶河段仙峰洲、南洋洲头、儒溪边滩，界牌河段复粮洲、新淤洲，陆溪口河段新洲，簰洲河段上北洲边滩以及团洲附近。其中，白螺矶河段仙峰洲、儒溪边滩淤积幅度在 2~6 m。

②多处水域主流摆动幅度较大，影响河势稳定及航道通畅

城陵矶至武汉段多处水域主流摆动幅度较大，影响河势稳定。例如：岳阳河段下段界牌水域顺直段浅滩过渡段变化频繁，不利于河势稳定及航道通畅；陆溪口河段多汊分流，右岸、新洲右缘及中洲右缘崩岸频发，河势不易稳定；嘉鱼河段沙洲交错并列，上下深槽之间的过渡段主流上提下挫摆动幅度大；武汉河段下段天兴洲头主流摆动幅度较大，枯季天兴洲右汊分流比约为 95%，左汊基本断流，而左汊洪季分流比仍然达到 30%左右。

③经过自然演变及整治，洲滩总体处于相对稳定状态

三峡工程蓄水运用后，城陵矶至武汉河段高滩前沿低滩普遍冲蚀，形成一处或多处横沟；河道内分布有江心低滩或广阔边滩的河段主流随洲滩分割合并、滩槽冲淤交替呈周期性变化。经过自然演变及航道整治工程，除铁板洲和白沙洲变化较为显著外，其他洲滩总体相对稳定。

（2）河道冲淤变化趋势

根据坝下游冲刷数学模型计算结果，随着三峡水库的运行，冲刷逐步向下游发展，城陵矶至汉口河段冲刷强度也逐渐加大，2017—2025年年末，本段冲刷量为 2.45 亿 m³，河床平均冲深 0.49 m。河势不会发生重大调整，单一段将继续保持相对稳定状态。分汊段主流随着来水来沙条件的变化而左右小幅摆动，深槽上提下移，洲滩分割合并，滩槽冲淤交替。

2. 武汉至湖口

武汉至湖口段河道全长约 272 km，包括武汉（下段）、叶家洲河段、团风河段、鄂黄河段、韦源口河段、田家镇河段、龙坪河段、九江河段，两岸山矶限制了河道摆动，对河势起到了较好的控制作用。

（1）河道冲淤变化

①河道由淤转冲，不同区段冲淤各异

三峡水库蓄水运用前，武汉至湖口段河床冲淤大致分为两个阶段：1975—1998年，河

床持续淤积,累计淤积 5 亿 m³。1998—2001 年,河床大幅冲刷,冲刷 3.34 亿 m³。三峡水库蓄水运用后,武汉至湖口段表现为冲刷,2001 年 10 月—2013 年 10 月,平滩河槽冲刷 2.30 亿 m³,年均冲刷强度为 6.6 万 m³/(km·a),其中,枯水河槽冲刷量占比为 93%。从沿程分布来看,九江至湖口段张家洲河段冲刷量相对较大,约为 1.34 亿 m³,占河段总冲刷量的 58%,年均冲刷强度为 17.5 万 m³/(km·a);黄石、韦源口、田家镇河段呈淤积态势,淤积强度分别为 8.5 万 m³/(km·a)、0.5 万 m³/(km·a)、9.2 万 m³/(km·a)。2013 年 10 月—2019 年 10 月,武汉至湖口段平滩河槽冲刷 4.03 亿 m³,年均冲刷强度为 23.1 万 m³/(km·a),枯水河槽冲刷量占比达 85%;冲刷主要集中在武汉至九江段,年均冲刷强度约为 28.1 万 m³/(km·a),九江至湖口段冲刷强度为 5.7 万 m³/(km·a)。不同时段武汉至湖口各河段平滩河槽冲淤量如表 2-13 所示,不同时段武汉至湖口各河段平滩河槽年均冲淤强度如表 2-14 所示。

表 2-13　不同时段武汉至湖口各河段平滩河槽冲淤量　　　　　单位:亿 m³

时间	叶家洲河段	团风河段	黄州河段	戴家洲河段	黄石河段
2001 年 10 月—2013 年 10 月	−0.7	0.3	7.9	−6.4	−3.2
2013 年 10 月—2019 年 10 月	−17.0	−26.2	−50.6	−23.8	−17.0

时间	韦源口河段	田家镇河段	龙坪河段	九江河段	张家洲河段
2001 年 10 月—2013 年 10 月	0.02	0.38	−0.06	−0.35	−1.34
2013 年 10 月—2019 年 10 月	−0.61	−0.53	−0.26	−0.33	−0.22

表 2-14　不同时段武汉至湖口各河段平滩河槽年均冲淤强度　单位:万 m³/(km·a)

时间	叶家洲河段	团风河段	黄州河段	戴家洲河段	黄石河段
2001 年 10 月—2013 年 10 月	−15.5	−3.8	−6.7	−12.6	8.5
2013 年 10 月—2019 年 10 月	−33.0	−29.4	−27.0	−38.7	−23.1

时间	韦源口河段	田家镇河段	龙坪河段	九江河段	张家洲河段
2001 年 10 月—2013 年 10 月	0.5	9.2	−2.1	−14.7	−17.5
2013 年 10 月—2019 年 10 月	−30.3	−25.7	−19.0	−27.6	−5.7

从武汉至湖口段冲淤分布来看,2006—2016 年,该段的分汊河段主汊冲刷明显,泥沙落淤区主要位于武汉河段天兴洲头部及左汊,团风河段人民洲、戴家洲河段戴家洲头部、韦源口河段牯牛沙、田家镇河段鲤鱼洲、九江河段人民洲右汊中下段等,其中,团风河段人民洲、韦源口河段牯牛沙淤积幅度在 2 m 左右。

②汊道单向演变,主汊进一步发展

武汉至湖口段总体河势相对稳定。多数汊道段仍维持单向演变趋势,主汊地位占优,如天兴洲汊道、龙坪新洲汊道、张家洲汊道均延续左衰右兴的单向变化规律;单一河型黄石至武穴段受两岸山体、阶地控制,主槽平面位置稳定少变。

(2) 河道冲淤变化趋势

根据坝下游冲刷数学模型计算结果,三峡水库蓄水运用后,2017—2025 年年末,汉口至湖口河段冲刷量为 2.56 亿 m³,河床平均冲刷 0.43 m。戴家洲汊道、黄石弯道及西塞山至武穴河段河势均基本稳定,并在今后较长时间内仍保持稳定。团风河段为多汊河道,洲滩冲淤变化较大,如不加以控制,右汊有可能进一步发展。龙坪河段江心洲左汊继续衰退,九江河段人民洲左汊也处于缓慢淤积趋势。

2.3.3 长江中游疏浚土分布

1. 关洲水道

2022年汛前在关洲边滩右缘一带浅区进行疏浚,向北拓展航槽,增加了右汊进口浅区的有效航宽,平顺了航路。

2. 芦家河水道

2018年针对芦家河水道航道条件极为紧张的局面,在三宁化工码头局部卵石落淤区域及毛家花屋右侧边缘进行了应急疏浚,并依托三峡后续工作规划项目,开展了"芦家河河段2018—2019年度航道养护性疏浚工程",以缓解"坡陡流急"段通航安全隐患为目标,对毛家花屋航槽右缘一定范围内的乱石堆进行清除,适当拓宽了缓流航槽宽度,改善了通航条件。

2019年汛前和汛后,通过提前介入和枯水期养护疏浚等措施,对三宁化工码头前沿浅包进行了清除,降低了枯水养护难度,保障了芦家河水道枯水期航道畅通。

2020年汛前和汛后,通过对三宁化工码头前沿浅包进行了清除,降低了枯水养护难度,保障了芦家河水道枯水期航道畅通。

2021年8—9月,通过对芦家河水道沙泓中段毛家花屋前沿及三宁化工码头前沿航槽浅区进行清除,完工后工程区域均达到了设计底标高、航宽和断面等要求,满足3.5 m×100 m航道维护需要,保障了航道畅通。

2022年,通过维护疏浚,对芦家河水道沙泓中段毛家花屋前沿及三宁化工码头前沿航槽浅区进行清除,并适当预留浅区回淤,保障芦家河水道枯水期航道维护尺度。近年来芦家河水道航道维护疏浚情况如表2-15所示。

表2-15 近年来芦家河水道航道维护疏浚情况表

年份	施工水域	施工起止	施工方量(万 m³)	最小维护水深(m)
2017	芦家河水道	1—2月,8—10月	17.39	3.5
2018	芦家河水道	9—12月	22.9	3.5
2019	芦家河水道	9—12月	7.5	3.5
2020	芦家河水道	9—12月	6.0	3.5
2021	芦家河水道	6—7月,11—12月	5.59	3.5
2022	芦家河水道	8—10月	10.64	3.8

3. 枝江至江口河段

2018年针对江口水道柳条洲右边缘浅区,对临近航道左侧边缘的浅包进行整体清除,适当拓宽了航槽,保障了枯水期航道畅通。

2019年初针对枝江水道汛前枯期航道维护尺度较为紧张的问题,对枝江上浅区航道内的局部浅包进行了应急疏浚,保障了枯水期航道尺度。汛期考虑到枝江上浅区养护难度较大,对枝江上浅区南侧航槽进行了养护疏浚,浚深拓宽了航槽,为汛后的大规模疏浚养护奠定基础。2020年针对枝江水道枯期航道维护尺度较为紧张的问题,对枝江上浅区航道内的局部浅包开展了疏浚,保障了枯水期航道尺度;针对江口水道杨家河至下曹家河一带航槽水深不足等问题,开展了疏浚,保障了枯水期航道尺度。

2021年汛后,通过对枝江上浅区卵石浅滩区域、江口水道柳条洲右缘航槽附近硬质河床区域进行局部清除疏浚,完工后工程区域底高程均达到了设计底标高、航宽和断面等要求,满足 3.5 m×100 m 航道维护需要,保障了航道畅通。

2022年通过对枝江上浅区 150 m 航宽范围内的浅包和江口水道杨家河至吴家渡之间进行维护性疏浚,改善了重点浅区水深条件,平顺航路,在宜昌流量不低于 6 000 m³/s 的条件下,保障2022—2023年度航道维护尺度和通航安全。

4. 大埠街水道

大埠街水道总体航道条件较为稳定,但是从局部大比例尺测图上来看,航槽右侧边缘局部存在零星乱石堆,虽然航道尺度满足通航条件,但存在一定的通航安全隐患。同时大埠街水道由于靠近下游沙质河段,水位下降较快,加剧了大埠街水道的碍航,2018年疏浚养护方量为 6.2 万 m³,2019年对大埠街水道进行了疏浚,疏浚方量为 6.8 万 m³,2020年疏浚养护方量为 5.99 万 m³,2021年疏浚养护方量为 2.63 万 m³,2022年疏浚养护方量约为 24 万 m³。

5. 太平口水道

2016年太平口水道维护疏浚方量为 604.1 万 m³,2017年维护疏浚方量为 678.7 万 m³。2018年涨水期,6—7月流量显著大于往年,太平口水道提前出现了较为显著的淤积,航道态势显著恶化,鉴于此,航道部门提前介入,采用沿岸槽与2#槽交替疏浚施工,交替通航,两槽并重,兼顾尺度维护与分流比维持的疏浚维护思路,加大疏浚力度,确保2018年航道畅通,疏浚方量约 510 万 m³。2019年主要疏浚1#槽浅区,对太平口水道进行了约 500 万 m³ 的疏浚。2020年对太平口心滩北槽浅区和太平口1#槽至北汊浅区进行了疏浚,设计工程量约 260 万 m³。2021年对太平口心滩北槽进口左岸侧狮子碑至腰店子一带浅区和太平口1#槽至北汊浅区进行了疏浚,设计工程量约 106 万 m³。2022年9月对太平口心滩进口浅区进行疏浚,改善浅区水深条件,在宜昌站流量不低于 6 000 m³/s 的条件下,保障2022—2023年度航道维护尺度,疏浚工程量为 30.128 1 万 m³。

6. 熊家洲至城陵矶河段

2017年该河段维护疏浚方量为 13.2 万 m³,2018年 1—5 月维护疏浚方量为 0.64 万 m³。2019年对七弓岭弯道进行了维护疏浚,疏浚方量约 50 万 m³。2020年对观音洲水道七洲弯道进行了维护疏浚,疏浚方量约 18 万 m³。2021年对尺八口水道七弓岭弯道进行了维护疏浚,疏浚方量约 15.58 万 m³。2022年9月对尺八口水道弯道段浅区进行疏浚,疏浚方量为 9.123 4 万 m³。

7. 嘉鱼至燕子窝河段

嘉鱼燕窝水道一直是长江中游重点碍航河道,三峡蓄水后出现了典型的江心洲滩冲刷、河槽淤积的不利现象。主航道所在的左汊河道宽浅,航槽上下过渡不平顺,且稳定性差,在汛期洪水作用下,两水道主流均向右侧偏转,左侧主航槽淤浅。近几年对嘉鱼燕窝水道实施了多次航道疏浚的工程,以确保航道畅通。2022年8月,通过维护疏浚,保障嘉鱼水道航道畅通,同时适当改善滩槽形态,引导局部浅滩航道条件向优良方向转化,降低后续维护压力,最终工程量为108.17万 m³。

8. 九江水道

九江水道维护疏浚工程挖槽区域位于九江上浅区过渡段,结合目前槽口走向进行布置,分两个阶段动态进行。第一阶段疏浚区域的宽度由进口的140 m渐变至出口的120 m,保障6.0 m水深单向通航要求;第二阶段对第一阶段疏浚区左(北)侧浅区进行疏浚扩宽,保障6.0 m水深、200 m航宽维护尺度。疏浚工程量为217.78万 m³。

2.4 长江下游河道演变及疏浚土分布

2.4.1 长江下游水道现状

1. 安庆水道

安庆水道上起皖河口,下至钱江嘴,全长23 km,总体上属弯曲分汊型河段。水道由上下两个部分组成,水道上段的皖河口至魏家嘴为单一微弯河段,长约10 km,河势稳定,河宽在1 000～1 500 m之间,水域条件较好。水道下段为分汊河段,包括新洲、鹅毛洲、江心洲等主要洲滩,该河段分为左、中、右三汊。其中,左汊为主航道,江心洲与新洲为新中汊,右汊为支汊,即江心洲南汊。

其中,左汊进口仁家墩附近存在浅滩,受汊道分流比调整及洲滩冲淤变化的影响,左汊航道条件不稳定。为了稳定左汊航道条件,2010年汛后实施了安庆水道航道整治工程,通过新中汊护底及鹅毛洲左缘护岸工程抑制新中汊过度发展,通过新洲护滩工程来稳定新洲洲体头部,工程实施后,对新中汊的控制取得了初步效果,新洲洲头基本保持稳定。安庆水道如图2-6所示。

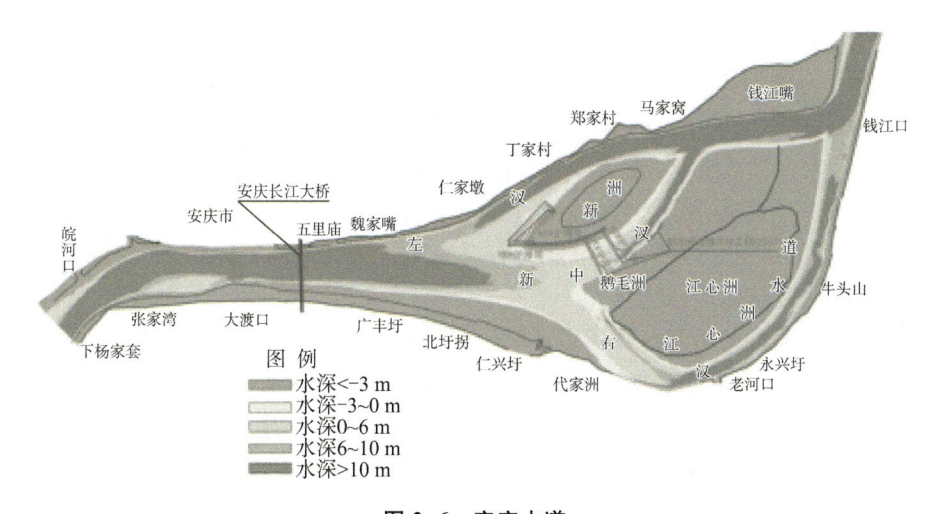

图 2-6 安庆水道

2. 贵池水道

长江下游贵池水道位于安庆与南京之间,左岸为安徽省枞阳县,右岸为安徽省池州市,水道上起新开沟、下至五更矶,全长 22 km,河道属多分汊河型,一直是长江下游河段治理的重点和难点之一。河道两端束窄,中间展宽,中部最宽处约 9.5 km,江中凤凰洲、崇文洲和兴隆洲将河道分为三汊,即左汊(北港)、中汊(中港)和右汊(南港)。南港近几十年极度萎缩,枯季一度断流,分流比不断减小,由原来的 32.9% 减至不足 5.0%;北港河道呈左向弯曲,长约 12 km,分流比约 27.0%;中港长约 10 km,顺直微弯,分流比在 60.0% 以上。目前,中港水深为主航道,航道维护尺度为 6.0 m×200 m×1 050 m(水深×宽度×弯曲半径)。贵池水道如图 2-7 所示。

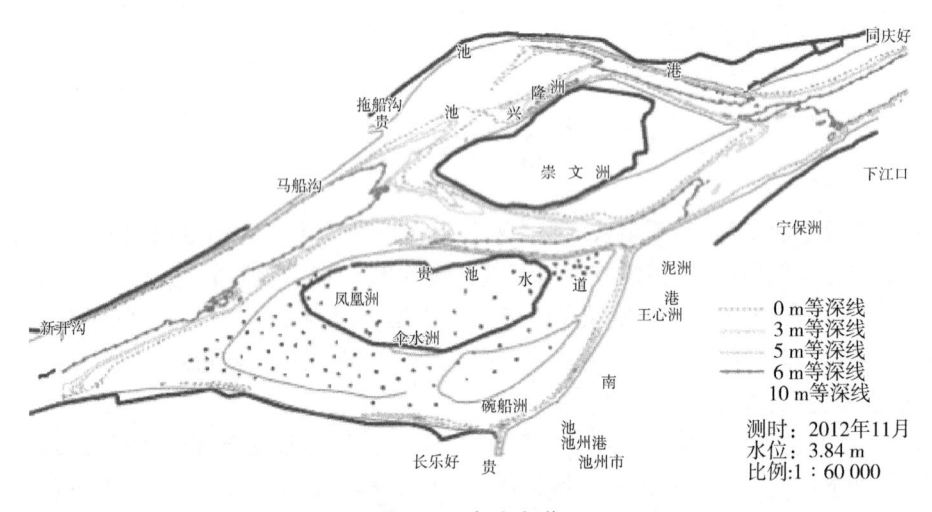

图 2-7 贵池水道

3. 仪征水道

仪征水道位于江苏省境内,上起三江口,下至瓜洲,全长约 31 km,为微弯分汊河型。仪征水道上接龙潭弯道,下连六圩弯道,与和畅洲水道相邻,属长江下游感潮河段。仪征水道以十二圩为界,上段顺直微弯,下段为微弯分汊段,江中世业洲(世业洲呈半椭圆形,长约 12.8 km,最宽约 3.5 km,目前世业洲尾建有润扬长江公路大桥)将水道分为左右两汊,右汊为主汊,河道弯曲;左汊为支汊,呈顺直型。下游六圩弯道自瓜洲渡口至沙头河口,长约 19 km,为两端窄、中部宽的弯道。仪征水道左侧为江苏省扬州市,右侧为镇江市。本段两岸码头工程众多,其中世业洲右汊南岸有镇江港高资港区、龙门港区等,世业洲左汊内有码头和造船厂。

仪征水道为典型的微弯分汊河道,浅区演变遵循"洪淤枯冲"的变化特点。二期工程实施以前,世业洲洲头低滩冲刷下切,左汊呈持续发展态势,右汊进口及中上段"冲滩淤槽",趋于宽浅。二期工程实施以后,世业洲左汊发展和右缘冲刷的趋势得到初步遏制,世业洲右汊进口及中上段航槽冲刷发展,航道条件得到初步改善。仪征水道如图 2-8 所示。

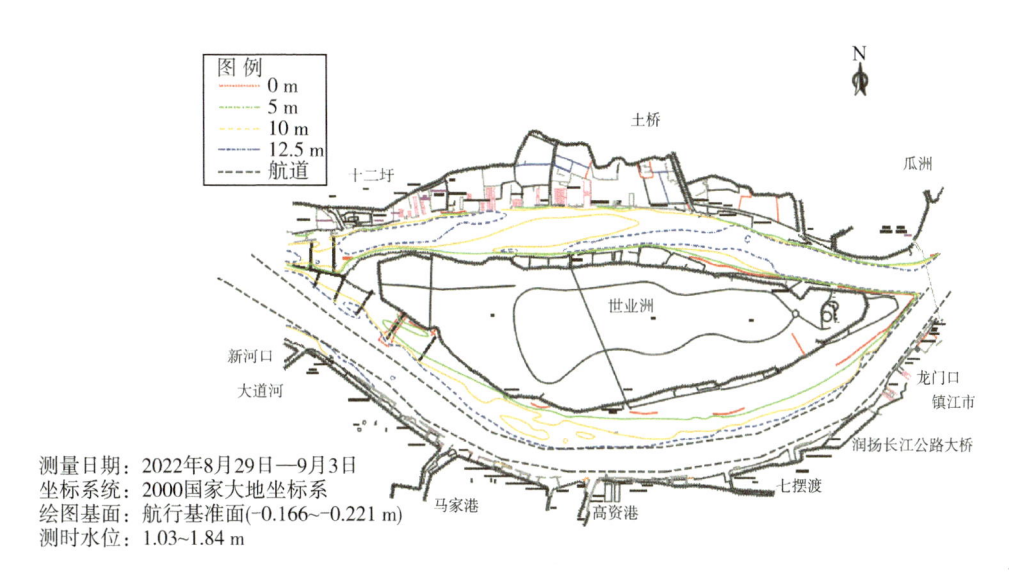

图 2-8　仪征水道

4. 浏河口水道

浏河口水道位于南支主槽中部的七丫口至浏河口段，上接白茆沙南北水道、下接宝山水道，河型顺直微弯，呈东南走向，全长 11.6 km，涨落潮流路基本一致，主槽左右分别为东风沙和太仓边滩。

2010 年以前白茆沙汊道南强北弱的态势不断发展，南支主槽向东不断拓宽，10 m 深槽大幅展宽，杨林口至浏河口段 10 m 深槽平均宽度近 4 000 m，主槽展宽导致流路分散，泥沙易于落淤。当径流量较大时，涨落潮流在此附近转换，水流动力减弱，因此遇大水年份或洪水期，浏河口水道淤积较为明显。浏河口水道如图 2-9 所示。

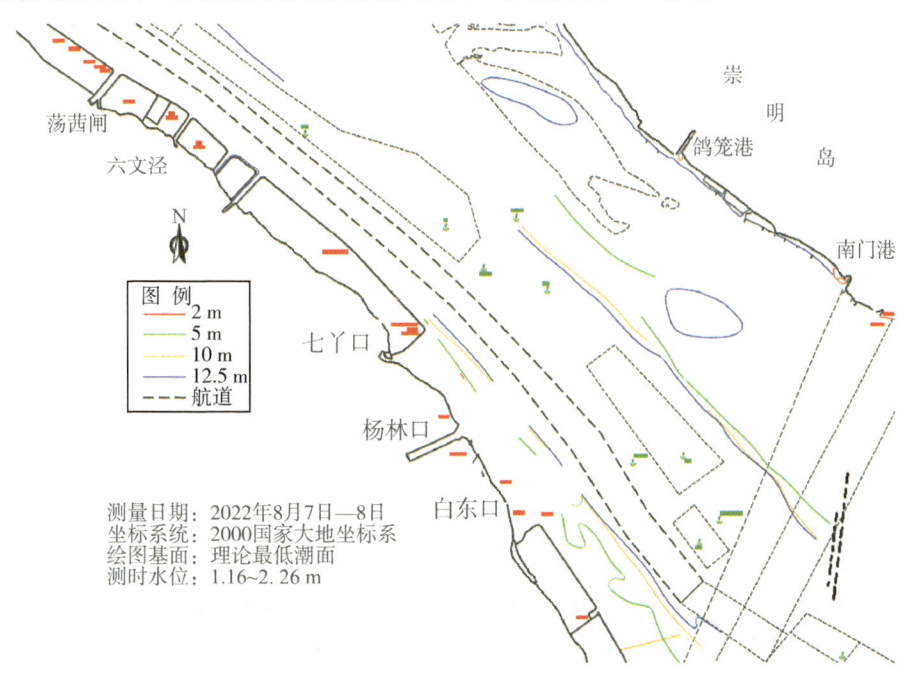

图 2-9　浏河口水道

2014年长江南京以下12.5 m深水航道一期工程完工后,基本稳定了上游的白茆沙沙体,白茆沙汊道分流格局基本稳定,白茆沙北水道落潮分流比小幅增加,白茆沙南、北水道落潮主流在七丫口以下汇合后主流南压,扁担沙向外淤涨,下扁担沙沙体稳定性增强,致使浏河口水道南岸低滩得以冲刷,航道条件总体较好,但扁担沙下沙体南侧主槽始终存在着一条不断下移南偏的淤积带,该淤积带的存在将影响到局部深槽水深。

2.4.2 长江下游典型水道演变

1. 安庆水道

2012—2016年,北汊河床整体呈现冲刷趋势,新洲尾部以下至三汊汇合处明显冲刷,北岸侧任家墩一带淤积减缓,整体淤积幅度为1~2 m;中汊分流减少,持续淤积,进一步淤浅萎缩,局部淤积幅度超过4 m;水流自鹅毛洲头部附近转向进入南汊,使南汊略有冲刷发展。2016—2017年,北汊河床整体稳定,北岸侧任家墩一带无明显淤积变化,维持了较好的滩槽格局;中汊下段延续了淤积趋势;南汊冲刷发展。水深条件进一步改善。

深泓变化:近年来,深泓线整体稳定,变化不大。深泓自皖河口附近傍南岸而下,过安庆长江公路大桥之后右摆至河道分心;流至分汊段新洲头部后,深泓左摆进入北汊,傍北岸而下,至新洲尾部以下,北汊和中汊汇流处,右摆至河心偏左,进入钱江嘴以下河段。2012—2017年,深泓在安庆长江公路大桥桥位附近逐年右摆,摆动幅度约230 m;在北汊、中汊汇流处以下由北岸侧向河心摆动,摆动幅度约190 m;任家墩附近深泓走向基本一致。

深槽变化:2012—2015年,深槽4 m、5 m、6 m等深线整体呈现冲刷拓宽趋势,6 m等深线宽度由2012年的165 m增加至2015年的260 m。2016年,由于任家墩一带局部淤积,深槽有所缩窄,6 m等深线宽度为190 m。2017年受水流冲刷和深槽发展的影响,6 m等深线宽度增加至250 m。

2. 贵池水道

贵池水道分汊河段内洲滩冲淤变化显著,汊道分流格局调整较为频繁,南港历经了由主汊到接近衰亡的过程,中港则由支汊发展为目前的主汊,北港近期也进入冲刷发展的周期。贵池水道各汊道演变遵循弯曲河道的演变特性,主要体现为凸岸洲滩淤积、凹岸顶冲崩退,汊道分流格局随之相应调整。

崇文洲洲头受主流顶冲,洲头及右缘低滩受冲后退,洲头右缘低滩冲刷切割后中港下段形成双槽格局。贵池中港和北港分流区以上河段为一长顺直河段,近年来受上游太子矶水道汇流段变化的影响,该顺直段主流出武圣峡节点后转向凤凰洲左缘中段,之后又向右侧过渡,逐步形成对崇文洲洲头的顶冲态势,导致崇文洲洲头及右缘低滩持续冲刷后退。从0 m岸线变化看,洲头主要表现为单向性后退,后退距离从20世纪60年代至今达1.6 km,2010年以来,0 m等深线变化不大,变动幅度在100 m左右。至2015年4月,崇文洲头部低滩3 m、6 m等深线分别冲刷后退约380 m、283 m,同时凤凰洲左缘边滩淤积后延,侵入河槽,使得中港中段形成双槽格局。

凤凰洲左缘0 m岸线呈单向性崩退,最大幅度达到1.0 km,凤凰洲左缘0 m岸线不断外淤,最大幅度达到1.0 km,凤凰洲尾不断外淤下延,幅度约600 m。凤凰洲3 m、6 m

等深线近年来表现为左缘中段冲刷崩退、中港进口段边滩淤积下延侵入河槽。太子矶水道主流出武圣峡节点后在新开沟附近区域左摆,折返顶冲凤凰洲左缘中段,后又向右侧过渡,逐步形成对崇文洲洲头的顶冲态势。导致凤凰洲左缘中段岸线明显崩退,其中 6 m 线 2015 年相对 2010 年崩退达 550 m;由于主流顶冲凤凰洲后向右过渡,使得中港进口段主流左摆,弯曲半径增大,进口段弯道缓流增强,导致处于弯道凸岸侧的凤凰洲左缘边滩迅速淤积并侵入河槽。2010—2015 年 6 m 等深线下延约 3 400 m。由于凤凰洲左缘边滩淤长,中港进流条件逐步恶化,不利于中港的稳定。

3. 仪征水道

三峡蓄水运行后的十几年间,世业洲左汊分流比逐渐增大,增幅为 7% 左右。其中,2003—2006 年,左汊分流比维持在 33.1% 左右;2007 年以后逐渐增大,2010 年 3 月左汊分流比为 36.3%,2011 年以后左汊分流比基本维持在 40% 左右,2014 年 6 月达到最高值 40.7%。

从三峡蓄水前后分沙比的变化情况来看,分沙与分流基本同步,随着世业洲左汊分流比的逐渐增加,左汊分沙比也逐步增大。2010—2013 年世业洲左汊分沙比呈现明显上升趋势,由 2010 年的 28.5% 增加至 2013 年的 37.6%,2013—2015 年,左汊分沙比基本维持在 40% 左右。

主流顶冲世业洲洲头,分流点总体下挫左移;世业洲右汊进口及中上段深泓左移,导致世业洲右缘低滩冲刷,右汊进口深槽淤积,右汊进口及中上段"冲滩淤槽",趋于宽浅;左汊深槽发展,深泓下切显著,断面持续冲刷扩大。

随着左汊分流比的增大,左汊逐步冲刷发展,2002 年左汊内-10 m 槽全线贯通后,2004—2010 年左汊中段-10 m 槽展宽,进口和尾部变化不大;2010—2012 年左汊中段-10 m 槽继续冲深展宽,进口和尾部变化不大,2012 年后,左汊中段和尾部等高线变幅不大。世业洲右汊深槽位置基本稳定,深泓变化较小,冲滩淤槽,右汊断面略有萎缩,深槽变化主要表现在宽度的变化。其中,右汊中上段深槽拓宽、左移,右岸大道河一带边滩淤积,而世业洲头右缘冲刷后退,右汊中上段-10 m 槽拓宽,大道河口至马家港对岸-10 m 线向世业洲右缘一侧蚀退,2012 年-10 m 等高线退至紧靠世业洲右缘,2014 年-10 m 等高线后退 70 m,进一步贴近世业洲右缘;中上段马家港至高资港对岸-10 m 槽左摆较大,中下段-10 m、-15 m 槽整体变化不大。

4. 浏河口水道

2015 年 12 月—2016 年 11 月航道内冲淤交替,淤积区主要位于航道左半侧♯2 黑浮至深水北界 14 浮一带,淤积幅度在 0~2 m 之间,冲刷区主要位于航道右半侧♯2 红浮至♯1 红浮一带,冲刷幅度 0~2 m 之间,♯2 红浮局部区域(长 900 m,宽 300 m)冲刷超过 2 m。2016 年年内航道内总体表现为洪淤枯冲,冲淤变化幅度较小,平均在 1 m 以内,其中淤积主要发生在 4—8 月。

2016 年 11 月至 2017 年 11 月,七丫口至浏河口段冲淤变化幅度在 1 m 左右,局部可达 1~2 m。在航槽内,上半段普遍淤积 1 m 左右,杨林口附近航槽内淤积可达 2 m。下半段以冲刷为主,但是在深水航槽出口至深水界航标 1 500 m 范围内淤积 1 m 左右。2017 年 9—11 月,深水界航标附近有冲有淤,变化幅度在 1 m 左右。2018 年 3—6 月,浏河水道总体以淤积为主,航槽内普遍淤积 1 m 左右,#1 红浮附近局部区域淤积 1~2 m;2018 年 6—8 月,航道普遍淤积 1 m 以内。总体来看,浏河水道航槽内洪淤枯冲,但冲淤幅度并不大。

2.4.3 长江下游疏浚土分布

长江南京以下 12.5 m 深水航道一期工程位于太仓荡茜闸至南通天生港,全长 56 km,工程通过整治和疏浚,建设水深 12.5 m,航宽 500 m 的深水航道,工程于 2012 年 8 月开工建设,2014 年 6 月底完成工程建设内容,并通过交工验收投入试运行,2015 年 12 月通过竣工验收;长江南京以下 12.5 m 深水航道二期工程从南通上延至南京,2015 年 6 月开工,2018 年 5 月通过交工验收并投入试运行,提前半年完成建设任务,2019 年 5 月通过竣工验收。

长江深水航道由长江航道工程局负责养护。根据调查资料,2010—2022 年长江下游 12.5 m 深水航道维护项目中,累计疏浚维护量在 180.58 万 m^3~2 820.07 万 m^3 之间,其中疏浚量最小为 2010 年的 180.58 万 m^3,最大为 2016 年的 2 820.07 万 m^3。

深水航道二期工程实施前,2010—2015 年航道维护疏浚量逐年上升,疏浚量变化范围为 180.58 万 m^3~1 381.73 万 m^3;深水航道二期工程实施期间,2016 年维护疏浚量达到最大 2 820.07 万 m^3,2017 年 11 月至 2018 年 5 月,深水航道二期工程河段实施了基建性疏浚,同期实施了初通期维护性疏浚工程,2018 年 5 月开始全面试运行 12.5 m 深水航道;2019 年以后长江南京以下 12.5 m 深水航道正式运行,年度累计疏浚维护量基本在 2 000 万 m^3 左右,2019—2022 年累计疏浚维护量分别为 2 273.1 万 m^3、2 124.08 万 m^3、2 120.25 万 m^3 和 1 979.72 万 m^3,其中福北水道疏浚量仍居高,疏浚量分别完成 890.45 万 m^3、740 万 m^3、1 203.67 万 m^3 和 850 万 m^3。2010—2018 年航道维护性疏浚量统计表如表 2-16 所示,2019—2022 年航道维护性疏浚量统计表如表 2-17 所示。

表 2-16 2010—2018 年航道维护性疏浚量统计表　　　　单位:万 m^3

河段		年份								
		2010	2011	2012	2013	2014	2015	2016	2017	2018
仪征水道							30.27	147.36	22.33	13.72
和畅洲水道				27.12				0	3.59	0.42
口岸直水道				65.37	108.72	332.52	42.70	7.07	167.45	114.61
福姜沙	北	30.03		283.36	375.14	403.59	552.63	447.57	84.15	395.50
	中	55.44	61.08	33.72	47.04	78.84	55.04	46.33	119.04	0
	南	95.11	87.23	126.86	128.82	139.74	41.72	82.00	33.74	14.16
浏海沙水道								124.60	47.40	54.78
南通水道						10.80	248.65	1 094.28	333.60	
通州沙水道				133.28	223.90	30.14	20.72	629.31	311.12	
浏河水道			52.24	39.20	67.48	138.00	390.00	241.55	148.02	
合计		180.58	200.55	708.91	951.1	1 133.63	1381.73	2 820.07	1 270.44	

表 2-17　2019—2022 年航道维护性疏浚量统计表　　　　　单位：万 m³

水道名称		年份			
		2019	2020	2021	2022
二期河段	龙潭水道	19.51	0.47	—	3.72
	仪征水道	165.99	310.07	157.13	139.87
	和畅洲水道	0.11	4.24	56.28	0
	口岸直落成洲	354.21	326.15	320.76	361.34
	口岸直鳗鱼沙	65.56	506.59	168.77	218.55
	福北水道	890.45	742.15	1 203.67	915.11
	福中水道	123.18	102.91	39.16	90.66
	福南水道	—	—	9.35	21.42
一期河段	南通水道	414.19	105.00	131.47	155.64
	通东水道	94.90	7.29	33.66	73.42
	浏河水道	144.95	0	0	0
10.5 m 河段	福南水道进口段	—	32.69	—	—
	合计	2 273.05	2 137.56	2 120.25	1 979.73

第 3 章

长江疏浚土综合利用体系建设

长江疏浚土综合利用作为一项新兴产业,长江流域的大部分试点实施地区尚处于起步阶段,在项目制度建设、现场监管、安全管理等方面亟须搭建一套相对成熟完善的管理体系,以保障长江疏浚土综合利用工作的行稳致远。

3.1 现场作业监管体系

3.1.1 组织领导

由水行政主管部门组建项目现场监管机构,由相关分管负责领导担任组长、副组长,并设立现场监管办公室,进一步规范长江疏浚土综合利用的现场监管工作。

3.1.2 船舶管理

1. 证件核查

疏浚船、运输驳船相关证件(船舶所有权证、国籍证、检验证、驾驶证)原件经监管机构会同海事部门审核后,由水行政主管部门颁发施工证,报省水行政主管部门备案。如需增加或调整采砂船的,由建设单位提出申请,按规定程序报批,审核通过后方可参与施工。有不良记录或被水行政主管部门行政处罚过的船舶不得参与本项目的施工。

2. 施工前管理

施工作业前,施工单位在施工船只船舷、驾驶舱外部等醒目位置印刻与船舶证书一致的船名船号;在驾驶舱外应悬挂项目横幅。取得长江河道采砂许可证后,将许可证放大制作成标牌,悬挂在船舶的显著位置。现场监管机构检查验收合格后,方可颁发长江河道采砂许可证。

3. 施工中管理

施工作业中,疏浚船必须在水行政主管部门许可的区域内作业,不得越界作业,并在施工区停靠位置设置警示标志。运输船航行需按指定的航线行驶从装载区至指定上岸码头卸驳(即从转运区至指定上岸码头,中途不得擅自改变航行路线)。

4. 船舶停泊区管理

参与施工船舶停泊区由监管单位划定;在项目周边水域设立沥水作业区,施工期间运输船装驳完成后航行至沥水作业区排水,消除自由液面后航行至指定码头卸载上岸。未施工的运输驳船应停泊在沥水作业区域内等待。施工单位在遇到恶劣气候或其他影响安全施工的情况时,所有施工作业船只应按照施工应急安全调度流程进行操作,按照预案的要求采取避风措施,确保船只和人员安全。

3.1.3 施工监管

1. 施工船只监管

施工单位在驳船和运输船只上安装视频监控和北斗 GPS 定位系统。施工船舶因故需要离开作业区域的,应及时向监管机构报备。现场监管机构、建设单位、施工单位(含参与施工船舶)要建立通信联络表;由现场监管机构建立项目监管微信群,施工作业期间各个环节负责人按事前、事中、事后的原则,在监管微信群内上报发布实时施工作业动态及进度,并注明时间、附带现场照片和视频。

2. 疏浚区域监管

建设单位应在疏浚土指定上岸码头设立公告牌,将许可文件的有关信息向社会公告。疏浚土必须运至指定上岸点堆放。同时建立进出场计重、监控、登记等制度,确保现场监控全覆盖、无盲区。

3. 作业信息报送

建设单位和施工单位配合疏浚土项目现场监管单位制定该项目的施工日报表,建设单位在疏浚过程中应认真、如实填写施工日报表,并于每日上午上报前一日施工日报表至现场监管单位。监管机构对建设单位每日施工日报表进行汇总、核实、存档。所有统计上报数据以日报表汇总为准,并将数据分发至建设单位。现场监管机构每月15日和月底前,将有关情况汇总后报省采砂管理局。

4. 执行"五联单"制度

项目采取水上采运管理单监管制度。采运管理单由监管单位统一印制,由现场监管机构统一签发:第一联由现场监管单位收执,作为控制疏浚总量的依据;第二联由施工方收执,作为核对疏浚量的依据;第三联由运输单位收执,作为运输证明;第四联由收储方(项目建设单位或项目代建单位)收执,作为核定上岸量的依据;第五联由市水行政主管部门备案。"五联单"签发中,涉及的疏浚土量按码头上岸实际过磅量填写;吨位与方量换算按1∶1.5比例计算。

5. 疏浚量控制

现场监管单位根据建设单位每日上报施工日报和监管五联单统计,每周星期一核实上一周的疏浚土作业量,每半月做一次工作总结,并对疏浚土作业量进行核对汇总。由监管单位根据航道疏浚的实际情况进行核准。

6. 监管队伍管理

现场监管人员应熟知监管方案和工程实施相关内容,严格落实监管要求。监管过程中实时掌握施工进度以及施工船舶实时动态,不定时检查施工船舶视频监控和北斗GPS定位系统使用情况。监管期间应做到文明监管、廉洁监管、安全监管,现场监管人员互相监督。

7. 作业时间监管

可根据季节转换由建设单位提出申请,报市水行政主管部门批准后方可进行施工作业时间调整,并报省水行政主管部门备案。夜间在疏浚区域锚泊驻守。每天施工结束后,施工船停泊在施工区域。在施工任务紧迫等因素下,需延长作业时间的,施工单位申请监管机构批准后方可进行,并报省水行政主管部门备案。

3.1.4 例行检查

现场监管机构每星期两次,每次两人以上对工程进行检查。发现问题,及时责令建设单位和施工单位限期整改,依法查处违法违规问题。

3.1.5 归档总结

施工结束后,监管、建设、施工单位要及时整理相关资料,分类归档,装订成册。同时对监管、建设、施工情况进行总结,形成书面或多媒体报告。

3.1.6 网络信息智能化监管

确保市水行政主管部门在线上利用 GPS 和视频监控对各施工水域及施工船舶进行实时监管,所有船舶运行历史轨迹可溯源。建设单位在线下采用集中培训和抽查的方式,确保所有施工单位严格执行监管要求;建立评分制度,对不能有效履行监管要求的施工船舶进行清退。

1. 视频监控、北斗定位等系统监管

施工作业期间,利用现场视频监控、北斗定位系统、船讯网,在参加施工船只安装视频监控、北斗定位系统并接入水政监察支队信息化监管平台,同时提交给现场监管队伍,对参与作业船只进行实时监控以及位置信息的查看,确保所有参与施工船舶在施工作业期间,在指定水域和上岸码头施工作业;同时安排相关人员对视频监控、北斗定位系统进行不定时的抽查、检查。

2. 微信工作群监管

施工作业期间,建立微信工作群进行作业动态的实时监管,要求所有参与施工船舶负责人以及有关环节点上负责人在施工作业期间,按照事前、事中、事后的原则,在微信群内上报发布施工实时作业动态及进度,注明时间并附带现场实时照片或视频影像。

3. 智慧管控平台监管

可利用疏浚土智慧管控平台对项目进行信息化线上监督管理,平台中包括合同管理模块、客户管理模块、船舶管理模块、码头管理模块、堆场管理模块、销售管理模块、堆存模块和销售模块等。船舶管理采用北斗定位系统,实时监控船舶运行轨迹,对码头和堆场进行视频监控并记录。

3.1.7 第三方监理

由市水行政主管部门委托第三方监理机构协助进行现场监管,主要负责船舶施工、运输、卸驳、装载等全过程的现场技术监理。监理单位及现场监理人员应严格按照《长江河道采砂管理条例》和《委托监管合同》的相关要求,做好现场(旁站)监管技术服务工作。

(1)对疏浚船舶严格执行作业时间,对违反作业时间的船舶第一时间向市水政监察支队报告。

(2)对运输船舶进行监管。记录每条驳船作业结束时间,对作业过程中和作业结束后的现场情况拍照并发到微信工作群。实时记录好疏浚船、运输船发生设备故障时的情况,包括具体故障、何时停工、何时复工等信息。工班结束后,及时填制"作业记录",编辑照片文档并填制"驳船接砂作业监管图片记录"。

(3)驳船靠泊卸驳码头监管。作业人员在每工班作业过程中要详细记录驳船靠泊时间、船名、泊位,驳船开始作业的时间,驳船卸货结束的时间。实时记录好影响驳船在港口卸货过程中造成停工的情况，包括具体原因、何时停工、何时复工等信息。工班结束后，及时填制"作业记录"，编辑照片文档并填制"驳船卸砂作业监管图片记录"。

3.1.8 申报验收

（1）验收时间。施工结束两个月内，建设单位通过市水行政主管部门提请省水行政主管部门对疏浚土综合利用项目进行专项验收。

（2）验收材料。建设单位出具建设管理总结报告；施工单位出具施工总结报告；监管机构出具监管报告。

（3）验收形式。验收单位组织召开专题验收会议，组织查看现场、讨论交流等。相关单位负责人参加，形成验收会议纪要，并经各方代表签字。

3.2 安全环保监管体系

3.2.1 警戒船

为防止过往船舶误闯作业区引起意外事故，项目水上作业期间，将根据具体作业位置及附近通航环境，安排1艘警戒船及1艘锚艇进行24小时值守制度，随时发布现场作业动态信息，疏导过往船舶有序航行，对有可能误入作业区或对疏浚作业安全构成威胁的船舶，及早通过甚高频（VHF）无线电话或扩音器予以提醒，并随时做好应急抢险准备。

警戒船作业安全保障措施如下：

（1）警戒船在协助抛起锚时，应根据实时水位、水流、风向、风速等自然条件和周边通航环境等情况，协商确定抛起锚顺序，并服从指挥。

（2）在抛起锚过程中，应密切注意附近航行船舶动态，根据通航环境的变化适时对作业方式进行调整，并通过甚高频（VHF）无线电话向周围船舶进行通报。

（3）进入拟定位警戒水域前，应充分掌握水域水深、风向、潮流及气象等情况，遵守有关航行规定，并根据通航环境的变化、疏浚作业进度及现场作业动态，适时对警戒位置进行调整。

（4）在担负警戒任务时，严格按照通航安全管理规定要求，显示相应的号灯、号型，并设置醒目的标志或横幅。

（5）安排专业人员实行24小时轮流值守制度，随时发布现场作业动态信息，加强与附近航行船舶的联系，提醒与疏浚作业区保持安全距离航行。

（6）加强瞭望，对有可能误入作业区或对疏浚作业安全构成威胁的船舶，及早通过甚高频（VHF）无线电话或扩音器等有效手段予以提醒。

3.2.2 疏浚设备及消能装置安全管理

（1）根据《中华人民共和国水上水下活动通航安全管理规定》，增加施工作业船舶，须经主管机关同意，发布航行通告，加强对施工水域的警戒。

（2）船舶施工时应按相关要求显示号灯、号型。施工作业现场设置足够照度的照明设施。施工船舶夜间信号灯确保正常工作。同时在水上浮管上设置施工信号灯，以利于夜间过往行船的安全。

（3）建立船舶准入制度。对参与施工的船舶，项目部需按照海事和船检部门要求，对船舶的检验证书、适航证书、国籍证书和人员持证情况，以及船上配备的设备进行审核，检查资料备案并上报海事部门。对不符合或不具备安全施工与通航安全的船舶，进行清退或更换。

（4）在签订船舶租赁合同时，同时签订安全协议与安全责任书，按照"谁主管、谁负责，谁用工、谁负责"的原则，落实安全生产责任制，各司其职，各负其责。

（5）安全、技术部门对现场船舶进行施工技术安全交底。施工单位要按照项目部要求，对所属租用船舶进行施工技术安全交底，介绍施工区域环境和安全注意事项，明确船舶的安全责任。

（6）建立船舶动态跟踪制度。建立船舶管理系统，落实负责人或调度人员，对所属船舶动态进行掌控，实施进港、到港报告制度，并把船舶动态报项目部备案。

（7）加强对转吹区域的船舶管理，制定落实转吹范围和抛泥作业范围，制定航行路线，确保耙吸式挖泥船抛泥、转吹作业安全。

（8）施工船应在满足抗风能力情况下进行施工，确保自身安全。当施工水域遇雾，能见度低于 1 000 m 时停止施工作业。

（9）做好防污染相关工作，生活垃圾及污水不得排入江中，应按规定送到指定地点处理。

（10）定期组织施工人员及船员开展有关应急预案的演练。

3.2.3 运输驳船安全管理

（1）严格执行施工船舶准入制，运输驳船必须严格执行海事主管机关及项目部安全管理规定，服从海事巡逻艇及监管船舶的指挥和管理。

（2）严禁未经海事主管部门核准，无船名、无标识牌、无自动识别系统（AIS）显示设备的违法运输驳船施工作业，必须在规定的转吹区域内装驳。

（3）运输驳船必须加强船舶各项设备的维护保养，确保船舶设备处于良好状态，按照《中华人民共和国内河避碰规则》显示信号。对不服从项目部、海事主管部门现场安全管理的船舶、人员，必要时责令退场。

（4）运输驳船在锚泊作业时必须与周围船舶保持足够的安全距离，锚泊时至少要在航道红浮连线 200 m 外，防止走锚和发生碰撞。

（5）运输驳船在装载过程中必须与耙吸船保持联系，控制装载速率，严禁超载，各船保持足够的干舷，经现场监管安全检查合格并经登记后才能离开，发现超载的必须现场减载，符合安全要求后才能离开。

（6）穿越航道的运砂船必须主动避让航道上的进出口船舶。穿越航道前，必须看清进出口船舶的航行动向，尽量避免穿越他船船首，应在与他船船尾保持足够安全距离时穿越。严禁未联系好强行穿越，严禁一条龙式穿越。

（7）所有运输驳船必须按照既定的航线并在通航流量较少的时段穿越航道，会让时各自向右，保证良好的通信联络，采取协调一致的行动确保安全。

(8) 运输驳船要充分熟悉水域环境,掌握潮汐变化规律,运用良好的船艺操纵船舶,与航行船、航标保持安全距离,每次进入转吹区或卸砂点要提前联系,互相明确动态,及早减速,保证会让安全,同时也防止采砂船浪损。

(9) 运输驳船要做好安全防范措施,防止发生缠绕桨叶、船舶碰撞、人员落水等事故。

(10) 船员在甲板上必须穿着救生衣,禁止穿拖鞋,必须 24 小时安排人员值班,加强瞭望,和航行船舶保持联系。

(11) 等候的运输驳船锚泊时,要掌握当时潮流、风向,选择远离航道的待驳区水域锚泊,不得占用航道、不得任意锚泊,保证航行和停泊有序。要进入转运区的船舶应提前与绞吸船联系,如需等候,应在航道外侧安全水域锚泊等待。

(12) 在转运区、码头区等候的运输驳船锚泊时,要掌握当时潮流、风向,在海事部门指定的安全水域锚泊,不得任意锚泊,保证航行和停泊的有序。对转运区勤测水深,防止船舶在采砂区域搁浅。

(13) 在长江迷雾或能见度低于 500 m 的情况下,选择在作业区、航道边缘或临时锚地锚泊。加强值班,守听 VHF06、69 频道,随时保持与项目部及他船的联系,确保船舶的锚泊安全。在航行中突然发生迷雾时,切勿盲目航行,在条件许可情况下,应当立即选择在安全水域抛锚扎雾,向过往船舶鸣笛示警。

3.2.4 码头作业安全管理

(1) 运输船靠泊前必须与码头调度提前联系,得到码头调度通知,确认靠泊位置、靠泊时间后,方可按指示进行靠泊。

(2) 运输船靠泊后,调度必须核对船号与运单号,确认无误后方可进行装卸作业。

(3) 装卸前,必须提前张挂安全网与过档布,确保人员上下安全与装卸质量。

(4) 装卸中,做到平衡卸载,严禁人员在关路下穿行,一经发现立即停工整改,整改到位再继续作业。

(5) 清仓阶段,做到人动机不动、机动人不动,杜绝人机"混战",防止人身伤害事故发生。

(6) 装卸完工后,立即与运输方办理交接手续,核对水尺,做到货清、船清、交接清,完毕后在现场指导下即可离港。

3.2.5 环保管控措施

(1) 项目施工中严格执行《中华人民共和国水污染防治法》、《中华人民共和国环境保护法》、《污水综合排放标准》(GB 8978—1996)等相关法律法规,自觉接受海事、环保等部门的监督和管理。

(2) 禁止向水体排放生活垃圾、废渣、废油、酸碱液及其他有毒废液;禁止在水体中清洗装过油类或其他有毒污染物的容器;禁止向水体排放或倾倒任何超标的放射性废渣和废水。

(3) 对所有油污水、垃圾,应集中定期交由具有油污水和垃圾接收资质的单位处理,接受海事和当地环保部门的指导。

(4) 施工过程中须密切注意施工区及周边水域的水质变化。

(5) 施工前对参与施工的船舶进行检查,确保其满足施工噪音控制的要求。施工船舶应严格按照航行规范控制汽笛的鸣号,减少对周边环境的噪声污染。

(6) 与当地的海事、环保部门密切配合,共同做好工程施工的环保工作。

3.2.6 安全管控措施

项目部应积极配合有关单位,加强与有关单位的沟通、协调工作,为工程施工创造良好的外部环境,保障施工安全。

1. 合理规划施工水域和施工船舶航路,及时发布航道通告

工程开工前,项目经理部与海事部门和航道管理部门协商,提出施工水域的航道通行方案,施工期间警戒航标设置及其动态调整方案等应报海事、航道部门批准后及时实施。针对水上作业面、船舶进出施工现场、施工区设立水上专用标志,在主航道边上设立专门的施工警戒标志,避免航行船舶误入施工区域。

项目经理部及时向海事和航道部门申请发布航行通告、航道通告,告知过往船舶施工水域的施工情况,包括施工范围、施工船舶、施工方法、施工航路规划等,使过往船舶顺利通过该水域,减少相互干扰。

交通船舶使用具有载客资质的船舶,船舶适航、船员适任,载运施工人员时严格遵守核定的载客人数要求,严禁超载;必须配备充足的救生器材。交通船航行时必须严格遵守《中华人民共和国内河避碰规则》等规定,主动避让过往船舶。在风力五级以上、能见度1 500 m以下以及深夜时禁止航行。

2. 加强与海事、航道部门的沟通联系

与海事、航道部门形成统一协调机制,定期召开安全生产协调会,及时通报施工进度、安全生产形势、施工与通航存在的问题以及解决方案等,统一协调解决施工中存在的问题和矛盾,确保施工与通航安全。

3. 施工船舶与航行船舶的避让

施工船舶穿越主航道进入施工作业区域时,均需严格遵守《中华人民共和国内河避碰规则》等航法规定。施工船舶与过往船舶谨慎避让,横越施工船舶应主动避让顺航道行驶的船舶,严禁自顺航道行驶船舶的船首方向穿越航道;施工船舶按规定显示号灯、号型;船舶锚泊时遵守有关规定,选择合适的锚地、停泊区。

4. 制定船舶准入制度

项目施工船舶及辅助船舶,由项目部统一安排,减少施工对通航的影响,确保船舶适航、船员适任,确保安全无事故。

船舶准入制度:

(1) 所有施工船机必须具有船检合格证书及相关安全许可证书。

(2) 所有外租的船舶必须持有有效的船舶证书检验簿,船员任职证书必须齐全,否则不可租用。

(3) 实行登记备案制度。船舶到达工地前,先由项目安全部进行安全检查、登记注册备案,符合要求后,才能参与本工程的施工。

(4) 保证船舶性能良好、外观整洁。

(5) 所有施工船机配备完善的安全、消防系统。救生圈、救生衣、灭火器等物品齐全有效。

(6) 所有施工船机锚缆系统完善可靠,以便于船机根据指示安全系泊待命。

(7) 机动船舶均需配备自动识别系统(AIS)、甚高频(VHF)无线电话和雷达。船舶锚系设备的型式、数量和强度必须适应本航区的作业安全要求。所有施工船机配备完善的通信设备,便于接受准入指令,否则禁止使用。

(8) 项目部对参建船舶进行安全技术交底,熟悉本工程施工区域的工况条件和安全技术要求及有关安全规章制度的要求。

(9) 所有参加项目施工的船舶必须与项目部签订安全生产协议和安全生产承诺书,明确双方的职责。

3.2.7 现场安全管理措施

1. 妥善解决好施工与通航矛盾

(1) 施工前,应向当地的海事部门和航道维护管理部门呈报施工计划、施工方案及安全防范措施,待批准后,由各自主管部门发布航行通告和航道通告,以告知各有关单位和过往船舶。

(2) 加强同海事部门和现场管理部门的联系工作,禁止"三无"船舶、不符合要求的船舶参与施工,确保工程安全施工。

(3) 为减小施工过程中对船舶通航的影响,一方面,在施工区域外围设置施工专业标志,标明施工区域的界限,防止通航船舶进入施工区域;另一方面,各施工船舶应确保船机性能的完好,施工中加强与过往船舶的联系,注意对过往船舶的避让,避免发生碰撞事故,确保施工期的安全。

(4) 施工船舶应按《中华人民共和国内河避碰规则》的规定要求悬挂昼间信号和夜间灯号施工标志,用甚高频(VHF)无线电话航行通用频道主动与过往船舶联系,以策安全。

(5) 加强同航道部门联系,及时调整航标位置,保证通行船舶安全,做到施工、通航两不误。

2. 施工期现场安全管理

(1) 施工期间可能会有工程船、辅助船在工程水域作业,涉及工程船抛锚、交通船接送人员等活动,现场安全管理工作十分重要,必须采取有效的安全措施,维护施工现场的正常秩序。

(2) 工程船抛锚后,按照《中华人民共和国内河避碰规则》的规定,工程船应按照规定显示号灯、号型。

(3) 水上管线每隔 50 m 设置 1 盏自亮浮灯或白天悬挂 1 面红色信号旗,确保通航安全。

(4) 施工期间,确保严格管理施工水域的施工船舶现场安全秩序,船舶在施工水域行驶,应当依据《中华人民共和国内河避碰规则》的规定进行避让,防止发生碰撞。遇有大风、大浪、大雾等不良天气时,更要注意安全,尤其是交通船接送工作人员,不得冒险出航,防止事故。

(5) 施工期间,施工船舶设专人负责瞭望和观察,有通航船舶通过施工水域时,施工船舶应主动与其进行通信联络,使其了解施工现场情况,安全通过。施工单位机动船舶与过往船舶相遇时,应主动避让,以免发生碰撞事故。

(6) 工程船施工作业需要调整船位时,派警戒船警戒护航,设专人瞭望,正确显示工程船信号,用甚高频无线电话与通航船舶联系,确保施工作业过和过往船舶的航行安全。

(7) 施工期间,配备应急警戒船舶和日常巡查船舶,以策安全。应急警戒船舶布置在施工水域上游靠近主航道的位置,对主航道上下行船舶进行安全警示,并承担对意外落水人员的应急搜救任务和对施工水域内因车舵突发故障或绞缠车叶而失去控制的作业船舶的应急救助任务。

(8) 项目部成立安全管理组织结构,安全生产领导小组全面统筹施工期施工与通航安全管理工作,安全部门负责对施工船舶进行安全教育和安全技术交底,现场施工班组组长为现场交通组织负责人,现场专职安全员配合施工班组组长对施工船舶实施统一调度和管理,制定施工期交通组织计划,纠正交通违章现象,治理通航安全隐患。安全管理组织机构分工负责,全面落实水上施工与通航安全管理的主体责任。

3.3 现场应急管理体系

3.3.1 施工期突发事件应急响应

为了更好地贯彻执行"安全第一、预防为主"的方针,确保人身安全,使工程顺利进行,项目实施期间须制定应急措施及相应的应急预案。

3.3.2 应急组织机构及工作职责

为了确保本工程施工安全,应成立项目安全领导小组。由项目经理担任组长,明确项目经理为第一责任人;项目总工担任专职副组长,负责日常施工生产的安全工作;领导小组成员主要由安全监督、工程技术、物资、质检、各工区负责人等组成。

3.3.3 安全施工专项方案

3.3.3.1 施工期应急保障体系

应急预案的基本要求包括总则、组织指挥体系及职责、预警和预防机制、应急响应、后期处置、应急保障、水上活动的突发事件、附则等。疏浚水上施工中应积极应对突发事件,如碰撞、大风、雾、霾等恶劣天气和环境污染等。

(1) 工程负责单位应协同有关部门对疏浚工程进行规划和组织,建立完整的监管、调度、协调等有关规章制度。

(2) 由于水上疏浚施工过程中存在各种不确定性因素,为避免人员伤亡和财产损失,疏浚施工单位应编制各种可能发生的意外险情或事故的应急预案,包括碰撞、搁浅、水域污染、人员落水、船舶失控、火灾等紧急情况或事故以及大风、雾、霾、雷雨等恶劣气象水文情况下的应急计划、措施及部署。

（3）做好防汛（潮）、防大风的防范工作，做好雨季水上施工准备工作，注意防雷、防触电等。

（4）建立应急指挥小组，一旦遇到突发交通事故，立即启动应急预案，组织人员、船艇、车辆及设备及时赶赴现场进行处置。相关人员要做好现场维护工作，并在第一时间向海事管理部门汇报。

（5）发生水上污染事故时，要立即停止施工，避免无关船舶和人员进入事故水域，并切断污染源，防止次生灾害的发生。对污染进行监视、监测、围控及清除，在污染消除之后，方可恢复施工。

（6）疏浚工程施工的主要污染源有：船舶机舱油污水、船舶压舱水、进行冲洗后产生的冲洗废水，以及挖泥船作业产生的大量疏浚悬浮物。

（7）疏浚工程施工期的环境管理措施主要有：在疏浚施工期间必须制定严格的施工环保管理制度，教育施工人员自觉遵守规章制度，并加以严格监督和管理；禁止向项目区域外倾倒一切废弃物，包括施工和生活废水、建筑和生活垃圾等；施工人员的生活污水应集中收集处理，在施工期间建立临时污水收集及处理装置；在疏浚施工过程中加强对机械设备的检修和维护，使其处于良好的工作状态，防止设备漏油现象的发生，施工机械废气要达标排放；疏浚施工产生的油污水要统一收集、登记，由经海事管理机构认可的油水接收机构进行接收并登记，不得向水中随意排放；制定污染应急方案，将污染防范责任落实到相关责任人，施工区域备齐吸油毡、围油栏及消油剂等油污应急处理设备，以便污染事故突发时，能第一时间进行处置，降低对水质环境的影响。

3.3.3.2 施工期应急预案

1. 碰撞应急预案

施工船舶应急预案：当有碰撞危险时，通知施工现场人员立即停止作业。在碰撞将要发生时，全体人员要尽量避开碰撞部位，并做好救生准备。碰撞发生后，船长应立即向项目部和附近海事主管机关报告。船长应组织全体船员尽力自救，及时清点船上人员情况，防止发生意外。船长要及时与对方船舶进行联系，本船有危险时应及时向对方船提出救援要求。

项目部应急预案：对施工船进行询问，了解受损情况、双方人员伤亡情况、有何请求等事宜。迅速将碰撞的简要情况向附近海事主管机关报告，并向公司应急反应小组报告。碰撞引起人员伤亡、设备损坏或发生污染时，应按相应的应急行动预案处理。碰撞引起船舶损坏严重时，应立即联系附近海事主管机关和港口，请求援助。

2. 人员落水应急预案

施工船舶应急预案：施工船舶两舷旁及驾驶室左右舷按规定放置系有救生索的救生圈（最好配有自亮浮灯），随手可取。发现有人落水时，应立即就近投下救生圈并大声呼喊，以最快方法通知驾驶台说明落水部位。驾驶台应立即采取有效措施进行施救，同时迅速发出人落水警报信号，并派人到高处瞭望，夜间应加强照明。其他船员听到人落水警报后，按照应变部署指定的任务，立即赶到指定位置施救。用甚高频电话通报附近过往船舶，提出协助观察、施救的请求（报告要说明人员落水的地点、时间、涨落潮情况、救助要求等）。在对落水人员进行施救的同时，船舶应以最快的速度向项目部和附近的海事主管机关报告。落水人员被救起时,如有伤情或神志不清等危及生命的情况,船舶应全力抢救。

项目部应急预案:接到施工船舶的人员落水报告后,应立即进入应急反应状态,对遇险船舶进行询问,了解人员落水情况发生的时间、落水人员姓名以及正在采取的措施、有何请求等。立即向附近的海事主管机关和公司应急反应小组报告,根据现场情况必要时请求其协助救助。落水人员被救起时,如有伤情或神志不清等危及生命的情况,应立即组织送医。如落水人员一时无法找到,项目部应会同相关部门人员赶赴现场。

3. 火灾应急预案

施工船舶应急预案:发生火灾时,船长首先要考虑保证船员安全、停止施工。一旦发现火警,应立即用灭火器等方法灭火,尽可能扑灭初起火灾;同时高声呼喊他人帮助,及时向驾驶室船长报告(要先灭火,再去呼叫报告)。船长接到报告后发出应急警报,组织人员探测火情并立即进行灭火。船长根据当时情况及时向项目部和附近海事主管机关报告,以求得帮助。船舶灭火,要根据火灾的性质选择灭火方法。油类火灾,严禁用水扑救;对电器火灾,应在切断电源后再灭火,火势较大时,应及时向附近过往船舶发出求救信息,以取得他船的帮助。如火势无法控制,危及船上人员生命安全时,应做好弃船逃生准备。火情扑灭后,应全面详细检查并派人检查现场,只有在确认无复燃可能后,才可取消灭火行动。

项目部应急预案:对发生火灾的施工船舶进行询问,了解失火情况、船上燃油数量、气象情况、正在采取的措施、有何请求等。工作人员应迅速赶赴现场协助施救,同时将火灾的简要情况向附近海事主管机关和公司应急小组报告。船舶自力扑救困难,需要外援时,应立即联系消防部门、港口、海事主管机关,争取及时为船舶提供外援。船舶无法控制火情,不得不宣布弃船时,项目部应迅速与附近海事主管机关联系,请求其提供帮助。

4. 施工船舶防污染措施和发生污染事故的应急预案

施工船舶防污染措施:严格执行《中华人民共和国水污染防治法》和《江苏省内河水域船舶污染防治条例》、《船舶水污染物排放控制标准》等法律、行政法规,保护内河水域环境,防治船舶污染。配备相适应的废油、残油、垃圾和其他有害物质的存储容器。保证船舶防污染设备正常使用,不擅自拆除或者停用。油污水、生活污水等集中收集处理。

施工船舶应急预案:当船舶发生船体损坏及加装油作业过程中造成燃润油泄漏时,船长应迅速组织人员进行抢险堵漏,控制燃润油向外泄漏的速度,并组织人员清除污染,将事故减小到最低限度,立即向项目部和附近海事管理机构如实报告。如污染事故较大,报告项目部,请求外部清污机构协助。在初始报告以后,船舶还应当根据事故的进展情况进一步做出补充报告。清污工作完毕后应报海事主管机关检查,船舶应做好记录并报项目部。

项目部应急措施:对发生污染施工船舶进行询问,了解事故发生的时间、原因、污染的程度及可能趋势、风力、风向、船上燃润油种类和数量、已采取的措施和效果、是否需要岸基支持等细节。迅速将污染的简要情况向附近海事主管机关和公司应急反应小组报告。船舶自身难以控制局面时,参加应急反应人员应协助船舶与附近海事主管机关和港口部门联系,请求协助施救,控制事态。

5. 船舶遇恶劣天气时的应急措施

当预知船舶可能遭遇大风浪等恶劣天气时，船舶应及时选择安全水域锚泊，防止船舶陷入大风浪中。

在大风来临前，将船舶甲板上的移动物件进行捆扎固定，清理甲板上的下水孔；关闭一切水密门窗、甲板开口，防止机舱及舱室进水。船长同时指派专人收听气象报告。

如天气突然变坏，而且危及船舶安全时，船长应立即向项目部、航道局报告。

（1）出现大风浪，船舶大角度横摇时，应采取以下措施：

①改变航向、航速，使船逆风航行，以减少摇摆角度或避免谐摇。

②保证主机、副机、舵机正常工作。

③关闭一切水密门窗、甲板开口，防止机舱及舱室进水。

④如稳性欠佳，横摇周期长，迎风后，如有条件应立即压进足够的双层底压舱水，以改善稳性，但要注意尽可能减少自由液面对船舶的不利影响。

（2）当船身单侧大角度倾斜时，处置如下：

①用适当舵角使船逆风航行，避免谐摇，尽量减少横摆角度。

②关闭一切水密门窗和甲板开口，首先是低舷一侧要防止进水。

③观察主机、副机运转状况，绝对保证主机、副机正常运转。

④调整油水位置，纠正倾斜角，但不能矫枉过正，使船身向反方向以更大的角度倾斜过去。

⑤保证通信不间断，随时向项目部、航道处、航道局逐级汇报，并与附近船舶和港口保持联系，有条件时，应驶向附近港口，进行彻底调整。

⑥全体船员处于戒备状态，检查和准备救生艇、筏。

⑦保持甲板排水孔畅通。

（3）出现大风浪，主机或舵机发生故障时，应采取以下措施：

①在船首上风送出足以能阻滞船舶横向风浪的适当构件，如系缆等，也可松出锚和适当长度的锚链，以使船首迎风，保持相对稳定。

②全力抢修主机或舵机。

③了解稳性情况和各水舱载量，一旦船身倾斜，立即调整，加以扶正，但要谨慎，防止自由液面对船舶的不利影响。

④关闭一切水密门窗，确保甲板开口处于良好的水密状态。

⑤向项目部汇报，并尽量与附近港口或船舶保持联系。

（4）船身大角度倾斜，采用压舱水扶正时，应注意以下方面：

①不能几个舱一起压，这样会造成多舱自由液面，影响稳性，同时进水量也不易控制，要防止船身倾向另一侧。

②先逐个注满高舷侧压过水的双层底水舱，以消除自由液面的影响，提高稳性，有利于船扶正。

③压双层底的空舱时，先压首尾两端小舱，然后中部大舱，可减少自由液面的影响，压首尾小舱时，要注意小舱高度、重心至中线之间的距离以及在大角度倾斜下有无增加倾斜的可能。

④单侧双层底水舱全部压满后,若船身仍未扶正,可抽出低舷边双层底的压舱水,或压进高舷侧的边水舱(压进高水位舱时,要注意稳性影响)。

⑤压水时绝对不能开错阀,不能弄错左右水舱方向。

⑥不要矫枉过正,防止船身倾向另一侧。

⑦如因大风浪造成船舶碰撞或搁浅,则按照《船舶碰撞现场处置方案》处置。如采取措施无效,船舶将沉没、倾覆而被迫弃船时,应按照船舶弃船时的应急措施处置,船长下达弃船命令。

⑧项目部接到船舶遭受大风袭击报告后,应立即组织人员赶赴现场(就近地),及时了解船舶遇险情况和施救情况,制定抢险措施,同时向上级汇报,并请就近海事部门、就近船舶及当地政府给予支援,做好伤员的接应、救护和送往医院急救工作。

⑨将事情发生的时间、地点、施救措施、施救过程、人员受伤情况、船舶受损等情况书面向项目部呈报,由项目部向上级汇报。

6. 船舶走锚时的应急措施

①船舶走锚时,应立即抛下另一只锚或送放锚链以增加锚设备的系留力。

②立即发动主机开车顶流,减缓船舶走锚速度直至船舶停止走锚。

③立即使用甚高频无线电话或其他有效联络方式告知周围船舶本船的走锚险情,请周围船舶注意避让。

④当事船船长应立即报告项目部安全部门或现场安全负责人,接到警报的安全管理人员应立即调派应急警戒船舶前往事故现场实施救援,现场安全负责人应立即协调现场附近的其他施工作业船舶开展救援行动。

⑤走锚船舶被拖带控制住后,应重新选择安全地点锚泊。船长应将有关走锚事故的详细情况书面报告至项目部安全部门。

7. 船舶交缠车叶时的应急措施

①船舶交缠车叶时,船长应立即停船,防止事故损失扩大。

②立即抛下船首锚,防止船舶失控漂流。

③船长应立即通过甚高频电话或其他有效方式告知钢缆被交缠的施工作业船舶,收到警报的定位船应当立即松弛被交缠的钢缆,以免发生拖曳倾覆事故,必要时可斩断被交缠的钢丝绳。

④船长应立即将险情向项目部安全部门或现场安全负责人报告,项目部安全部门应立即调派应急警戒船舶前往实施救援,现场安全负责人应立即协调附近的施工船舶组织援救行动。

⑤应急救援船舶抵达现场后,应立即着手控制船舶,避免失控船舶漂流从而威胁到施工区其他作业船舶或主航道过往船舶的安全。

⑥绞缠车叶的船舶被控制后,项目部应迅速派遣专业潜水人员下水解脱交缠在车叶上的钢丝绳,并探明螺旋桨的受损情况。

⑦绞缠车叶的船舶,螺旋桨成功解脱以后,由应急警戒船舶将其拖往安全地点锚泊。

⑧事后,船长应将事故报告书面呈送项目部,由项目部向上级和主管机关报告。

8. 船舶搁浅时的应急措施

(1) 预防措施

①项目部安排专人负责收集专业水文站发布的水位信息,分析其变化趋势,及时向现场施工管理人员和船舶发布有关水位涨落变化的预警信息。

②项目部收集施工船舶有关航路的水深分布资料,在对施工船舶进行安全技术交底时,同时将施工船舶有关航路的水深分布情况向船舶告知。

③及时安排对施工区内部水深情况的动态测量,在服务于施工计量与进度调节工作的同时,将施工区有关水深变化情况通过现场施工员或安全员告知施工船舶,防止船舶因不了解情况而搁浅。

④当发现不了解施工区水深分布情况的航行船舶误入施工区时,现场警戒船舶、施工及安全管理人员必须及时向对方发出警示信息,劝告对方尽快离开施工水域,防止对方搁浅,造成船舶受损或工程建筑物损害。

(2) 搁浅后的应急处置措施

①施工船舶发生搁浅事故时,必须立即向项目部应急指挥中心报告。一旦发生船舶搁浅事故,首先应当弄清事故地点河床底质,其次查明船底或车舵受损情况,不得盲目动船自行脱浅。

②应急警戒船收到他船搁浅信息后,应当立即服从项目部应急指挥中心的调度前往现场施救,应急警戒船到达现场后,应考虑自身的吃水是否满足安全要求,在确保自身安全的前提下展开救助行动。

③搁浅后,如果船底无损且后续水位是上涨的,则应等待船舶浮起后,再让警戒船拖带脱浅,或自行脱浅;如果船底无损但后续水位是下降的,可以考虑对船舶的载货进行卸载以浮起船舶,然后再进行脱浅作业;如果船底破损,则应当先行抽水堵漏,待船舶不再进水后,再进行有关脱浅的操作。

④船舶发生搁浅险情时,必须检查自身是否存在油污水泄漏的现象或风险,如果存在油污水泄漏,应立即向项目部应急指挥中心报告,并启动船舶溢油应变部署;如果没有油污水泄漏现象但存在溢油风险的,必须在采取充分的防止溢油事故措施后,方可进行脱浅作业。

⑤搁浅船舶应按照《中华人民共和国内河避碰规则》的规定,正确显示搁浅信号,及时向周边船舶发布本船搁浅的有关安全信息,在积极寻求外部援助的同时,对周边船舶进行有关搁浅风险的警示,防止其他船舶发生类似事故。

第 4 章

长江中下游疏浚土综合利用
试点示范案例

4.1 荆州市长江航道疏浚土综合利用

4.1.1 荆州市疏浚土综合利用项目背景

为认真贯彻落实习近平总书记关于长江"共抓大保护、不搞大开发"的重要指示精神和推进长江经济带发展战略,科学、合理地利用好长江航道疏浚土资源,服务地方经济社会发展,促进长江航道维护和生态保护,荆州市人民政府与长江航道局签订了《共同协调推进长江航道疏浚土综合利用工作备忘录(2023年度)》。

根据长江水利委员会、长江航务管理局及湖北省水利厅相关文件的精神,荆州市人民政府成立了荆州市长江干流河道采砂和长江航道疏浚土综合利用工作领导小组。截至2022年12月31日,荆州市长江航道疏浚土接驳上岸约790.1万t,疏浚土出库586.92万t,分别供应荆州市城北快速路、沙公高速、江陵煤炭铁水联运储备基地、荆州大道、长湖湖堤加固工程、荆州纪南生态文化旅游区城市建设投资公司、荆州开发区城市建设投资公司、公安县城市建设投资公司、江北东高速、荆江大道等重点工程建设项目及市政工程建设项目。

根据往年荆州市长江航道疏浚土综合利用项目实施情况评估,项目实施以来,促进了长江大保护工作,保障了长江水道畅通,保护了长江生态环境,维护了疏浚土利用秩序,有效缓解了荆州市砂石供需矛盾。

4.1.2 荆州市疏浚土综合利用项目概况

1. 疏浚土总量统计情况

自2018年7月16日起,荆州市人民政府严格按照湖北省水利厅的批复意见组织实施了2018—2019年度(试点)、2020年度、2021年度、2022年度荆州市长江航道疏浚土综合利用工程以及2019—2020年度、2020—2021年度、2021—2022年度、2022—2023年度荆州市长江航道疏浚土综合利用工程(三峡后续工作)。

截至2022年12月31日,根据监理单位与荆州市城发集团统计,共接驳上岸疏浚土约790.1万t。

2. 2018—2019年度试点实施情况

实施时间:2018年6月至2019年5月。

疏浚船只及方式:采取"吸盘2号""吸盘3号"2艘自航吸盘式船只和"长狮16号"1艘自航绞吸式船只,共两种疏浚方式。

接驳转载自卸船:27艘。

疏浚土上岸码头:荆州开发区中航码头、跃进码头、旺港码头,江陵县兴润码头,公安县朱家湾码头、盛埠码头,洪湖市老官庙码头。

疏浚土上岸量:接驳上岸约373.71万t。

3. 2019—2020年度实施情况(三峡后续工作)

实施时间:2019年11月至2020年4月。

疏浚船只及方式：采用"吸盘 2 号""吸盘 3 号"2 艘自航吸盘式船只和"长狮 16 号"1 艘自航绞吸式船只，共两种疏浚方式。

接驳转载自卸船：6 艘。

疏浚土上岸码头：跃进码头、旺港码头。

疏浚土上岸量：接驳上岸约 10.48 万 t。

4. 2020 年度实施情况

实施时间：2020 年 9 月至 2020 年 12 月。

疏浚船只及方式：本次航道疏浚土利用实施方案共配备 7 艘疏浚船舶，采用吸盘、绞吸、耙吸三种疏浚方式。

接驳转载自卸船：8 艘。

疏浚土上岸码头：李埠港码头、旺港码头、跃进码头、中航码头、朱家湾码头。

疏浚土上岸量：接驳上岸约 59.66 万 t。

5. 2020—2021 年度实施情况（三峡后续工作）

实施时间：2021 年 1 月至 2021 年 4 月。

疏浚船只及方式：本次航道疏浚土利用实施方案共配备 8 艘疏浚船舶，采用吸盘、绞吸、耙吸、抓斗四种疏浚方式。

接驳转载自卸船：12 艘。

疏浚土上岸码头：李埠港码头、旺港码头、跃进码头、中航码头。

疏浚土上岸量：接驳上岸约 44.92 万 t。

6. 2021 年度实施情况

实施时间：2021 年 7 月至 2021 年 12 月。

疏浚船只及方式：共配备 8 艘疏浚船舶，采用吸盘、绞吸、耙吸、抓斗四种疏浚方式。

接驳转载自卸船：10 艘。

疏浚土上岸码头：李埠港码头、旺港码头、中航码头、跃进码头、洪湖新堤综合码头。

疏浚土上岸量：接驳上岸约 32.9 万 t。

7. 2021—2022 年度实施情况（三峡后续工作）

实施时间：2021 年 11 月至 2022 年 4 月。

疏浚船只及方式：共配备 8 艘疏浚船舶，采用吸盘、绞吸、耙吸、抓斗四种疏浚方式。

接驳转载自卸船：15 艘。

疏浚土上岸码头：李埠港码头、旺港码头、跃进码头、中航码头、洪湖新堤综合码头。

疏浚土上岸量：接驳上岸约 59.8 万 t。

8. 2022 年度实施情况

实施时间：2022 年 4—5 月及 2022 年 9—12 月。

疏浚船只及方式：共配备 12 艘疏浚船舶，采用吸盘、绞吸、耙吸、抓斗四种疏浚方式。

接驳转载自卸船：22 艘。

疏浚土上岸码头：李埠港码头、中航码头、跃进码头。

疏浚土上岸量：接驳上岸约 66.1 万 t。

9. 2022—2023 年度实施情况(三峡后续工作)

实施时间:2022 年 9—12 月。

疏浚船只及方式:共配备 20 艘疏浚船舶,采用吸盘、绞吸、耙吸、抓斗四种疏浚方式。

接驳转载自卸船:23 艘。

疏浚土上岸码头:李埠港码头、中航码头、跃进码头。

疏浚土上岸量:接驳上岸约 142.5 万 t。

4.1.3 荆州市疏浚土利用技术示范

荆州依江而立,自古以来砂石资源均来源于长江。随着社会经济发展,砂石需求量还将继续上升,荆州市砂石料供需矛盾正在逐年增大,导致荆州市砂石料价格高居不下,大大提高了项目投资成本。

(1)施工时间:为了最大限度发挥长江黄金水道的效益,须控制好施工时间,尽量减少施工对航行的影响。疏浚土运输至盐卡码头后吹送至指定堆场。选在白天施工,尽可能减少对航道和环境的影响。

(2)接驳工艺:荆州市疏浚土利用中采用艁靠装驳工艺,绞吸式挖泥船抛管向下喷送泥沙至深舱船或自卸砂船等储备浮力较大的船型,泥驳将泥沙装舱运送至指定地点。

舷外装驳时需要将深舱货船挂靠于疏浚船舷边。疏浚船与深舱货船所占用水域较大而通航水域航槽较窄,空闲船舶不能挂靠在疏浚船旁,选择闲置水域停泊,待前面船舶装载完成并沥干水分驶离后,第二艘船才能进档作业。一艘船装满需 1 h 左右,在上述时间段内可以充分保证两艘船舶装满载并沥干水分离场。

(3)沥水工艺:运输船装载时采用堆砌式排水法,考虑到施工水域通航条件复杂,装载现场由船长组织瞭望。如吃水深度允许,则采用堆砌式排水法,即砂浆中的泥沙沉淀到底,表面的水自然排出船舱,装满载后等水分自然沥干后开航至码头;如瞭望并通过测探仪发现航道水深不够,深舱货船不能装满载,则保留安全吃水,防止搁浅碍航,及时通知疏浚船停机并开启抽水泵,待船舶表面自由液面抽干后再开航至码头。

(4)监管措施:根据湖北省水利厅批复要求及专家评审意见,荆州市人民政府成立了荆州市长江干流河道采砂和长江航道疏浚土综合利用工作领导小组,领导小组各成员部门依据职责,强化现场监管。荆州市长江航道疏浚土综合利用监管工作在荆州市政府领导下的各部门联合执法机制、各地区的联动协作机制及引入监理单位的监管机制下稳定有序地进行,在项目实施过程中严把流程关,从砂石接驳到投入使用实行无缝对接。监理单位严格按照《长江河道采砂管理条例》、《湖北省河道采砂管理条例》和《委托监理合同》的相关要求,在项目现场 24 小时轮换监管,采取"长江河道砂石采运管理单"管理模式,实现运输全过程闭环管理。项目监管期间,未发生疏浚砂石外运现象,也未接到群众举报,保障了综合利用工作达到预期效果,取得了良好的社会效益和生态效益。

(5)安全保障:由于采用舷外装驳时需要将深舱货船挂靠于疏浚船舷边,疏浚船与深舱货船所占用水域较大,大部分时间还要占用航道,给施工与通航带来了一定的矛盾。因此,为了确保疏浚施工安全,疏浚施工前必须做好安全准备工作。施工前由海事部门发布航行通告,施工中严格遵照安全操作章程,采用正确的避让措施,确保施工安全。

4.1.4　荆州市疏浚土综合利用小结

1. 疏浚土可利用范围

2022年,荆州市城嘉建筑材料有限公司委托检测单位对长江荆州段疏浚区域的疏浚土进行了取样检测。根据元本检测(荆州)有限公司出具的《细集料性能检测报告》,本项目中疏浚土细度模数平均值约为1.2,根据《建设用砂》(GB/T 14684—2022),判定该样品为特细砂,宜用于强度等级小于C30的混凝土和建筑砂浆。根据《公路路基施工技术规范》(JTG/T 3610—2019)中一般路基填料要求,该样品可作为一般路基填料。

2. 疏浚土综合利用成效

近年来,荆州处于重要发展时期,众多大型企业入驻荆州,建设项目较多,但砂石料短缺制约了项目进度,拖慢了荆州前进的脚步。长江航道疏浚土在近5年时间内,为荆州市重点工程建设项目及市政工程建设项目供应疏浚土586.92万t,保障了项目建设进度,推进了荆州经济发展。

截至2022年12月31日,荆州市长江航道疏浚土分别为荆州市城北快速路、沙公高速、江陵煤炭铁水联运储备基地、荆州大道、长湖湖堤加固工程、荆州纪南生态文化旅游区城市建设投资公司、荆州开发区城市建设投资公司、公安县城市建设投资公司、江北东高速、荆江大道等重点工程建设项目及荆州市荆江康瑞特建材有限公司、湖北宏润信心材料科技有限公司、荆州市东大洋混凝土有限公司、湖北楚峰建科集团神州预拌混凝土有限公司、荆州市中石新材料科技有限公司、葛洲坝荆州建材有限公司、湖北泽通混凝土有限公司与湖北楚涛环保机械有限公司等多家建材和商砼站生产使用方供砂约586.92万t,剩余库存疏浚土分别存储于荆州市荆州区临时堆场、李埠港码头堆场、中航码头堆场、开发区大田堆场。

航道疏浚土包含可用于各项重点工程建设以及圈围造地的回填土,也含有可用于建筑用料的优质砂,将航道疏浚土接驳上岸用于重点工程及民生工程建设,既实现了资源的有效利用,又一定程度上减少了对河砂资源的开采。同时,疏浚土的大量使用也减少了各项重点项目建设对沿线土地的征用,对耕地保护和水土保持也起到了一定的促进作用。

4.2　镇江市长江河道疏浚土综合利用

4.2.1　镇江市疏浚土综合利用项目背景

为了深入贯彻"共抓大保护、不搞大开发"的重要指示精神,长江航务管理局、长江水利委员会联合各地市人民政府,积极探索开展长江航道疏浚土综合利用,致力于实现"变废为宝",加强长江航道维护和生态保护,缓解区域砂石供需矛盾,促进长江沿岸经济社会的发展。

镇江作为长江"黄金十字水道"的重要商埠,拥有得天独厚的地理位置优势。镇江市政府及有关部门对长江航道疏浚土综合利用非常重视,对镇江市长江航道疏浚土综合利用(试点)工作进行部署,指定镇江市港口发展集团有限公司(以下简称"镇江市港发集团")为镇江市长江航道疏浚土综合利用主体,镇江市港发绿色资源有限公司为实施单位。2018年11月,镇江市人民政府启动实施镇江市长江航道疏浚土综合利用试点工作,标志着镇江市正式成为长江沿线继湖北荆州、江西九江之后的第三个试点城市。

4.2.2 镇江市疏浚土综合利用项目概况

2019年以来,长江镇江河道疏浚土综合利用总量逐年攀升,其中2019年10.15万t,2020年145.11万t,2021年154.56万t,2022年420.2万t。目前镇江与中交、中铁、中建等央企、国企紧密合作,疏浚土供应312国道、五峰山大桥北接线、龙潭长江大桥、连镇铁路、镇江高校园区等工程项目,不仅满足了城市基础建设用砂需求,有效平抑了砂石价格,更充分保障了政府重点民生工程,积极发挥项目的社会效益。

1. 2019年实施情况

2019年是镇江市疏浚土综合利用工作试点第一年。2019年7月4日,镇江市获得江苏省水利厅关于同意开展航道疏浚土综合利用的复函,上岸工作时间为8月21日至9月21日,历时32天,累计作业驳船59艘次运输船,主要利用仪征水道疏浚土。2019年仪征水道全年航道疏浚维护量为124.9万m^3,疏浚土综合利用实施运行期间,航道维护疏浚量16.3万m^3,上岸量7.8万m^3,为10.15万t,疏浚土上岸量占疏浚量的47.9%,上岸量占批复量的28.9%。上岸疏浚土以低于市场的价格,直供连镇铁路、镇江高校园区、高新区团山睿谷等重点基础设施建设项目和民生工程。

2019年为航道疏浚土综合利用试点开始阶段,通过实践检验了管线连接消能装置再装载船舶工艺的可行性,为后续长江镇江段航道疏浚土综合利用夯实了基础。

2. 2020年实施情况

2020年8月28日,镇江市获得江苏省水利厅关于同意开展航道疏浚土综合利用工作的复函,上岸工作时间为9月13日至11月9日,历时57天,累计作业98艘次运输船。2020年仪征水道全年航道维护疏浚量为310.1万m^3,和畅洲水道航道维护疏浚量4.2万m^3,口岸直水道(落成洲)航道维护疏浚量326.2万m^3。2020年主要开展了仪征水道航道维护疏浚土的综合利用,在施工期间,航道维护疏浚量125.5万m^3,上岸量22.1万m^3,为33.12万t,疏浚土上岸量占疏浚量的17.6%,上岸量占批复量的32%。疏浚土直供连镇铁路、镇江高校园区、高新区团山睿谷等重点基础设施建设项目和民生工程。

3. 2021年实施情况

2021年7月23日,镇江市获得江苏省水利厅关于同意开展长江镇江段航道疏浚土综合利用试点工作的复函。2021年航道疏浚土综合利用工作于9月5日开工,2021年12月31日结束。仪征水道、口岸直水道施工作业累计上岸运输船分别为82艘次、213艘次。2021年仪征水道全年航道维护疏浚量为157.1万m^3,和畅洲水道航道维护疏浚量0.1万m^3,口岸直水道(落成洲)航道维护疏浚量320.8万m^3。施工期间,仪征水道航道、口岸直水道(落成洲)航道维护疏浚量分别为38.1万m^3、40万m^3,累计上岸航道疏浚土66.82万t。疏浚土直供丹徒污水处理厂一期和二期工程、江科大新校区建设、345国道扬州经济开发区段、徐州传染病医院等多个省内基础设施建设与民生工程项目。

4. 2022 年实施情况

2022 年 5 月 5 日,镇江市获得江苏省水利厅关于同意开展长江镇江段航道疏浚土综合利用试点工作的复函,继续对长江仪征水道、和畅洲水道、口岸直(落成洲)水道的航道疏浚土实施综合利用。5 月 25 日正式启动航道疏浚土综合利用工作,2022 年上岸航道疏浚土 257.92 万 t,其中口岸直水道上岸量为 171.64 万 t,仪征水道上岸量为 86.28 万 t,疏浚土利用率达 40%。项目运行期间,采用吸盘船膀靠直吹工艺、耙吸船直吹及转吹装驳工艺,参与施工船舶有"航浚 22、长鲸 8、吸盘 3、新紫琅 2、长鲸 12、长鲸 2",共计 6 艘施工船,运输船 13 艘,口岸直水道、仪征水道施工作业累计上岸运输船分别为 613 艘次、336 艘次。

5. 镇江危险品锚地疏浚工程实施情况

2021 年 10 月 28 日,镇江市获得江苏省水利厅《关于准予镇江危险品锚地疏浚采砂的行政许可决定》(苏水许可〔2021〕64 号),批复中明确疏浚区顺水流向长 1 975 m,垂直水流宽 400～530 m,面积约 97.97 万 m^2。镇江危险品锚地清淤项目于 2021 年 11 月 25 日开工,2022 年 4 月 15 日完工,历时 141 天。项目共有 2 艘绞吸船(恒宇 7、舟龙 16)及 19 艘运输船,合计运力 8 万 t;拥有大路码头(原港和码头)、新民洲码头、润港中转堆场,合计 3 个上岸点。镇江危险品锚地清淤项目清淤疏浚量约 146 万 m^3,累计上岸疏浚土约 225 万 t。疏浚工程结束后,锚地已基本恢复锚泊功能,大部分水深条件满足设计标高要求,于 2022 年 5 月 15 日开放使用。

4.2.3 镇江市疏浚土利用技术示范

1. 党建引领的组织保障

镇江市港发集团作为项目实施单位,坚持不懈推动党建与疏浚土综合利用工作深度融合。镇江市港发集团党委充分发挥党建"把方向、管大局、促落实"的作用,打造长江河道疏浚土综合利用的"镇江模式"。

镇江市港发集团党委联合镇江市政府办、市国资委等 15 家单位党组织共同成立"党旗'镇'红、港城先锋"党建联盟,充分发挥党建共建对疏浚土综合利用工作的推进和建设作用。同时,组织建立党员突击队冲锋在水上施工现场、防疫抗疫一线,党员率先垂范,为全面推进疏浚土综合利用工作保驾护航。

2. 共建共管的联动机制

镇江市港发集团与地方水利、交通、海事、航道等单位共同研究长江镇江河段疏浚土综合利用工作,携手打造共商、共建、共管、共治、共享的联动机制。

项目开展以来,镇江市水利局积极协助项目审批,强化施工监管,利用视频监控、GPS 设备对水上作业实行全过程监督服务,确保项目规范有序;镇江海事局全力保障项目安全,提供政策指导,加强海巡艇对施工水域的巡航驻守,及时提供气象信息服务,定期对施工船、运输船进行安检,有力保证了施工与通航的"双安全";长江镇江航道处主动协调施工船只,协同科技研发,在施工技术、疏浚工艺、船只调度、安全管理等方面给予有力的技术支撑;镇江市交通运输局牵头开展锚地疏浚,协调转运区设置,开创镇江地区锚地疏浚土综合利用的先河,助力镇江地区经济发展;长江航运发展研究中心精心谋划课题研究,提供信息咨询,在疏浚土产业链延伸方面出谋划策,共同开展疏浚土课题研究;镇江市港口发展集团结合镇江地区实际情况,在施工工艺、管理方法、作业流程、监管措施、供应体系、产品研发等方面分别进行了创新开拓,力争打造长江沿线疏浚土综合利用的标杆典范。

3. 丰富多元的项目内容

镇江市长江疏浚土综合利用主要有航道疏浚土、锚地疏浚土、港口疏浚、吹填砂处置项目。

(1) 航道疏浚土项目

镇江市常态化运作航道疏浚土项目,项目的水上施工范围主要为仪征水道、口岸直水道(落成洲),由长江南京航道工程局负责航道疏浚施工,镇江市港发集团负责疏浚土的接驳、运输、上岸、仓储、供应等工作。2019 年上岸航道疏浚土 10.15 万 t,2020 年 33.12 万 t,2021 年 66.83 万 t,2022 年 257.92 万 t,上岸总量逐年递增。

(2) 锚地疏浚土项目

镇江市严格按照江苏省水利厅提出的"五统一"标准要求,同时在航道疏浚土的基础上,积极探索对镇江地区锚地疏浚土的综合利用。在镇江市水利局和市交通运输局的支持下,2021 年 11 月至 2022 年 4 月,镇江市港发集团完成镇江危险品锚地疏浚土项目,累计完成疏浚土 225.59 万 t。锚地疏浚采砂施工现场图如图 4-1 所示,绞吸船接管装驳平台装驳工艺施工现场图如图 4-2 所示。

图 4-1 锚地疏浚采砂施工现场图

图 4-2 绞吸船接管装驳平台装驳工艺施工现场图

(3) 港口疏浚项目

2021年3月至4月，镇江市港发集团联合镇江市丹徒区大港汽车轮渡管理处开展大港汽渡码头疏浚清淤项目。项目累计清淤量总计25.6万t，其中约18万t疏浚土直供孟家港固堤防洪抢险项目，约6.3万t疏浚土上岸实施综合利用。

(4) 吹填砂处置项目

2021年，镇江市港发集团协助扬中市交通投资发展有限公司，通过公开拍卖的方式处置大津重工码头吹填砂资源，累计处置量达14.4万t。

4. 科学全面的施工工艺

镇江市结合本市实际情况，采用转运接驳工艺，对耙吸疏浚工艺和吸盘疏浚工艺进行突破升级，提升接驳效率。

(1) 转运接驳工艺

镇江地处长江下游，船舶通航密度大，生态保护区多，情况相对复杂。为确保疏浚土顺利上岸，镇江市政府组织水利、交通、海事、航道、生态环境等有关部门及镇江市港发集团多次召开专题会，最终确定在长江镇扬河段设置3处疏浚土转运区。转运区内布置装驳平台和水上浮管，疏浚船行至转运区，通过水上浮管将疏浚土输送至装驳平台，对运输船舶进行装载，降低项目对船舶通航的影响。

(2) 耙吸疏浚接驳工艺

镇江市港发集团与长江南京航道工程局针对航道疏浚土接驳方式进行研讨，对传统航道耙吸式挖泥船进行改造。在疏浚船中设开底泥舱，疏浚时利用泥耙松砂，通过耙头吸入泥浆，边吸泥、边航行。待作业结束后疏浚船航行至转运区，由锚艇协助对接管线，疏浚土通过管线输送至装船平台进入运输船舱，进一步提升疏浚土接驳效率。

(3) 吸盘疏浚接驳工艺

镇江市港发集团与长江南京航道工程局在原有工艺基础上，积极探索创新吸盘式挖泥船疏浚土接驳工艺。长江南京航道工程局采用吸盘式挖泥船施工时，运输船采取直接膀带工艺，施工时直接将疏浚土装入运输船，边疏浚、边装驳，大幅缩短疏浚土接驳时间，提高项目整体效率。吸盘船膀带装驳工艺施工图如图4-3所示。

图4-3 吸盘船膀带装驳工艺施工图

5. 专业高效的管理方法

2018 年 12 月,镇江市港发集团与市国资委共同组建镇江市港发绿色资源有限公司,专项负责镇江市长江河道疏浚土综合利用项目的具体实施运作。

2019 年 6 月,镇江市政府发文成立"镇江市长江航道疏浚土综合利用工作领导小组",高位统筹协调各相关部门工作的开展。2019 年 9 月,领导小组印发《镇江市长江航道疏浚土综合利用管理办法(试行)》,进一步明确了各部门和单位的具体职责,保障疏浚土综合利用工作的顺利推进。

镇江市港发集团调研镇江辖区内各临江地块,选定在润港码头后沿地块建设长江干流管理制度标准、设施设备先进齐全的疏浚土中转堆场。项目总投资约 1 亿元,建设面积 7 万 m^2,堆存量约 30 万 t。同时,项目还选取龙门公司码头、大路港务码头、新民洲码头、中交二航三公司码头作为江苏省水利厅批准的疏浚土指定上岸点和中转堆场,为疏浚土上岸提供支持。

6. 安全有序的作业流程

疏浚单位、运输单位进场前签订安全协议,并建立通信联络机制,确保现场施工作业安全责任制度健全,各单位施工现场责任人明确。所有疏浚施工船、排泥管线、装驳平台、运输船上拉设"镇江市长江河道疏浚土综合利用"横幅,张贴醒目标识,便于统一管理参与疏浚土上岸作业的所有船只。运输船在装驳平台装载完成后,定点停泊在沥水作业区内,消除货舱内自由液面。同时,建立专门的沥水监测群,对沥水结果进行检查,确保运输船沥水后适航。作业现场配备 2 艘警戒艇与 2 艘应急拖轮 24 小时值守,进行现场巡查维护及现场应急。

7. 严格规范的监管措施

镇江市采用以五联单为核心的运输管理模式,运用电子化、信息化、现代化的手段提升疏浚土的管控水平,全天候管控疏浚土项目实施全过程。

(1) 管控平台

2022 年 8 月 31 日,镇江市港发集团开发建设的"疏浚土智慧管控平台"正式上线运行。平台对疏浚作业、驳船装运、码头接卸、仓储堆存、物流运输等环节实施信息化管控,全方位提升项目管理效率、强化过程管控力度,力求让"每一粒疏浚土都在阳光下操作""每一个环节都可控、可管、可视、可查"。

(2) 运输管理

项目各相关作业单位严格认真填写疏浚土疏运管理单(五联单),由各单位分别收执,保存备查。同时,积极探索线上电子五联单的应用。各指定上岸点分别安装视频监控设备,对现场运输船装卸过程留存影像资料,所有运输船均安装 AIS 定位系统,确保作业船只在规定范围内运行。第三方监理对项目实施全程监管,不定期开展现场巡查,详细填写监理日志,据实建立工作台账,确保项目实施过程有序可控。

(3) 仓储管理

镇江市港发集团为疏浚土配备专用仓储场地,对上岸后的疏浚土进行集中统一堆放,堆场内设立堆桩标识牌,场地实行监控全覆盖,全天 24 小时值守看管。

8. 公开透明的供应体系

镇江市多次对疏浚土询价机制、定价流程、供应范围、发运计划等方面进行探究,建立公开透明的供应体系。

(1) 询价机制

镇江市港发集团定期走访调研镇江地区江砂市场行情,针对疏浚土的特殊性,创新规范地建立疏浚土市场询价机制。成立砂石询价工作小组,选取疏浚土供应各环节具有代表性的重点单位为询价对象,采取实地走访方式开展询价,进行初步评判,设定疏浚土定价参考范围。

(2) 定价流程

镇江市港发集团组织编制了疏浚土定价实施方案,成立砂石定价小组。定价小组参考疏浚土定价参考范围,经集体讨论并确定疏浚土建议市场供应价,经疏浚土工作领导小组批准后予以实施。

(3) 供应范围

镇江市探索以公开拍卖的方式供应疏浚土,促使疏浚土供应逐步趋向市场化,按照"公开、公平、公正"的原则组织实施,同时委托市公证处对竞价全程公证、监督,项目实施单位现场监管。

(4) 发运计划

镇江市港发集团制定疏浚土市场化供应实施方案,成立专职联合协调领导小组,每日定期召开疏浚土供应计划调度会,根据疏浚土客户分级、需求报送、客户信用等级等多方面因素综合考量,进行疏浚土供应计划的编排与制定,并由纪检人员进行嵌入式监管。

9. 创新发展的产品研发

镇江市港发集团以研发创新为疏浚土综合利用工作的内生动力,联合相关单位不断开展课题、产业链等研究工作,提升疏浚土附加值。

(1) 研发中心

2022年8月,镇江市港发集团与长江航道处、长江南京航道工程局联合成立"长江下游疏浚土研发中心"(图4-4),共同打造长江下游地区集绿色建材研发、工程水文测量、航道疏浚技术研究于一体的综合性科研机构。

图4-4 长江下游疏浚土研发中心

(2) 课题研究

镇江市港发集团联合水利、交通、海事、航道、科技、生态环境等单位开展太平洲捷水道生态治理、依江治江等课题研究,对疏浚土多样化、环保化和功能化利用技术等方面进行研究,开展航道等级提升、砂质等级分布及维护疏浚等工作,助力长江生态可持续发展。创新成果如图4-5所示。

图4-5 创新成果

(3) 延伸产品研发

镇江市港发集团积极推动烘干砂、干粉砂浆等疏浚土延伸产品项目(图4-6至图4-10),大力研发石膏砂浆、环保陶粒等疏浚土高附加值产品延伸产业链,通过深加工方式提升疏浚土附加值。

图4-6 烘干砂

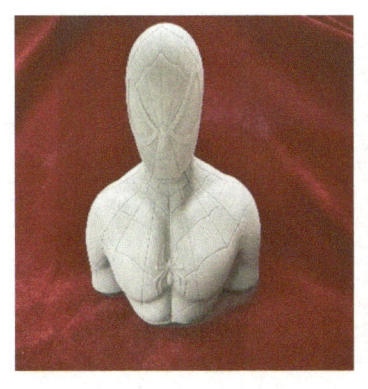

图4-7 3D文创工艺产品

图 4-8　热塑复合材料

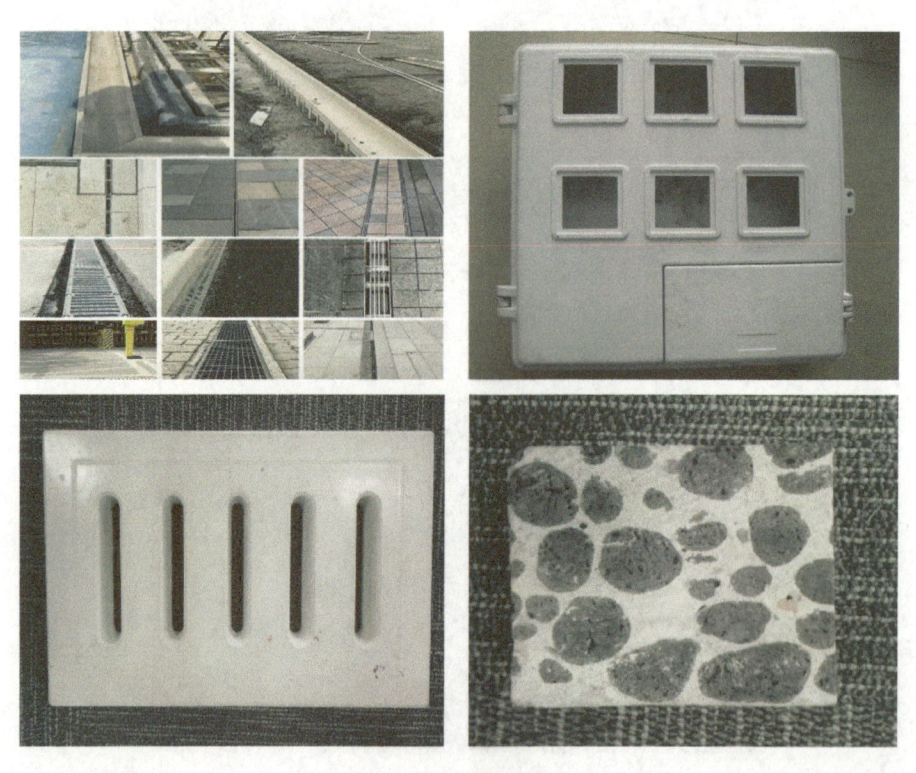

图 4-9　热固性复合材料

图 4-10　硅钙复合板

4.2.4　镇江市疏浚土综合利用小结

镇江市疏浚土综合利用工作始终坚持党建引领，深入推动党建与疏浚土事业紧密融合，着力打造长江河道疏浚土综合利用的"镇江模式"，力求疏浚土综合利用工作规范、透明、科学、生态、安全、智慧，树立长江河道疏浚土综合利用的标杆典范。

1. 疏浚土可利用范围

根据《水利部　交通运输部关于加强长江干流河道疏浚砂综合利用管理工作的指导意见》（水河湖〔2020〕205号），镇江市疏浚土的利用遵循"政府监管、市场主导、国企运作、反哺于民"的原则，对长江12.5m深水航道维护性疏浚土实施综合利用，上岸的疏浚土优先保障国家和地方政府工程、基础设施建设项目、公益性工程的建设，有条件的情况下可兼顾社会市场需求。镇江段疏浚土细度模数平均值约为0.5，根据《建设用砂》（GB/T 14684—2022），判定长江镇江段疏浚土为特细砂，主要用于吹填造地、地基填筑、建筑原材料、混凝土掺配等方向。

2. 疏浚土综合利用成效

镇江市不断推进疏浚土综合利用工作，一方面有效保障了项目建设用砂需求，平抑砂石价格，降低工程建设成本。另一方面，有效处理航道疏浚清淤物，大幅度减小疏浚工程对长江水体环境的影响，推动实现了长江生态保护与地方经济发展"互利双赢"的局面。

近年来，在我国经济建设的发展以及环境保护力度加大的影响下，砂石需求加大，江苏省作为长三角的核心区域,砂石需求量更为突出。2019年以来,长江镇江段疏浚土直供江苏省内基础设施建设工程项目,为相关部门与建设单位节省了大量用砂成本,在一定范围、一定程度上缓解了极度紧张的市场供求关系。

4.3 高资海轮锚地疏浚土综合利用实施技术案例

根据《长江河道采砂管理条例》中"长江采砂实行可行性论证报告制度",本案例主要介绍办理行政许可过程中涉及的论证报告编制关键技术问题,以期为后续类似项目的审批与实施提供参考。

4.3.1 项目背景

镇江港高资海轮锚地(图 4-11)位于长江下游仪征水道世业洲右汊,♯117 黑浮至 ♯118 黑浮北侧水域。

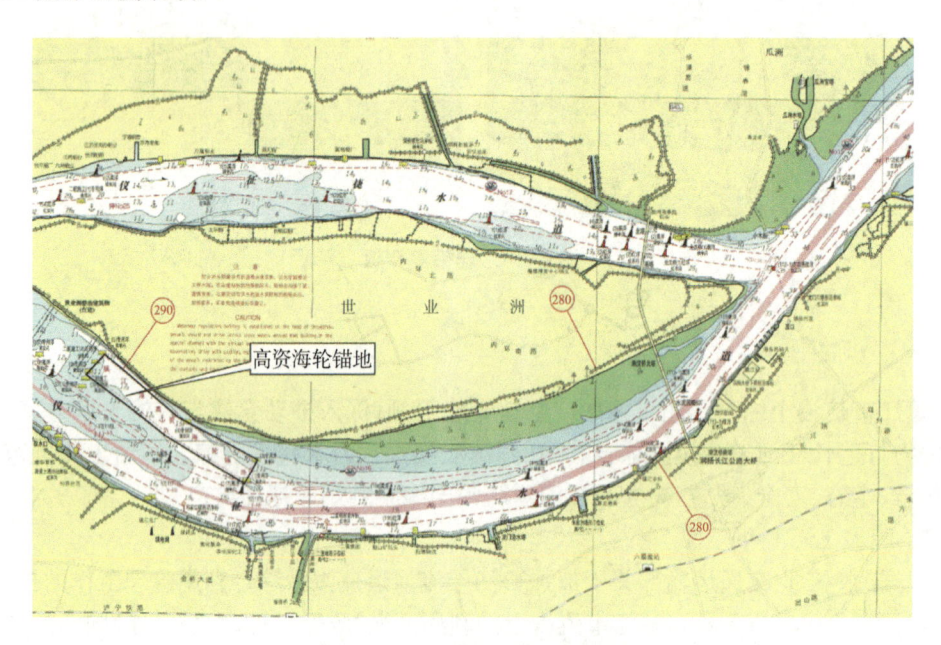

图 4-11　高资海轮锚地概位图

镇江港高资海轮锚地由原临时过驳区改扩建完成,于 2019 年开展前期研究及设计工作并取得航道、海事等主管部门的行政许可。高资海轮锚地改扩建工程于 2020 年 12 月开工,2022 年 6 月 22 日纳入江苏沿江港口锚泊调度中心信息系统并正式投入使用。截至 2023 年 6 月 21 日,一年期间共计锚泊船舶 874 艘次,锚地利用率 89.3%,其中本港船舶 547 艘次,占比 62.59%;过境船舶 327 艘次,占比 37.41%。高资海轮锚地的投入使用,缓解了镇江上游句容电厂、高资电厂等码头企业待港船舶和南京、扬州等过境船舶的锚泊压力。

高资海轮锚地扩建后,2018 年 12 月—2022 年 11 月期间锚地河床淤积较大(图 4-12),锚地区域泥沙淤积量达 538.95 万 m³,最大淤积厚度达到 10.3 m,平均淤积幅度达

3.5 m。根据 2022 年 11 月锚地实测地形，锚地水深在 3.2～13.5 m 之间，锚地区域水深部分不满足停泊水深要求，严重影响锚地功能发挥。为保证锚地停泊安全，亟须对锚地及其与主航道连接水域进行疏浚。

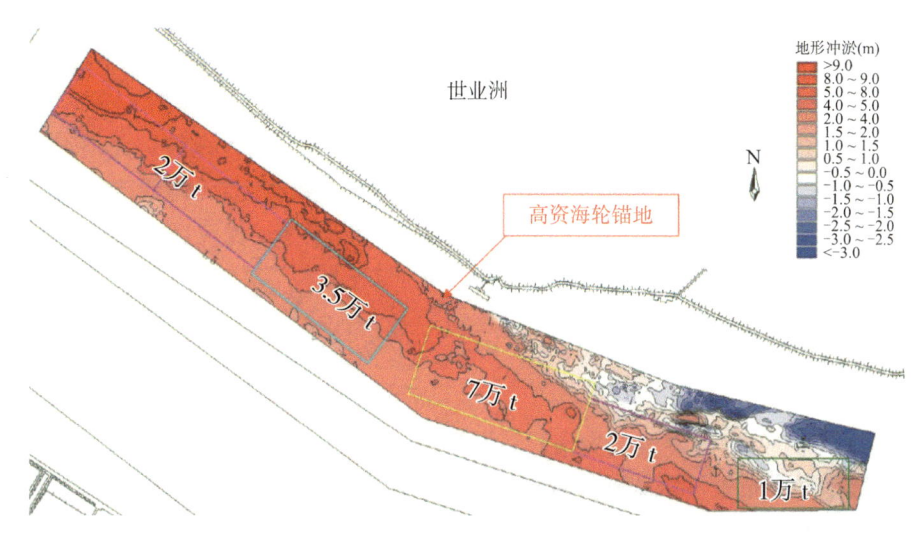

图 4-12　2018 年 12 月—2022 年 11 月锚地区域河床冲淤变化

镇江市港航事业发展中心委托镇江港发绿色资源有限公司进行锚地疏浚作业。为了进一步落实镇江市政府《关于进一步规范港口设施清淤的会议纪要》和江苏省水利厅《省水利厅关于同意镇江市开展 2023 年度长江河道疏浚砂综合利用工作的函》（苏水函〔2023〕146 号文）的要求。镇江港发绿色资源有限公司在相关部门的监管下，将锚地疏浚砂进行综合利用，在充分利用国家砂石资源的同时，亦可有效降低锚地维护清淤费用。

根据江苏省水利厅疏浚砂综合利用的要求，疏浚砂综合利用上岸码头分别为江苏新民洲港务码头、镇江港和新型建材码头、龙门港务码头和润港码头。为此，镇江市港发绿色资源有限公司将镇江高资锚地疏浚砂运送至龙门码头和润港码头上岸，江苏新民洲港务码头作为上岸备用码头。疏浚与上岸位置示意图如图 4-13 所示。

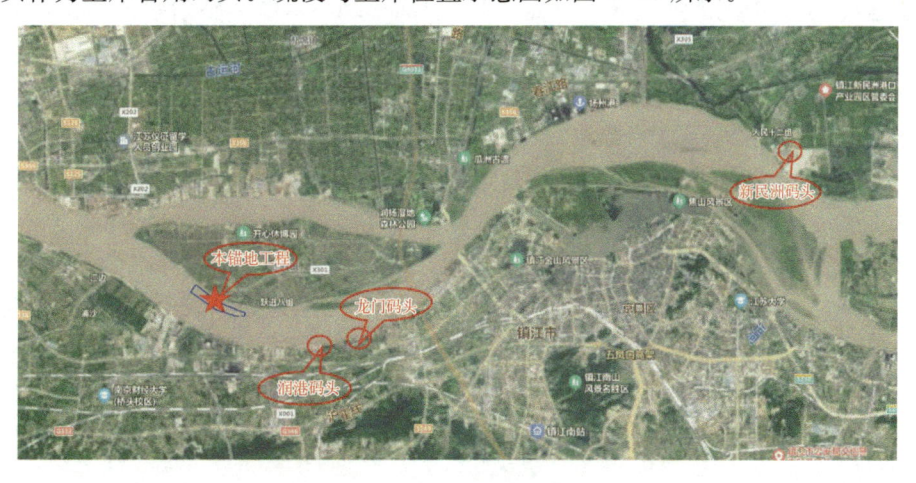

图 4-13　疏浚与上岸位置示意图

4.3.2 资料搜集与技术策划

在锚地维护性疏浚砂综合利用论证报告编制中,应调查、收集、整理和分析疏浚工程施工方案文件、评价文件及批复,河道水文、地形资料,疏浚砂颗粒级配试验报告,河道岸线和防洪工程基本情况,本行政区需要保障供砂的建设项目、疏浚砂运输上岸码头和临时堆场等基本情况,以及施工作业河段水生态环境状况等资料。

针对高资海轮锚地疏浚砂综合利用项目特点,以及项目疏浚规模较大情况,高资海轮锚地疏浚采砂可行性论证报告编制经历了如下关键专项研究:①疏浚专项设计;②锚地冲淤演变及回淤专题研究;③疏浚采砂综合影响分析等;④疏浚施工方案专题研究。基于各研究专题,最终形成了该项目疏浚采砂可行性论证报告。

4.3.3 疏浚专项设计

4.3.3.1 总平面布置方案

1. 锚地平面布置(批复设计方案)

本次锚地平面布置不做调整,与已批复的《镇江港高资海轮锚地方案设计》及相应批复文件一致:锚地长约 3 426 m,宽 300~470 m,面积约 1.53 km²,采用单锚散抛锚泊方式,锚地边界水域新设 7 座专用航标,以标示锚地水域的界线。

锚位平面方案按洪、枯季布置。(1)洪季锚位组合采用单排布置,共布置 6 个海轮锚位,其中:7 万 t 级海轮锚位 1 个,3.5 万 t 级海轮锚位 1 个,2 万 t 级海轮锚位 3 个,1 万 t 级海轮锚位 1 个。(2)枯季锚位布置时,按照锚地内可能布置的最大锚泊圆进行锚位设计,共布置半径为 220 m 的锚位 4 个,半径为 210 m 的锚位 3 个,仅能满足 2 000 t 级船舶(K1~K4 锚位内锚泊船舶的船长不可超过 78 m、K5~K7 锚位内锚泊船舶的船长不可超过 65 m)在无辅助锚泊措施、全天候锚泊条件下的锚泊要求。大型海轮若需进入锚地进行锚泊,需取得相关主管部门同意,并加以安全辅助措施。

2. 疏浚平面布置

(1)锚地疏浚平面布置

根据《航道保护范围划定技术规定》(JTS 124—2019),航道整治建筑物的航道保护范围为整治建筑物上游 500~1 000 m,下游 300~1 000 m。本项目位于长江南京以下 12.5 m 深水航道二期工程整治建筑物丁坝的下游处,为确保丁坝的安全稳定,本项目上游第 1 个 2 万 t 级锚位不进行疏浚,疏浚范围从上游第 2 个 2 万 t 级锚位上边界开始,至锚地下游边界,疏浚范围上界距离丁坝外边缘约 665 m,满足规范关于整治建筑保护范围的要求。

(2)连接水域疏浚平面布置

根据《海港总体设计规范》(JTS 165—2013),锚地与航道距离较近时,其间连接水域可作为船舶进出锚地通道,连接水域与航道夹角 α 宜取 45°以下。按照规范要求及实际情况,锚地上游连接水域边界按照边界与航道夹角为 45°连线延伸,下游 2 万 t 级及以上船舶锚位连接水域边界为高资锚♯2 专用浮与♯117 黑浮连线、下游 1 万 t 级锚位按照边界与航道夹角为 45°。

3. 疏浚底标高计算

根据《海港总体设计规范》(JTS 165—2013)，备淤深度应根据两次挖泥间隔期的淤积量计算确定，且不宜小于 0.4 m。本项目疏浚底标高依据锚泊需求水深加备淤深度，锚泊需求水深依据批复的高资海轮锚地设计方案，备淤深度根据近年来锚地回淤强度，并考虑避免对河势造成较大影响，取为 0.5 m。经过计算，本项目维护疏浚底标高取为 −11.70～−13.0 m。本项目区域内各段疏浚底标高计算表如表 4-1 所示。

表 4-1　本项目区域内各段疏浚底标高计算表　　　　　　　　　　单位：m

锚位段	批复方案锚泊需求水深	备淤深度	设计底标高	疏浚底标高	备注
2 万 t 级海轮锚位	11.15	0.5	11.65	−11.7	
3.5 万 t 级海轮锚位	12.5	0.5	−13.0	−13.0	
7 万 t 级海轮锚位	12.5	0.5	−13.0		
2 万 t 级海轮锚位	11.15	0.5	−11.65	−11.7	
1 万 t 级海轮锚位	9.62	0.5	−10.12	−11.7	按 2 万 t 级海轮锚位疏浚
连接水域	12.5	0.5	−13.0	−13.0	方便 2 万 t 级以上船舶进出
	11.15	0.5	−11.65	−11.7	方便 2 万 t 级及以下船舶进出

注：由于上游 1 个 2 万 t 级锚位暂不疏浚，为保证船舶的锚泊需要，考虑到下游水深条件较好，将下游 1 万 t 级锚位按照 2 万 t 级锚位疏浚底标高进行疏浚，在需要时供 2 万 t 级及以下船舶锚泊。

根据疏浚平面布置方案，依据 2022 年 11 月和 2023 年 4 月实测地形计算得到疏浚工程量约 443.78 万 m³（表 4-2），其中锚地区域疏浚量为 348.52 万 m³，船舶进出连接水域疏浚量为 95.26 万 m³。

表 4-2　主要工程数量表

序号	项目名称		数量	单位	备注
1	疏浚底标高		−11.2～−13.0	m	
2	锚地疏浚工程量	疏浚区一	90.82	万 m³	上游 1 个 2 万 t 级海轮锚位段
		疏浚区二	188.68		中间 1 个 3.5 万 t 级、1 个 7 万 t 级海轮锚位段
		疏浚区三	69.02		下游 1 个 2 万 t 级及 1 个 1 万 t 级海轮锚位段
		合计	348.52		
	连接水域疏浚工程量	疏浚区四	79.58		#117 黑浮以上区域，考虑 2 万 t 级以上海轮进出
		疏浚区五	15.68		#117 黑浮以下区域，考虑 2 万 t 级及以下海轮进出
		合计	95.26		
	总疏浚量		443.78		锚地与连接水域总疏浚量
3	扫海及测量		317.4	万 m²	

注：①疏浚范围及工程量根据 2022 年 11 月、2023 年 4 月实测地形统计；
②疏浚控制高程以表中疏浚底标高为准；
③疏浚量不包含超挖工程量及施工期回淤量。

4.3.3.2 疏浚工程

1. 疏浚断面设计

(1) 疏浚尺度

①疏浚底标高

为了确保锚地停泊安全,需对现有锚地区进行分区域疏浚,从上游往下游依次划分三个区域,上游1个2万t级、下游1个2万t级和1个1万t级海轮锚位疏浚底标高为−11.7 m,中间1个3.5万t级、1个7万t级海轮锚位疏浚底标高为−13.0 m。同时,与主航道连接水域部分疏浚分两个区域,上游为方便2万t级以上船舶进出,疏浚底标高为−13.0 m,下游为2万t级及以下船型进出,疏浚底标高为−11.7 m。

②疏浚边坡

本工程锚地疏浚区主要为落淤的粉细砂,为6级土,参照《疏浚与吹填工程设计规范》(JTS 181—5—2012),为减少对周边工程影响,本工程靠岸侧疏浚边坡坡度取1∶5,水域上下端疏浚边坡坡度取1∶10。

(2) 疏浚工程量与土质

①疏浚工程量

根据长江镇江航道处2022年11月工程区域水深测图(比例尺1∶5 000)及疏浚布置方案,计算疏浚工程量约为441.57万 m³。

②疏浚土质

本工程航道疏浚区为落淤的粉细砂,根据《疏浚与吹填工程设计规范》(JTS 181—5—2012),疏浚土为6级土。

(3) 江堤稳定性分析

本工程锚地北侧与世业洲江堤轴线距离为104～317 m,其中最近处位于上游2万t级锚位疏浚范围,通过与2018年地形对比分析可知,本工程虽然疏浚厚度较大,疏浚后底标高、泥面线仍较2018年高,因此本次锚地疏浚对江堤稳定性无影响。疏浚范围与历史泥面线对比示意图如图4-14所示。

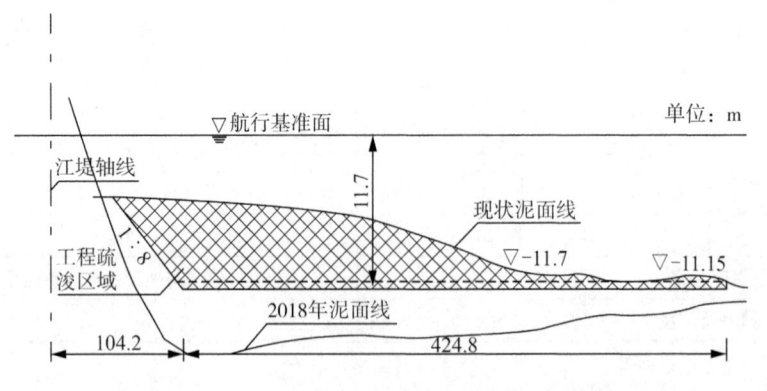

图4-14 疏浚范围与历史泥面线对比示意图

2. 疏浚砂上岸方式

本次高资海轮锚地疏浚清淤项目根据疏浚区域特点和上岸要求,主要采用以下疏浚、上岸方式。

锚地范围疏浚工程量大、疏浚范围相对狭小，因此维护疏浚船舶采用绞吸式挖泥船。

由于连接水域位于推荐小型船舶通航航路，为避免对通航造成影响，疏浚船舶采用耙吸式挖泥船（或吸盘船）。

配备泥驳作为疏浚砂运输船舶；挖泥船在取土区挖泥后装驳，泥驳重载航行到附近码头，由码头装卸设备装卸上岸，主要上岸码头为龙门码头、润港码头，新民洲码头作为备用上岸码头。上岸码头位置示意图如图4-15所示。

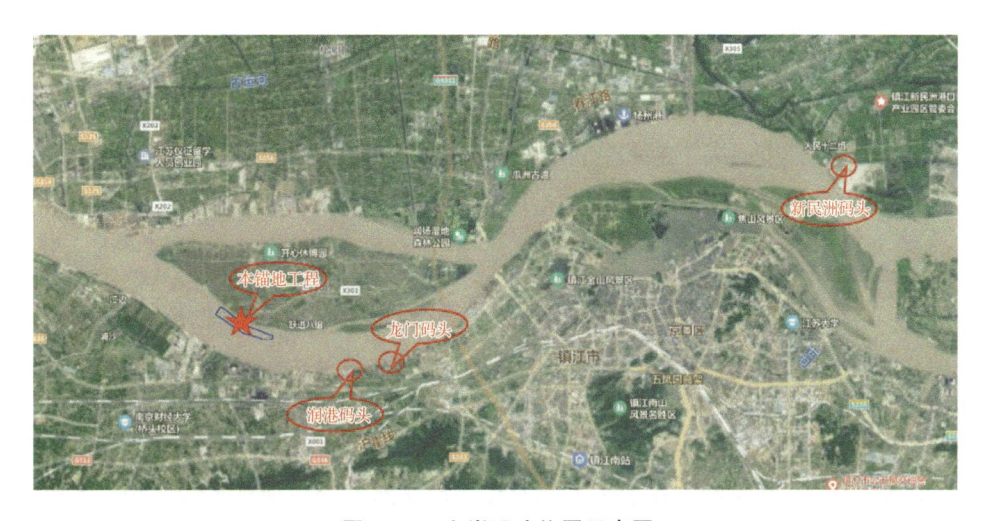

图 4-15　上岸码头位置示意图

4.3.3.3　注意事项

1. 环境保护

（1）增强施工人员的环境保护意识。工程开工前，采用超声波驱鱼等技术手段，将鱼类驱离施工区，万一发生直接伤害珍稀鱼类及保护水生生物的事件，应及时向本地水产部门报告，以便采取有效措施，对受伤鱼类进行救治救护。

（2）施工过程产生的油类、油性混合物及其他污水，垃圾、废弃物和其他有毒有害物质收集后统一处理，严禁排放入江。

（3）施工机械应加强管理，要经常检查机械设备性能完好情况，对"跑、冒、滴、漏"严重的设备限制参加作业，以防发生机油溢漏事故。机械设备出现漏冒油时，立即停机处理，使用吸油棉及时吸取，并迅速堵塞泄水口，防止油水流入水中。

（4）在施工中落实岗位责任制，加强对施工水域的观察瞭望。

（5）严格遵守有关环境保护的法律、法规和规章制度。做好船舶污染物的管理，含油污水、生活垃圾等污染物上岸集中处理，生活污水处理后达标排放。

（6）严格落实装载工艺，船舶装载必须留足干舷高度，装运过程中不能超载，不能污染水域。

（7）疏浚土转运施工过程中除采取以上环保措施外，还应主动接受生态环境部门的环境监测和监督管理。

2. 劳动安全保护

1) 水上施工安全保护措施

(1) 施工作业期应采取相应的航道维护和管理措施。在工程开工前,应向负责该段长江航道管理的主管部门提出施工期疏浚区、运输区域专设航标设置的申请,标示出施工区域,划定临时通航区,进行航标布设。落实和安排临时航道通道等有关工作。

(2) 施工期间,工程船舶主动避让过往船舶,不得随意穿越主航道。严格执行《中华人民共和国内河避碰规则》,所有施工船舶按规定悬挂相应灯号、旗号,专人 24 小时值班,加强瞭望,随时保持甚高频通信联系,关注过往船舶动态。

(3) 施工船按规定配齐消防、通信和水上救生设备,并保证处于良好状态。

(4) 夜间施工时,施工照明灯光要近照,避免远射;在满足施工照明的情况下,尽可能地减弱灯光的亮度;同时在水上浮管上设置施工信号灯,以利于夜间过往行船的安全。

2) 水上运输安全保护措施

(1) 安全管理体系

整个装运作业过程中,坚持"安全第一、预防为主、综合治理"的方针,完善安全生产条件,切实落实安全责任。加强对安全生产、文明施工的检查,使管理工作标准化、规范化。

(2) 疏浚船安全管理规定

①根据《中华人民共和国水上水下作业和活动通航安全管理规定》,增加施工作业船舶,须经主管机关同意,发布航行通告,加强对施工水域的警戒。

②船舶施工时应按相关要求显示号灯、号型。施工作业现场设置足够照度的照明设施。施工船舶夜间信号灯确保正常工作。

③安全、技术部门对现场船舶进行施工技术安全交底。施工单位要按照项目部要求,对施工船舶进行施工技术安全交底,介绍施工区域环境和安全注意事项,明确船舶的安全责任。

④建立船舶动态跟踪制度。建立船舶管理系统,落实负责人或调度,对所属船舶动态进行掌控,实施进港、到港报告制度,并将船舶动态报项目部备案。

⑤现场各船舶必须听从项目部的指挥,保持 24 小时的通信畅通。

⑥施工船应根据本船抗风能力情况进行施工,确保自身安全。当施工水域遇雾,能见度低于 1 000 m 时,停止施工作业。

⑦做好防污染相关工作,生活垃圾及污水不得排入江中,应按规定送到指定地点处理。

⑧加强对施工人员及船员的安全教育,认真落实相关安全保障措施。

⑨组织施工人员及船员定期开展有关应急预案的演练。

(3) 运输驳船安全管理规定

①严格执行施工船舶准入制,运输驳船必须严格执行海事主管机关及项目部安全管理规定,服从海事巡逻艇及监管船舶的指挥和管理。

②严禁未经海事主管部门核准,无船名、无标识牌、无 AIS 显示设备的违法运输驳船施工作业。

③运输驳船必须加强船舶各项设备的维护保养,确保船舶设备处于良好状态,按照《中华人民共和国内河避碰规则》显示信号。对不服从项目部、海事主管部门现场安全管理的船舶、人员,必要时责令退场。

④运输驳船在锚泊作业时,必须与周围船舶保持足够的安全距离,锚泊时至少要在航道浮标连线 50 m 外,防止走锚和发生碰撞。

⑤运输驳船在装载过程中必须与吸泥船保持联系,控制装载速率,严禁超载,各船保持足够的干舷,经现场监管船安全检查合格并登记后才能离开,发现超载的必须现场减载,符合安全要求后才能离开。

⑥穿越航道的运输船必须主动避让航道上的进出口船舶。穿越航道前,必须看清进出口船舶的航行动向,尽量避免穿越他船船首,应与他船船尾保持足够的安全距离才能穿越。严禁未联系好就强行穿越,严禁一条龙式穿越。

⑦所有运输驳船必须按照既定的航线和通航流量较少的时段穿越航道,会让时各自向右,保证良好的通信联络,采取协调一致的行动,确保安全。

⑧运输驳船要充分熟悉水域环境,掌握潮汐变化规律,运用良好的船艺操纵船舶,与航行船、航标保持安全距离,每次进入转吹区或卸砂点要提前联系,互相明确动态,及早减速,保证会让安全,同时也防止采砂船浪损。

⑨运输船要做好安全防范措施,防止发生缠绕桨叶、船舶碰撞、人员落水事故。

⑩船员在甲板上必须穿着救生衣、不允许穿拖鞋,必须 24 小时安排人员值班,加强瞭望,保持 VHF69 频道守听,用 VHF6 频道和航行船舶保持联系。

⑪等候的运输驳船锚泊时,要掌握当时潮流、风向,选择远离施工区域水域锚泊,不得占用航道、不得任意锚泊,保证航行和停泊有序。要进入施工区的船舶应提前与吸泥船联系,如需等候,应在航道外侧安全水域锚泊等待。

⑫在施工区、码头区等候的运输驳船锚泊时,要掌握当时潮流、风向,在海事部门指定的安全水域锚泊,不得任意锚泊,保证航行和停泊有序。对施工区勤测水深,防止船舶在施工区域搁浅。

⑬在长江迷雾或能见度低于 500 m 的情况下,选择在作业区、航道边缘或临时锚地锚泊。加强值班,守听 VHF6 与 VHF69 频道,随时保持与项目部及他船联系,确保船舶的锚泊安全。在航行中突然发生迷雾时,切勿盲目航行,在条件许可情况下,应当立即选择安全水域抛锚扎雾,向过往船舶鸣笛示警。

3) 陆上安全保护措施

(1) 设立交通管理工作组,对车辆交通相关事宜进行统一指挥和协调管理。针对施工强度安排及对其他车辆影响,制定相应的交通安全保障措施并严格执行。同时与辖区交通管理部门建立紧密联系,及时汇报施工运输情况,主动接受监管。

(2) 建立准入安全检查制度。投入施工的车辆及其人员必须符合交通管理部门及工程要求,进场前应进行检查备案,达到要求且通过检查后方可投入本工程施工。

(3) 建立交底制度。车辆进入施工区作业前,由项目部负责进行技术交底,将施工区附近的交通环境、状况、施工生产要求等以书面形式提交运输车队。

（4）采用安全行驶速度。施工作业、进入或穿越作业区时，各车辆必须控制车速，关注周围车辆、行人动态，在保证他人和自身安全的情况下通行，避免发生交通事故。

（5）行驶专用通道。施工期间，各车辆必须在施工专用通道内进行运输，在规定的停车场所进行修理、停放。

4）劳动安全保护措施

（1）特殊工种人员必须经过劳动部门进行培训考试，持有特种作业操作合格证书方可上岗操作。

（2）根据作业种类和特点并按照国家的劳动保护法规，给现场工作人员发放相应的劳动保护用品，包括安全帽、水鞋、雨衣、工作服、手套、安全带等。

（3）在施工作业场地，需按要求设置照明系统以及相应的警示灯牌、信号等。

（4）针对不同的工种特点，制定相应的安全防护袖珍手册，组织施工人员进行学习。

（5）各种机电设备的安全装置和起重装置以及设备的限位装置都要齐全，不齐全的不能使用，要建立定期维修、保养制度，检修机械设备的同时要检修防护装置。

（6）在临水区域设置警示标志，在上下船跳板位置按要求悬挂安全网。各种防护设施、警告标志未经施工负责人批准，不得移动。

（7）加强机械设备管理。做好施工设备的管、用、养、修，确保施工设备始终处于良好的施工状态，同时施工船机需符合国家节能法规、标准、规范、规定，按要求进行能耗（油耗）统计。

（8）加强施工计划和管理。统筹考虑，制定详细的、切实可行的施工组织计划，合理安排施工工序，特别是各施工工序间的衔接，选择合理的施工进度，尽量使设备、人员的使用强度趋于平均。

3. 运营维护

为了减小对工程河段河势的影响，工程备淤深度适当降低，建议后续锚地在运行过程中加强地形监测，如锚地水深不能满足锚泊需求，建议采用"随淤随挖"的方式进行维护疏浚，以保证大型船舶正常锚泊。

维护施工应以保证航道正常、安全运营为前提。连接水域内施工船舶应及时避让小船，船舶要在推荐的航路内通航，根据实际水深情况设置临时候泊区，以便在大型船舶通过时实施候泊避让；绞吸船及浮管应避免影响周边船舶的通航安全。维护疏浚期间，应将施工安排及时上报海事、航道等主管部门，确保航道正常运营和施工安全。

由于疏浚后将改变工程区域的水流、泥沙现状，建议后续加强观测，有效保证周边整治航道建筑物、江堤等的运行安全。

4.3.3.4 问题及建议

（1）现有锚地区域内地形图数据为2022年11月和2023年4月的数据，在2023年10月进行施工，洪季期间可能存在较大的地形变化，建议建设单位在施工前开展地形测量工作，进一步明确疏浚工程量。

（2）疏浚方案设计中泥驳拟在锚地对开范围横越航道至对岸装卸码头，建议后续施工前进一步细化施工组织方案,与海事管理部门协调施工组织航行路线,以确保通行船舶安全。

(3) 锚地与航道之间的连接水域以♯117黑浮作为分界,采用不同的设计水深,建议后续加强锚泊船舶进出航行管理,2万t级及以上船舶由♯117黑浮上游进出锚地,2万t级以下船舶由♯117黑浮下游进出锚地,以确保进出锚地船舶的安全。

(4) 建议在锚地疏浚施工前,采用多波束扫测等方式对锚地疏浚区进行探测,以确定锚地范围内的水下障碍物,保证施工安全。

(5) 由于上游1个2万t级锚位暂不疏浚,为保证锚地锚泊船舶安全,建议加强锚地管理,吃水较大船舶不可锚泊至上游未疏浚2万t级锚位内,必要时需向主管部门申请增加导助航设施以便于分区。

(6) 为减小对工程河段河势的影响,备淤深度适当降低,建议后续锚地在运行过程中加强地形监测,如锚地水深不能满足锚泊需求,需及时开展维护疏浚或加强锚泊管理,降低锚泊船舶等级。

4.3.4 冲淤演变及回淤研究

4.3.4.1 高资海轮锚地冲淤特征分析

镇江港高资海轮锚地位于长江下游镇扬河段世业洲汊道段右汊左岸,长江♯117黑浮至♯118黑浮北侧水域。锚地长约3 426 m,宽300~470 m,面积为1.53 km²,共布置6个海轮锚位,其中:7万t级锚位1个,3.5万t级海轮锚位1个,2万t级海轮锚位3个,1万t级海轮锚位1个。为解决船舶锚泊需求不断增长和锚地资源不足之间的矛盾,镇江市港航事业发展中心于2020年开启高资海轮锚地的建设,该锚地于2022年6月22日正式投入使用。(1) 2014—2018年冲淤主要表现为:锚地区域内呈现明显冲刷状态,冲刷幅度一般在2~5 m,这与2017年世业洲头部守护工程刚实施后,河段内局部河床剧烈调整有关;(2) 2018—2021年冲淤主要表现为:锚地区域内呈现明显淤积状态,淤积幅度一般在2~5 m,这与世业洲头部守护工程实施后,右汊丁坝群阻水作用导致了下游侧高资锚地区域极易发生淤积有关;(3) 2014—2021年冲淤主要表现为:锚地区域内有冲有淤,淤积主要发生在世业洲右缘丁坝群下游侧、锚地范围内的西半侧,淤积幅度一般在1~3 m。

高资海轮锚地区域河床冲淤交替变化,近期呈淤积趋势。表4-3和表4-4分别为锚地区域淤积情况和冲刷情况统计表。从表中可以看出,2014—2017年锚地区域主要表现为冲刷,其中2015—2017年最大冲刷深度达到6 m,冲刷区平均冲刷深度2.83 m,淤积区平均淤厚0.22 m。2017年以后,总体上呈现淤积,其中2018—2019年最大淤积厚度6.99 m,平均淤积厚度1.80 m;2019—2020年最大淤积厚度5.80 m,平均淤积厚度1.90 m;2020年以来最大淤积厚度3.0 m左右,平均淤积厚度1.0 m以内。锚地区域河床年际间冲淤变化如图4-16所示,锚地区域河床年际间冲淤分布如图4-17至图4-23所示。

表 4-3　高资海轮锚地区域淤积情况统计

年份	最大水深(m)	最小水深(m)	淤积区域		
			最大淤厚(m)	平均淤厚(m)	淤积量(万 m³)
2014 年 7 月	12.2	3.9	1.62	0.45	14.52
2015 年 8 月	15.5	3.7	1.05	0.22	0.47
2017 年 8 月	18.3	4.3	4.09	1.19	91.78
2018 年 11 月	19.3	5.6	6.99	1.80	249.2
2019 年 11 月	14.3	5.5			
2020 年 11 月	13.1	5.2	5.80	1.90	251.5
2021 年 11 月	13.7	4.7	2.62	0.51	41.27
2022 年 11 月	13.6	3.5	3.02	0.85	82.57

表 4-4　高资海轮锚地区域冲刷情况统计

年份	最大水深(m)	最小水深(m)	淤积区域		
			最大淤厚(m)	平均淤厚(m)	淤积量(万 m³)
2014 年 7 月	12.2	3.9	−3.99	−1.03	−117.1
2015 年 8 月	15.5	3.7	−6.00	−2.83	−406.3
2017 年 8 月	18.3	4.3	−2.68	−0.86	−59.22
2018 年 11 月	19.3	5.6	−1.72	−0.52	−3.73
2019 年 11 月	14.3	5.5			
2020 年 11 月	13.1	5.2	−3.08	−0.61	−7.75
2021 年 11 月	13.7	4.7	−2.23	−0.41	−26.94
2022 年 11 月	13.6	3.5	−4.12	−0.96	−47.17

2017年镇扬三期部分工程、深水航道二期工程实施后，工程守护的世业洲区域河床冲刷得到遏制，而工程守护范围有限，随着长江上游三峡等水库蓄水对长江下游乃至河口段的影响逐步显现，世业洲右缘下段边滩冲刷，河道展宽，航槽有所淤积；同时，由于工程未对左汊发展进行根本控制，大水年份的左汊局部区域冲刷仍较为明显，分流比仍存在不稳定因素，若遇到大洪水连续作用，左汊分流比仍有恢复上涨的可能。另外，世业洲右汊丁坝群阻水作用导致了下游侧高资海轮锚地区域极易发生淤积，近年来淤积发展态势明显，后期高资海轮锚地需适时实施清淤，保障通航安全。

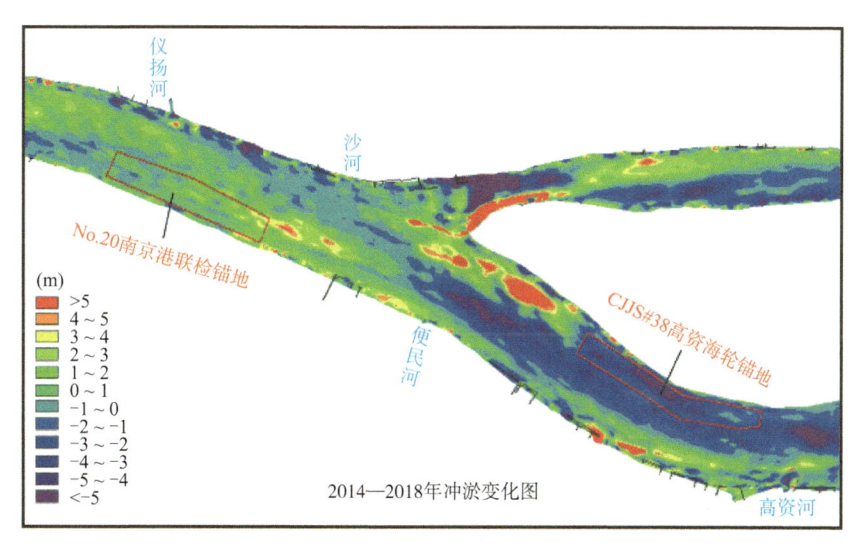

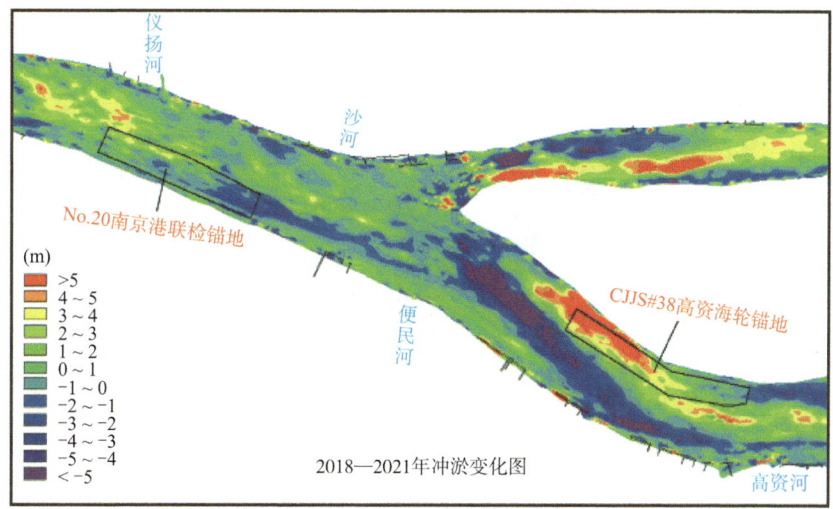

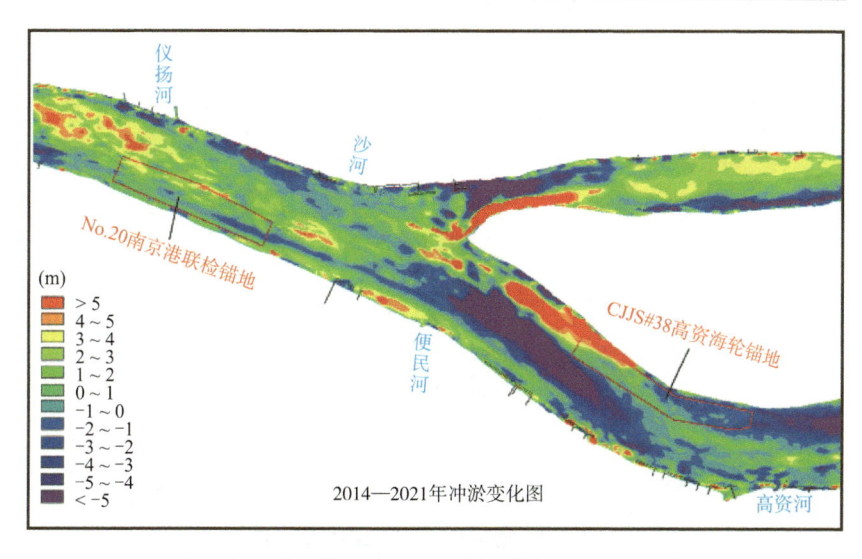

图 4-16　高资海轮锚地冲淤变化图（2014—2021 年）

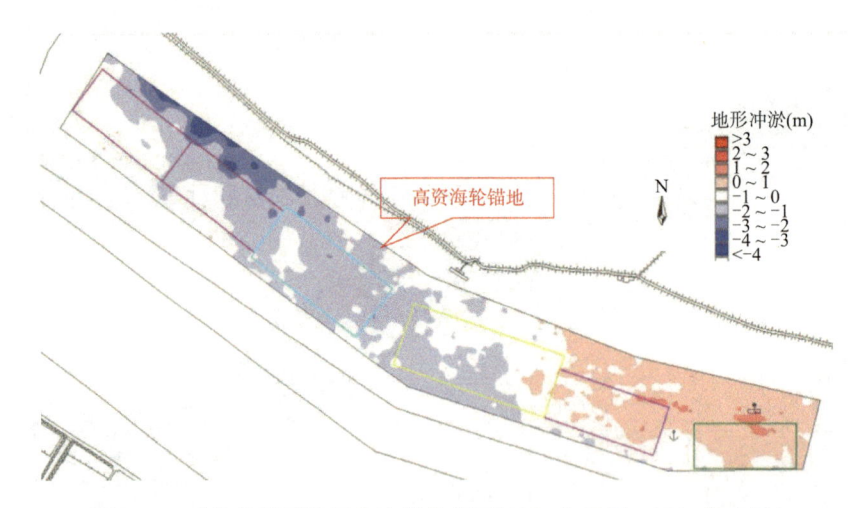

图 4-17　高资海轮锚地河床冲淤分布图(2014 年 7 月—2015 年 8 月)

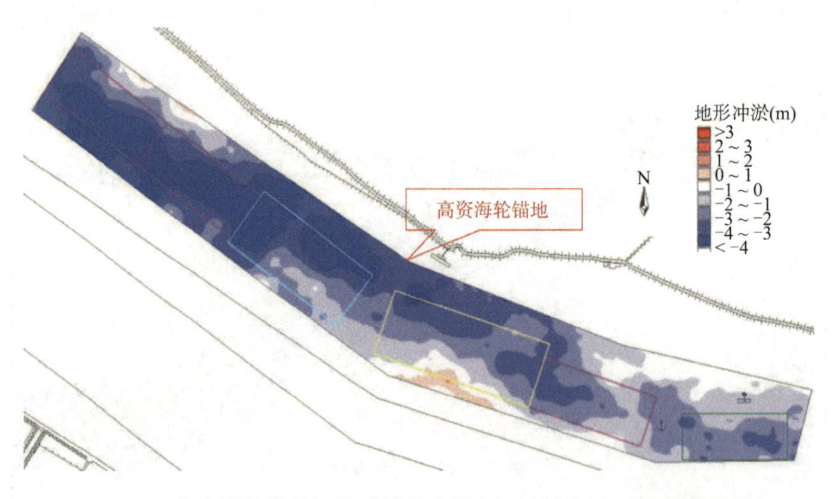

图 4-18　高资海轮锚地河床冲淤分布图(2015 年 8 月—2017 年 8 月)

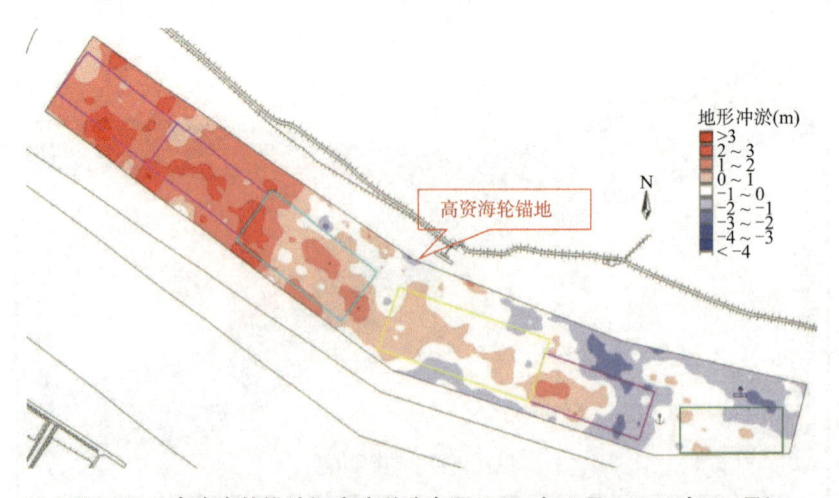

图 4-19　高资海轮锚地河床冲淤分布图(2017 年 8 月—2018 年 11 月)

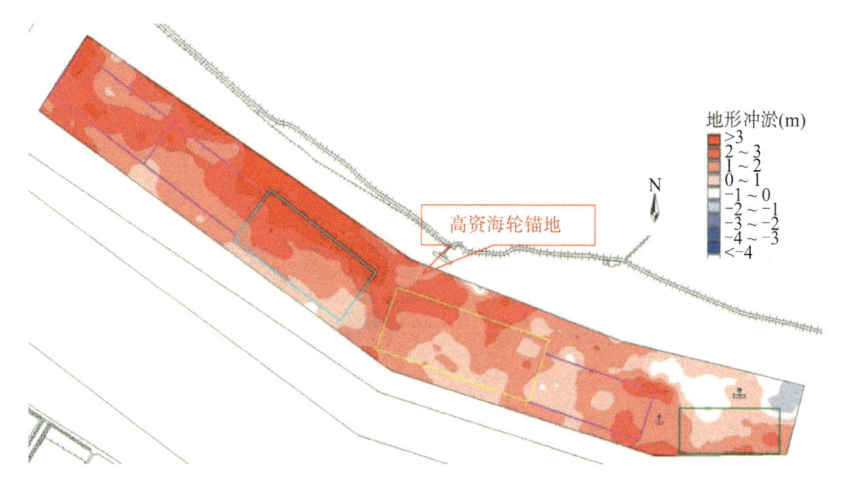

图 4-20　高资海轮锚地河床冲淤分布图(2018 年 11 月—2019 年 11 月)

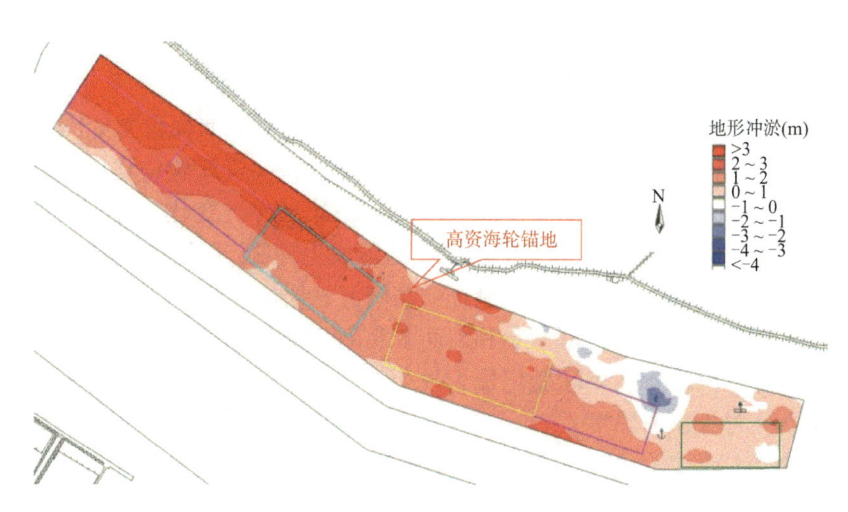

图 4-21　高资海轮锚地河床冲淤分布图(2019 年 11 月—2020 年 11 月)

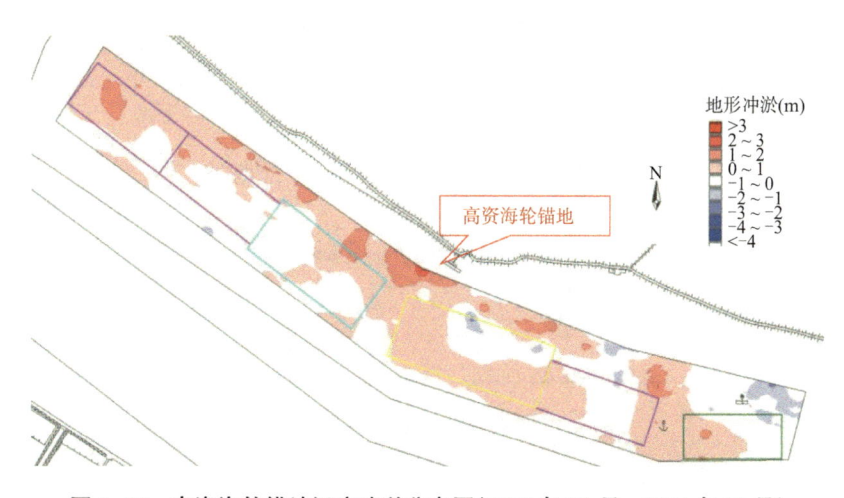

图 4-22　高资海轮锚地河床冲淤分布图(2020 年 11 月—2021 年 11 月)

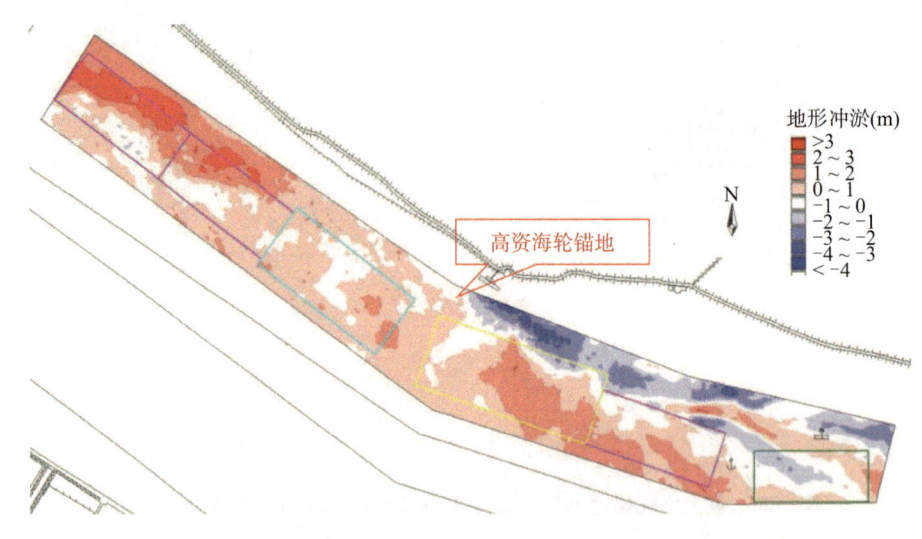

图 4-23　高资海轮锚地河床冲淤分布图(2021 年 11 月—2022 年 11 月)

4.3.4.2　高资海轮锚地断面形态变化

高资海轮锚地区域分别布置了 6 条横断面和 3 条纵断面,断面位置如图 4-24 所示。图 4-25 分别为 6 条横断面形态变化图,从图中可以看出,高资海轮锚地河段河床断面形态总体为"U"形。锚地区域河床冲淤断面 1 至断面 3 冲淤变化大于其他几个断面。2014—2017 年,断面 1 至断面 5 高资海轮锚地区域发生冲刷,最大冲刷深度 5.9 m,断面 6 有冲有淤。2017—2022 年,断面 1 至断面 4 高资海轮锚地区域主要发生淤积,断面 1 和断面 2 最大淤积厚度达 10 m。断面 5 和断面 6 北侧由原来的略有淤积转变为有所冲刷,靠近航道侧略有淤积。断面年际变化最大发生在 2019—2020 年间,断面 2 最大淤积厚度 5.5 m,断面 1 最大淤积厚度 4.6 m,断面 3 最大淤积厚度 3.9 m,断面 4 最大淤积厚度 3.6 m,淤积部位主要在靠北侧;断面 5 和断面 6 有冲有淤,最大淤积厚度 1.98 m,最大冲刷深度 1 m。

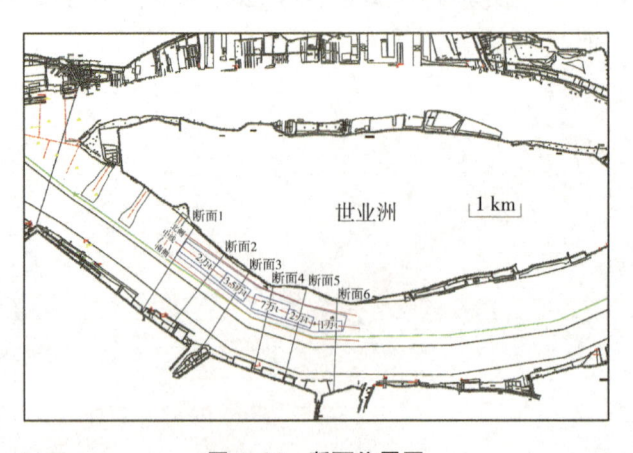

图 4-24　断面位置图

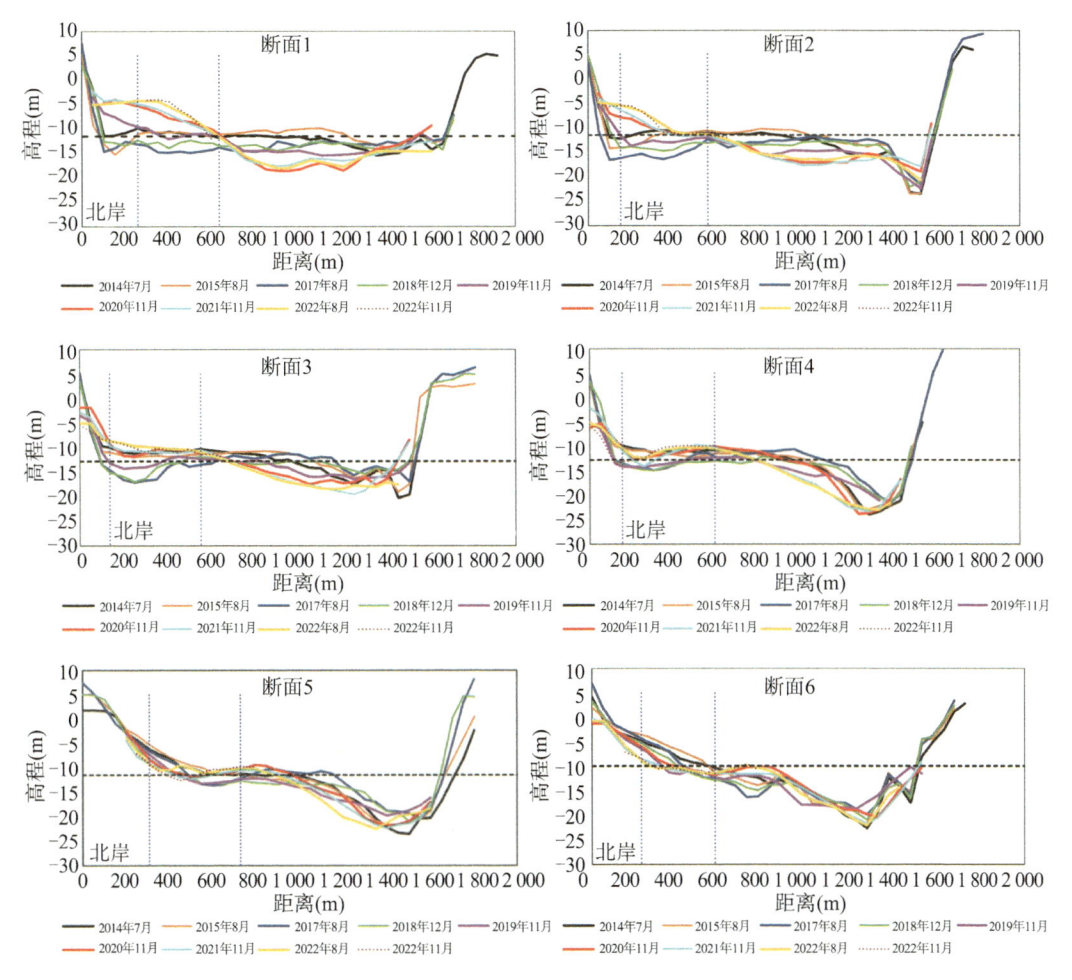

图 4-25 横断面变化图

图 4-25 为高资海轮锚地附近横断面变化图,从 3 条纵剖面可以看出,北侧和中轴线剖面变化较大,南侧剖面变化相对较小。北侧纵剖面:2014—2017 年,中上段主要发生冲刷,下段略有淤积;2017—2022 年,中上段发生淤积,下段略有冲刷。高资海轮锚地中线剖面与北侧剖面变化趋势相似,变化幅度略小。南侧剖面:2014—2017 年,上段主要发生冲刷,中段基本稳定,下段冲淤有所冲刷;2017—2022 年,中上段有冲有淤,冲淤幅度较小,下段有所淤积;2021—2022 年冲淤幅度相对较小。

4.3.4.3 高资海轮锚地冲淤成因分析

1. 人类活动的影响

(1) 河道治理工程

2016—2020 年实施了世业洲三期整治工程,对世业洲左汊实施分流控制的护底工程(左汊进口段)和潜坝工程(左汊下段)。工程护岸 42.11 km,其中新建护岸 25.71 km,加固护岸 16.40 km,世业洲左汊进口段左侧滩地护滩 28.7 万 m,世业洲左汊进口段护底 23.75 万 m,世业洲左缘深槽护底 12.0 万 m,世业洲左汊下段新建潜坝的坝顶高程为 −10 m,坝长约 931 m。

(2) 航道整治工程

长江南京以下 12.5 m 深水航道二期工程仪征水道航道整治工程,于 2015 年 8 月开始进入施工期,2016 年 1 月完成软体排铺设,2017 年 2 月主体工程基本完工。

河道治理工程和航道整治工程实施后,改变了世业洲河床的边界条件,高资海轮锚地由原来的主流作用区域,改变为丁坝下游回流区域,区域内动力特征发生了变化。

2. 汊道分流比变化

河道治理工程和航道整治工程实施后,世业洲汊道分流比和分沙比发生了变化,右汊分流比由 2016 年的 59.6% 增加到 2021 年的 65.2%,分沙比由 60.3% 增加到 70.8%。右汊沙量的增加,为丁坝下游高资海轮锚地泥沙淤积提供了泥沙来源。

3. 上游来流量的变化

表 4-5 为大通水文站年径流量和大于各级流量的天数统计表,从表中数据可以看出,2016 年和 2020 年大通水文站径流总量超过 1 万亿 m³。大流量持续天数也较多,2015—2017 年间高资海轮锚地发生的冲刷较大,2018—2019 年和 2019—2020 年间高资海轮锚地淤积也较大,说明在大洪水期高资海轮锚地会发生较大冲淤。

从高资海轮锚地河床冲淤变化来看,由于河道治理工程、航道整治工程和大洪水的影响,区域冲淤变化剧烈。2021 年以来,受到河床的自然调整和上游流量较小的影响,河床基本稳定,冲淤变化相对较小。

表 4-5 大通水文站年径流量和大于各级流量的天数统计表

年份	径流量 (亿 m³)	大于各级流量的天数			备注
		4 万 m³/s	5 万 m³/s	6 万 m³/s	
2014	8 921	110	15	0	中水年
2015	9 139	63	33	0	中水年
2016	10 455	133	65	28	中水年
2017	9 235	46	28	16	中水年
2018	8 028	32	0	0	中水年
2019	9 334	90	46	13	中水年
2020	11 183	135	89	43	大水年
2021	9 700	120	16	0	中水年
2022	7 726	64	33	0	小水年

4.3.4.4 高资海轮锚地疏浚回淤量分析

高资海轮锚地上游 300 m 为深水航道二期整治工程 Y3 丁坝,丁坝长度 625 m,头部高程为 -8 m,纵坡 1∶200,根部接岸。丁坝下游区域泥沙回淤情况比较复杂,从淤积物粒径可以看出,有悬沙回流淤积和底沙引起的淤积,锚地区域和连接水域泥沙淤积采用如下公式计算。

(1) 锚地区域回淤计算采用罗肇森公式:

$$p = K_f m_f \left[1 - \left(\frac{H_1}{H_2}\right)^3\right] \tag{4-1}$$

(2) 连接水域疏浚区回淤计算采用刘家驹公式：

$$p = (1+\psi)\frac{\omega St}{\gamma_c}\left\{k_1\left[1-\left(\frac{H_1}{H_2}\right)^3\right]\sin\theta + k_2\left[1-\frac{H_1}{2H_2}\left(1+\frac{H_1}{H_2}\right)\right]\cos\theta\right\} \quad (4-2)$$

式中：$K_f = \frac{\alpha\omega St}{\gamma_c}$；$m_f$ 为校正系数（考虑回流和底沙）；k_1 和 k_2 为淤积系数；ψ 为底沙影响因子；ω 为泥沙沉速，取 0.004 26 m/s；S 为平均挟沙力含沙量（平均含沙 0.028 kg/m³）；t 代表淤积历时；γ_c 代表淤积物干密度，$\gamma_c \approx 1\,750(d_{50})^{0.183}$，$H_1$ 和 H_2 分别为开挖前后的平均水深；θ 为水流与区域轴线的夹角。

通过计算得到各区域疏浚和回淤情况（表 4-6），从表中数据可以看出，疏浚区域一（2 万 t 级疏浚区）最大回淤厚度在 3.14～3.86 m/a，回淤量 32.31 万～39.76 万 m³/a；疏浚区域二（3.5 万 t 级和 7 万 t 级疏浚区）最大回淤厚度在 2.37～2.93 m/a，回淤量 75.95 万～93.47 万 m³/a；疏浚区域三（2 万 t 级和 1 万 t 级疏浚区）最大回淤厚度在 1.98～2.29 m/a，回淤量 33.72 万～38.91 万 m³/a；疏浚区域四（连接水域#117 黑浮以上区域）最大回淤厚度在 0.65～1.15 m/a，回淤量 13.75 万～24.06 万 m³/a；疏浚区域五（连接水域#117 黑浮以下区域）最大回淤厚度在 0.35～0.59 m/a，回淤量 3.19 万～5.58 万 m³/a。

表 4-6 各区疏浚和回淤计算统计表

疏浚区域	疏浚厚度（m）最大	疏浚厚度（m）平均	回淤厚度（m/a）最大	回淤厚度（m/a）平均	回淤量（万 m³/a）	备注
区域一	6.81	3.30	3.14～3.86	1.24～1.53	32.31～39.76	上游 2 万 t 级
区域二	6.34	2.94	2.37～2.93	1.25～1.54	75.95～93.47	3.5 万 t 级和 7 万 t 级
区域三	4.38	1.92	1.98～2.29	0.97～1.12	33.72～38.91	下游 2 万 t 级和 1 万 t 级
区域四	5.44	2.00	0.65～1.15	0.30～0.48	13.75～24.06	连接水域#117 黑浮以上区域
区域五	2.40	0.85	0.35～0.59	0.23～0.42	3.19～5.58	连接水域#117 黑浮以下区域

4.3.4.5 结论与建议

(1) 仪征水道为典型的微弯分汊河道，近期演变主要体现在汊道分流格局的变化以及局部洲滩冲淤变化方面。

(2) 仪征水道在深水航道整治二期工程以及镇扬三期工程以前的演变特征表现为左汊冲刷发展，分流比增加，右汊分流比减小；世业洲右汊进口及中上段主流左摆，世业洲左缘低滩冲刷，右汊进口深槽淤积，趋于宽浅。整治工程实施后，世业洲左汊分流比整体呈缓慢减小的趋势，目前左汊分流比基本在 35% 左右。整治工程控制了河床边界条件，起到了稳定世业洲汊道河势的作用。

(3) 高资海轮锚地区域在 2014—2017 年主要表现为冲刷。2017 年以后，总体上呈现淤积，其中 2018—2019 年最大淤积厚度 6.99 m，平均淤积厚度 1.80 m；2019—2020 年最大淤积厚度 5.80 m，平均淤积厚度 1.90 m；2021 年以来，年最大淤积厚度 3.0 m 左右,年平均淤积厚度1.0 m以内。

（4）高资海轮锚地淤积原因主要是受到河道治理工程和航道整治工程的影响,调整了汊道分流比和分沙比,改变了河床边界条件,使得锚地区域水动力条件发生了变化;另外,受到了大洪水的影响,区域冲淤变化剧烈。2021年以来,受到河床的自然调整和上游流量的影响较小,河床基本稳定,冲淤相对较小。

（5）根据疏浚专项设计平面布置方案,疏浚工程量约443.78万 m^3,采用回淤计算公式计算得到,疏浚区域一最大回淤厚度3.86 m/a,回淤量39.76万 m^3/a;疏浚区域二最大回淤厚度2.93 m/a,回淤量93.47万 m^3/a;疏浚区域三最大回淤厚度2.29 m/a,回淤量38.91万 m^3/a;疏浚区域四最大回淤厚度1.15 m/a,回淤量24.06万 m^3/a;疏浚区域五最大回淤厚度0.59 m/a,回淤量5.58万 m^3/a。

（6）高资海轮锚地区域目前水深不满足设计要求,为了防止进出锚地船舶搁浅并保障安全,需进行疏浚。高资海轮锚地区域在丁坝下游侧,水动力和回淤情况相对复杂,建议在疏浚过程中注意加强监测。

4.3.5 疏浚采砂综合影响分析

4.3.5.1 二维潮流数学模型建立

1. 计算范围、地形及网格

数学模型计算范围:西起杨家沟潘家河,东到五峰山下游侧,全长约70 km。模型验证时采用2015年实测地形,工程方案计算时采用2018年实测地形,工程区域局部采用2022年11月实测地形。图4-26为模型范围及地形概化示意图。

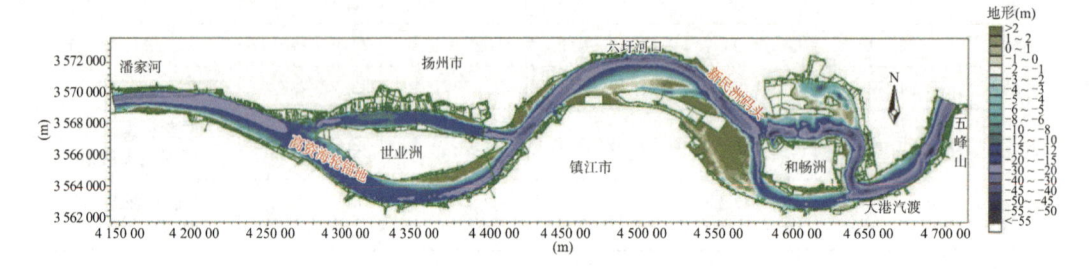

图4-26 模型范围及地形概化示意图

模型采用三角形网格,模型网格单元数为38 017个,网格尺度在10~200 m(图4-27)。工程区网格密,工程区附近网格图如图4-28所示。

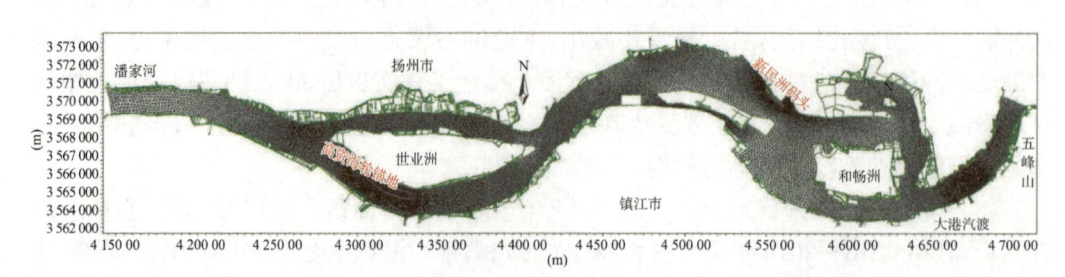

图4-27 模型网格图

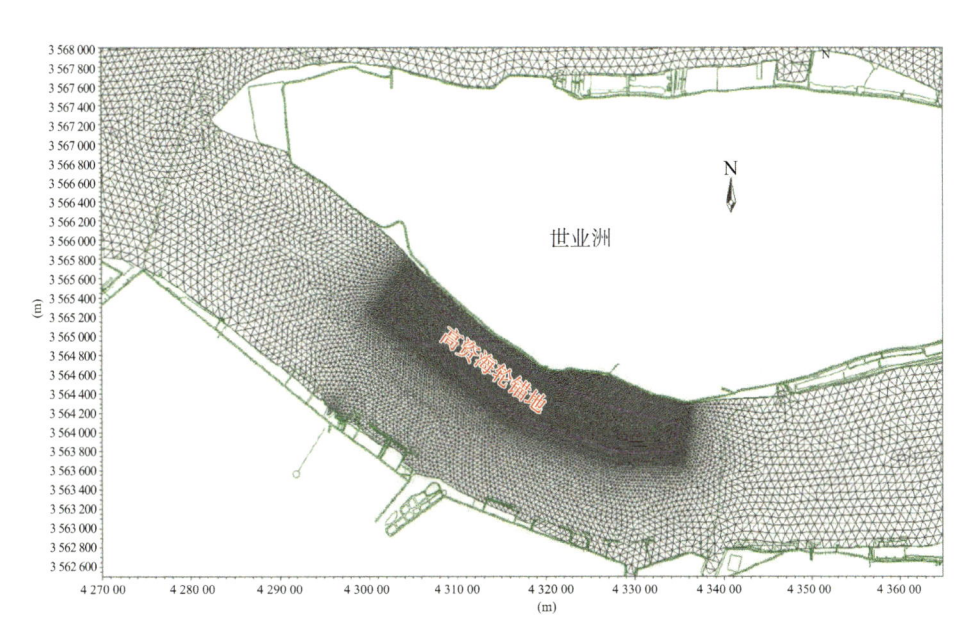

图 4-28　工程区附近网格图

2. 计算边界条件

模型上游边界附近采用流量控制,下游边界采用潮位控制。闭边界取法向流速 $Vn=0$,n 为边界的外法线方向。

4.3.5.2　模型验证

1. 验证资料

采用 2015 年 9 月 3—6 日实测潮位和 9 月 4 日(13:30)流速资料对模型进行验证。有 8 个临时潮位站和 28 条流速垂线,测点布置图如图 4-29 所示。

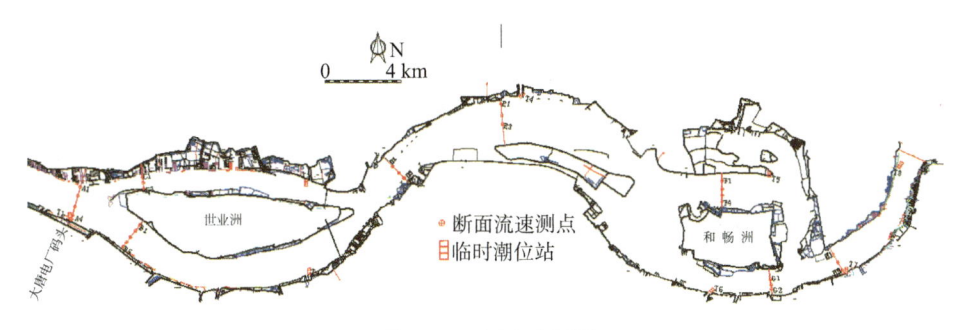

图 4-29　测点布置图

2. 参数选取

通过验证实测潮位、流速和流向资料,糙率采用 $n=0.012+0.01/H$,随水深修正。模型的时间步长取 0.1 s;紊动黏滞系数 E 随网格尺度不同取不同值。为了反映水边线的变化,采用富裕水深法根据水位的变化连续不断地修正水边线,在计算中判断每个单元的水深。当单元水深大于富裕水深时,将单元开放作为计算水域,反之,将单元关闭,置流速于零,模型富裕水深取 0.05 m。

3. 初值条件

模型采用冷启动计算,计算开始时取流速 $u_0=0$ 和 $v_0=0$,初始潮位为一给定数。模型经过一定时间的运行,初始条件的影响将会消除。

4. 验证结果

模型验证潮位、流速结果如图 4-30、图 4-31 所示,图 4-32 为模型验证局部落水中水位流态图。从潮位、流速和流态验证图可以看出,8 个潮位站与 28 个流速测点的计算值与实测值都吻合良好,因而该数模具备进行研究采砂工程影响研究的基础。

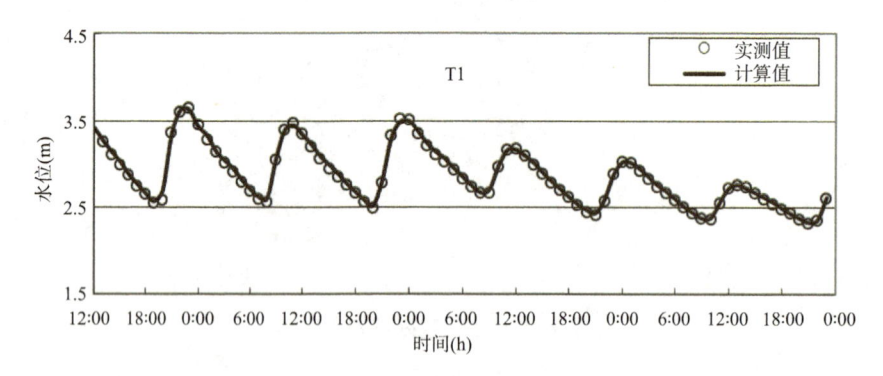

图 4-30 潮位过程线验证图

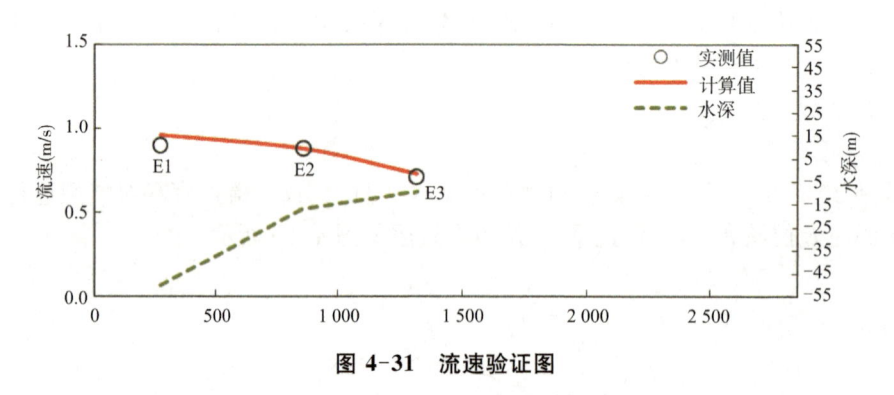

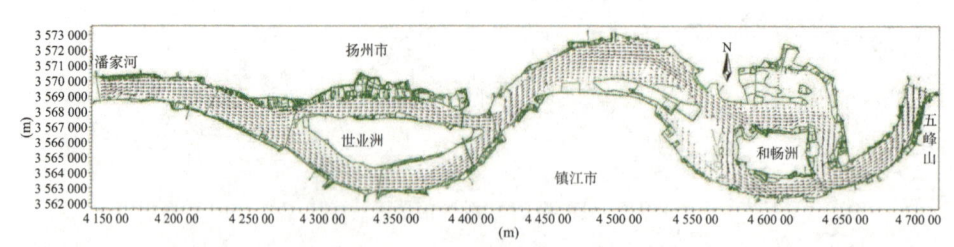

图 4-31 流速验证图

图 4-32 落水中水位流态图

4.3.5.3 工程影响分析计算

1. 计算水文条件及工程概化

本次计算主要研究开挖采砂后对周边水域水动力的影响,分别采用 2015 年 9 月实测水文条件和 1998 年大洪水水文条件模拟工程前后水动力,对比分析工程建设后引起的流态、水位和流速的变化。

2. 对水动力条件的影响

（1）对水位的影响

水位变化主要发生在疏浚区域。高资海轮锚地疏浚后，高水位基本没有影响，平均和最低水位的最大增加和减小值在 1 cm 范围内。图 4-33 为高资海轮锚地疏浚后平均水位变化图。高资海轮锚地疏浚基本对水位没有影响。

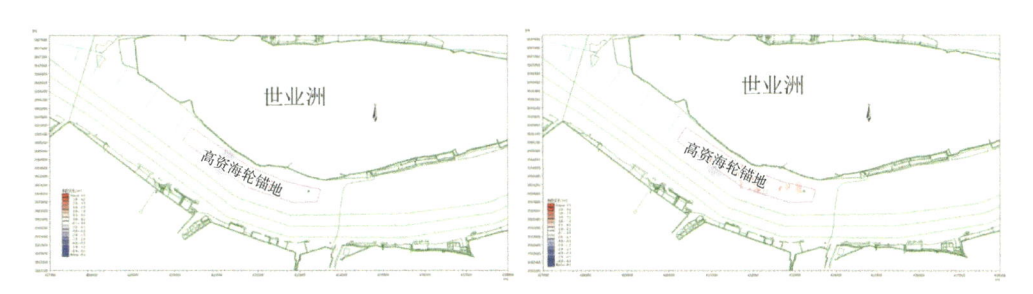

图 4-33　高资海轮锚地疏浚后平均水位变化图（左：2015 年水文条件，右：1998 年大洪水水文条件）

（2）对流速的影响

为了分析高资海轮锚地疏浚后对流速的影响，在高资海轮锚地附近布置了 40 个采样点（图 4-34）。

表 4-7 为高资海轮锚地流速特征统计表，从图 4-34、表 4-7 中可以看出：t9、t13、t14、t18、t19、t24 和 t25 点在锚地区。计算结果表明：实测水文条件时，最大流速增加最大值约 2 cm/s，流速减小最大值 6 cm/s；平均流速增加最大值约 2 cm/s，流速减小最大值约 4 cm/s；1998 年大洪水水文条件，最大流速增加最大值约 2 cm/s，流速减小最大值约 9 cm/s；平均流速增加最大值约 2 cm/s，流速减小最大值约 5 cm/s。1998 年大洪水水文条件时流速影响略大。

图 4-35、图 4-36 分别为 2015 年实测水文条件和 1998 年大洪水水文条件下高资海轮锚地疏浚后平均流速和最大流速变化包络图。从图中可以看出，流速变化主要发生在高资海轮锚地和下游区域，对深水航道流速基本没有影响。

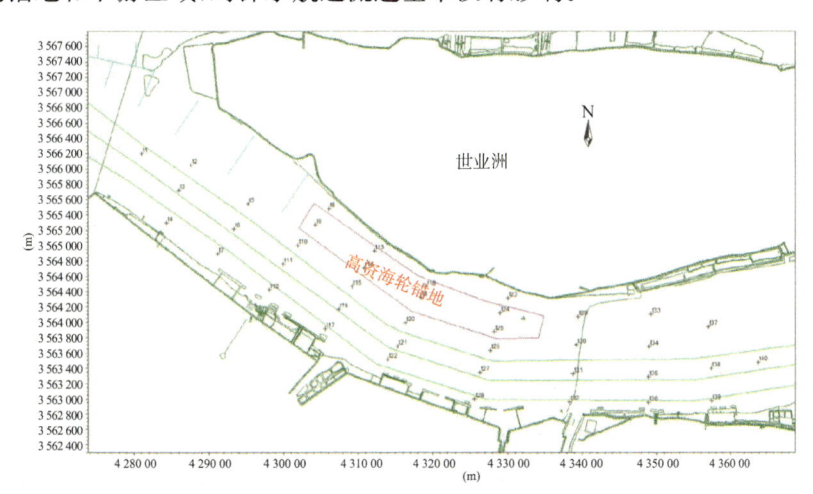

图 4-34　高资海轮锚地疏浚区流速采样点位置

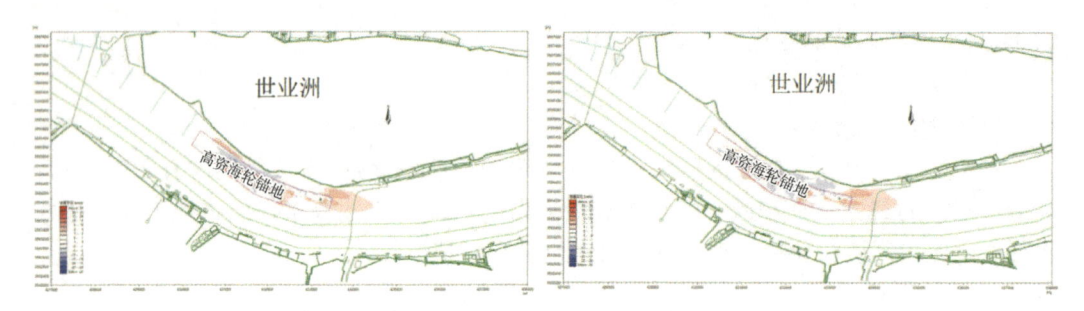

图 4-35　高资海轮锚地疏浚后平均流速变化包络图（左：2015 年水文条件，右：1998 年大洪水水文条件）

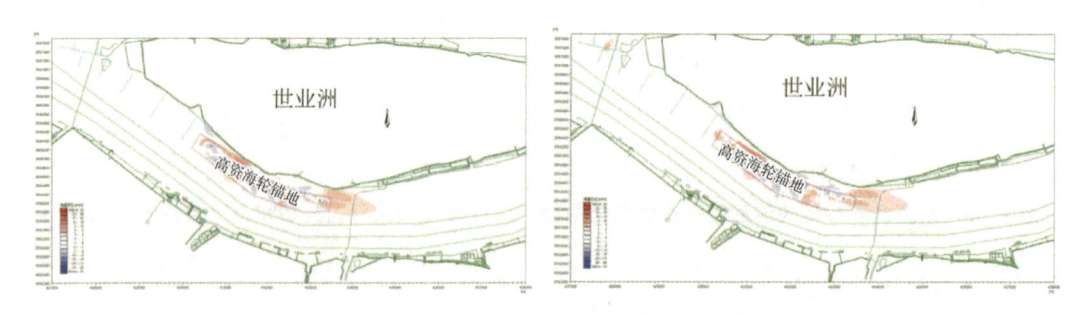

图 4-36　高资海轮锚地疏浚后最大流速变化包络图（左：2015 年水文条件，右：1998 年大洪水水文条件）

表 4-7　工程前后流速特征统计表　　　　　　　　　　　　　　　单位：m/s

点号	2015 年实测水文条件				1998 年大洪水水文条件			
	最大流速		平均流速		最大流速		平均流速	
	工程前	变化值	工程前	变化值	工程前	变化值	工程前	变化值
t1	1.10	0.00	0.86	0.00	1.47	0.00	1.35	0.00
t2	1.00	0.00	0.78	0.00	1.35	0.00	1.24	0.00
t3	1.07	0.00	0.84	0.00	1.44	0.00	1.32	0.00
t4	0.84	0.00	0.66	0.00	1.14	0.00	1.05	0.00
t5	0.94	0.00	0.73	0.00	1.26	0.00	1.15	0.00
t6	1.14	0.00	0.90	0.00	1.53	0.00	1.40	0.00
t7	0.98	0.00	0.76	0.00	1.31	0.00	1.20	0.00
t8	0.10	−0.01	0.03	0.00	0.10	0.00	0.08	−0.01
t9	0.13	0.00	0.07	0.00	0.13	0.01	0.04	0.00
t10	1.09	0.00	0.84	0.00	1.45	0.00	1.32	0.00
t11	1.19	0.00	0.93	0.00	1.60	0.00	1.46	0.00
t12	1.10	0.00	0.85	0.00	1.47	0.00	1.34	0.00
t13	0.26	−0.06	0.18	−0.03	0.21	−0.09	0.10	−0.02
t14	0.79	−0.01	0.61	−0.01	0.99	−0.02	0.90	−0.02

续表

点号	2015年实测水文条件				1998年大洪水水文条件			
	最大流速		平均流速		最大流速		平均流速	
	工程前	变化值	工程前	变化值	工程前	变化值	工程前	变化值
t15	1.04	0.01	0.81	0.01	1.42	0.01	1.30	0.01
t16	1.08	0.00	0.84	0.00	1.47	0.00	1.34	0.00
t17	0.84	0.00	0.65	0.00	1.17	0.00	1.06	0.00
t18	0.64	−0.04	0.49	−0.03	0.77	−0.06	0.69	−0.05
t19	0.89	−0.01	0.69	−0.01	1.22	−0.02	1.11	−0.02
t20	0.99	−0.01	0.77	−0.01	1.37	−0.02	1.24	−0.01
t21	0.98	−0.01	0.75	−0.01	1.34	−0.01	1.21	−0.01
t22	0.81	−0.01	0.62	−0.01	1.11	−0.01	1.01	−0.01
t23	0.49	−0.02	0.37	−0.01	0.61	−0.02	0.55	−0.03
t24	0.75	0.01	0.58	0.01	0.95	0.01	0.86	0.01
t25	0.90	0.01	0.70	0.01	1.22	0.01	1.11	0.01
t26	0.99	−0.01	0.77	−0.01	1.35	−0.01	1.23	−0.01
t27	0.96	−0.01	0.74	−0.01	1.29	−0.01	1.17	−0.01
t28	0.63	−0.01	0.47	−0.01	0.85	−0.01	0.76	−0.01
t29	0.56	0.02	0.42	0.02	0.79	0.02	0.72	0.02
t30	0.90	0.01	0.70	0.01	1.23	0.01	1.12	0.01
t31	1.00	−0.01	0.77	0.00	1.35	−0.01	1.22	−0.01
t32	0.84	−0.01	0.64	−0.01	1.10	−0.01	0.99	−0.01
t33	0.39	0.00	0.30	0.00	0.65	0.01	0.59	0.00
t34	0.86	0.01	0.66	0.01	1.17	0.00	1.06	0.01
t35	1.04	0.00	0.80	0.00	1.40	0.00	1.26	0.00
t36	0.85	0.00	0.65	0.00	1.12	0.00	1.01	0.00
t37	0.71	0.00	0.54	0.00	1.00	0.00	0.91	0.00
t38	1.08	0.00	0.83	0.00	1.44	0.00	1.30	0.00
t39	0.86	0.00	0.66	0.00	1.13	0.00	1.01	0.00
t40	1.14	0.00	0.87	0.00	1.50	0.00	1.35	0.00

（3）对流场的影响

图4-37为高资海轮锚地疏浚前后2015年实测水文条件和1998年大洪水水文条件最大流速时流态对比图。从流态对比图可以看出，疏浚工程实施后，工程区内的流速略有减小，流向偏转角度在2°范围内，工程周边流态基本没有变化，表明疏浚工程的实施对区域内的流场影响较小。

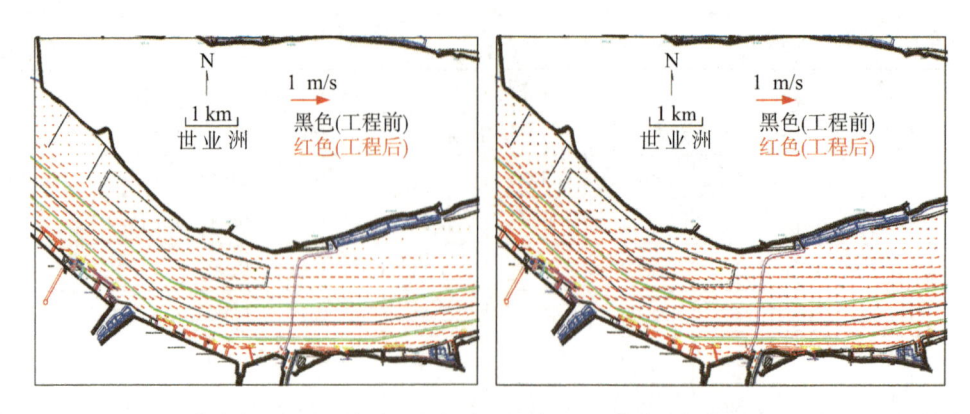

图 4-37　最大流速时高资海轮锚地疏浚前后流态对比图(左:2015 年水文条件,右:1998 年大洪水水文条件)

4.3.5.4 相关影响分析

1. 河势稳定影响分析

河床演变分析表明,高资海轮锚地疏浚区河床冲淤交替变化,在世业洲整治工程实施后,工程区河势基本稳定。受世业洲右缘潜坝整治工程影响,高资海轮锚地区域河床 2018 年 12 月—2022 年 11 月期间锚地河床淤积较大,锚地区域泥沙淤积量达 538.95 万 m³,最大淤积厚度达到 10.3 m,平均淤积幅度达 3.5 m。高资海轮锚地工程区疏浚工程量 443.78 万 m³,平均疏浚深度 1.2～3.0 m。数学模型计算结果表明,2015 年实测水文条件时,最大流速增加最大值约 2 cm/s,流速减小最大值约 6 cm/s;平均流速增加最大值约 2 cm/s,流速减小最大值约 4 cm/s。1998 年大洪水水文条件时,最大流速增加最大值约 2 cm/s,流速减小最大值约 9 cm/s;平均流速增加最大值约 2 cm/s,流速减小最大值约 5 cm/s。流速变化主要发生在疏浚开挖区域周围,对深水航道基本没有影响。疏浚工程实施后对工程区主流动力、流态基本无影响。总体来看,高资海轮锚地疏浚后对工程区河势稳定影响较小。

2. 防洪安全影响分析

高资海轮锚地疏浚后平均水位和最低水位最大增加值和最大减小值在 1 cm 范围内,疏浚基本对水位没有影响,对工程区长江行洪影响较小。高资海轮锚地疏浚区距北岸世业洲洲堤及南侧主江堤距离均较远,疏浚后不影响锚地区域河床断面稳定,不影响锚地疏浚区防洪工程安全。总体来看,高资海轮锚地疏浚后对长江行洪、沿岸江堤、防洪排涝设施无影响。

3. 通航安全影响分析及保障措施

1) 通航安全影响分析

高资海轮锚地疏浚区距离主航道有足够的安全距离,疏浚作业期间对世业洲右汊主航道通航基本无影响,同时锚地疏浚采砂后不会对航道水流和河床断面稳定造成不利影响,进而对航道稳定基本无影响。疏浚施工期间基本不占用通航水域,在作业期运输船只停泊等待时,严禁超出施工范围;施工区专设标志应保持标位、灯光正常;施工单位应落实具体安全生产管理措施,加强过往船舶的警戒维护,确保航道通航安全和锚地停泊安全。运输船每日多次往返,增加工程水域日流量,增加船舶避让概率,加大了通航环境的复杂性。运输船在大型船舶通过时需要减速通过,防止发生碰撞事故。

2)通航安全保障措施

(1)交通组织模式

①建设、施工单位落实安全生产主体责任。

②施工期间,镇江市港发绿色资源有限公司及施工单位指定专人负责与海事管理机构保持联系。

③工程施工单位应提前向工程所在区域船舶交通服务部门(VTS)汇报,对停泊区船舶进行清理。

④在船人员必须穿好救生衣,救生衣必须符合规定要求。

(2)水上交通管理

①施工申请:根据《中华人民共和国水上水下作业和活动通航安全管理规定》,增加施工作业船舶,须报经主管机关审核同意,并申请发布航行通告。

②与海事等相关单位建立沟通机制,及时通报施工进展及施工船舶情况。

③施工单位不得随意变更参与施工的船舶,确需变更时,需重新报批。

(3)施工期安全保障

①运输船运砂对附近水域通航环境有一定的影响,为使施工顺利进行,建设、施工单位应加强对施工水域的警戒。

②在水上水下作业前应申请发布航行通告、播发航行安全动态信息,公布施工水域范围。

③所有参与施工的船舶、运砂船应装有船舶自动识别(AIS)设备且处于适航状态。

④为了满足工程施工作业人员及船舶间流动通信的需要,采用 VHF 无线电话进行联系沟通,船上甚高频电台需设置 2 个通信信道,一个遇险和安全通信信道,一个专用工作频道。

⑤建立船舶动态报告制度,实时掌握施工船的动态,制定好运砂船航行路线。

⑥船舶施工时应按照相关要求显示号灯、号型。

⑦施工船应在本船抗风能力允许的情况下进行施工,以确保自身安全。当施工水域遇雾,能见度低于 1 500 m 时停止施工作业。遇到强对流天气影响时及时停止施工,必要时撤离全部施工人员。

⑧过往船舶减速通过时,施工船应按规定显示信号,并随时与过往船舶联系,要求减速通过施工水域。

⑨运泥船应符合装载疏浚砂的条件,装载时合理装载,船舶吃水应控制在载重线以下,严禁超载。

⑩在长江能见度低于 1 500 m 的情况下,选择就近锚地锚泊。加强值班,守听甚高频电台,随时保持与项目部及他船联系,确保船舶的锚泊安全。在航行中突然发生迷雾时,切勿盲目航行,在条件许可情况下,应立即选择安全水域抛锚扎雾,向过往船舶鸣笛示警。

⑪施工单位应组织施工人员及船员定期开展有关应急预案的演练。

4. 水生态环境影响分析

(1)对水环境影响分析

本次工程疏浚对环境的影响主要表现在施工期施工作业扰动河床,使局部河床底泥发生悬浮。本工程区底泥状况良好,施工过程中底泥悬浮除影响局部水体的感观性状外,不会对水体造成有毒或者有害污染,疏浚工程结束后这种影响也相应消失。

施工作业船舶排放的各类废水(包括船舶舱底含油污水以及生活污水等)需经收集并送往岸上集中处理,垃圾及污水不得排入江中。加强对施工人员及船员的安全教育,认真落实相关安全和防污染保障措施。因此,疏浚工程施工作业不会对长江水环境造成明显影响。

(2) 对水生态环境影响分析

根据《江苏省生态空间管控区域规划》和《长江岸线保护和开发利用总体规划》,高资海轮锚地疏浚所在水域不涉及生态红线,为生态敏感未划分区。疏浚工程实施后不会改变该段水文条件,其影响范围仅局限在疏浚区附近,影响范围较小,且这种影响会随着施工结束而消失。总体来看,疏浚工程施工作业不会影响鱼类资源,不会影响工程区水生态环境。工程区与长江岸线保护与开发利用总体规划关系如图 4-38 所示,江苏省生态保护红线分布图如图 4-39 所示。

5. 其他影响分析

(1) 水上服务区

16#水上服务区距离高资海轮锚地水域下游约 1 200 m,距离较远,锚地疏浚对水上服务区无影响。

(2) 水位站

工程附近镇江水(潮)位站位于世业洲右汊润扬大桥下游约 2.3 km 左岸位置。两处疏浚区距离水位站均较远,疏浚采砂对镇江水位站无影响。

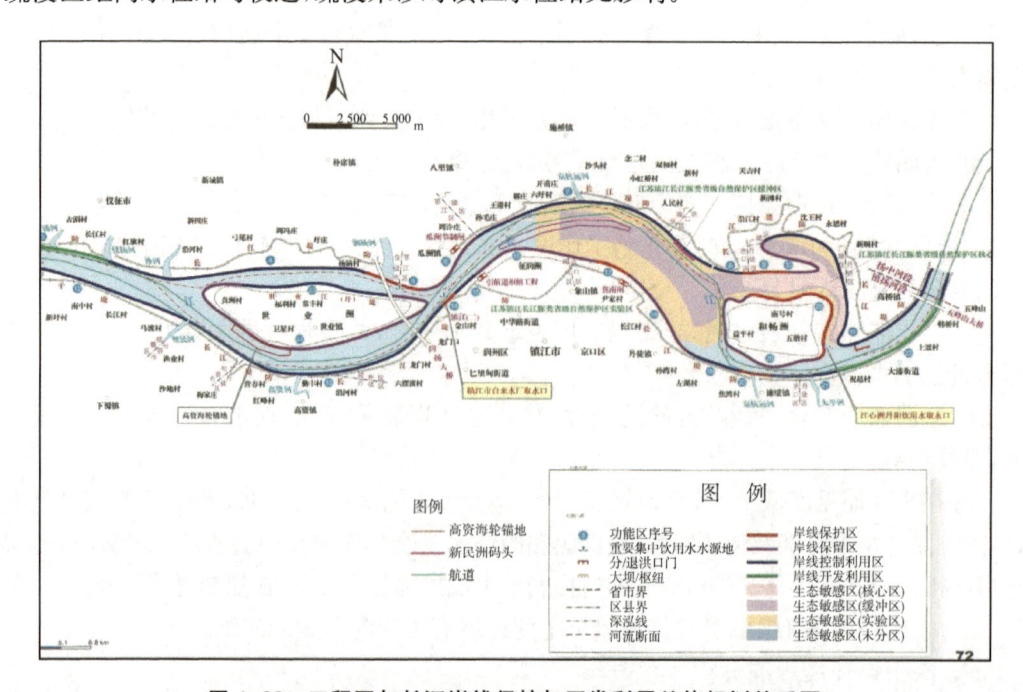

图 4-38 工程区与长江岸线保护与开发利用总体规划关系图

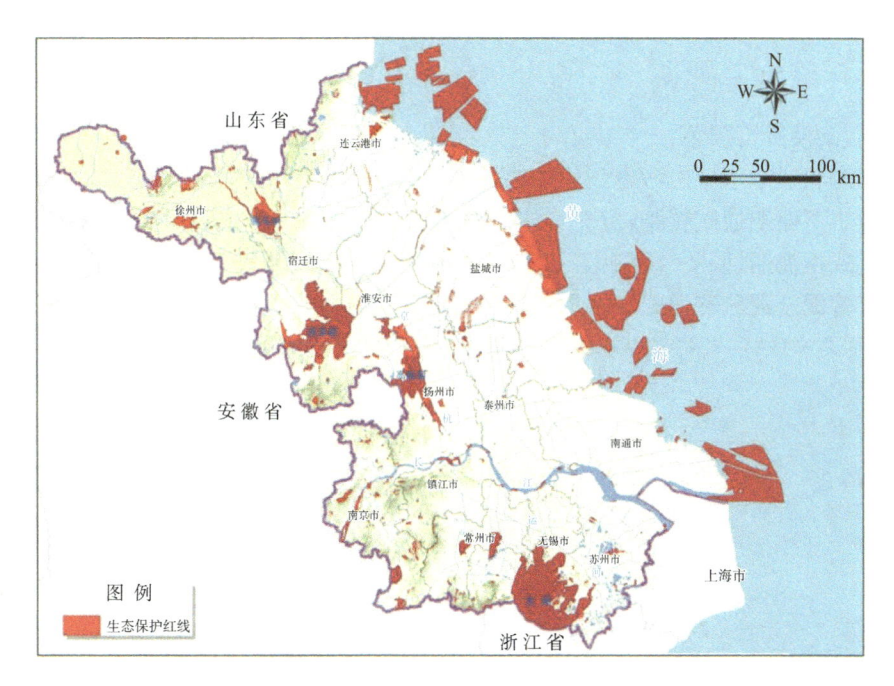

图 4-39　江苏省生态保护红线分布图

（3）水源地

工程河段水源地主要为镇江市自来水公司饮用水源取水口、世业洲左汊扬四水厂取水口、和畅洲左汊出口丹阳水厂取水口。高资海轮锚地距离镇江自来水厂取水口约 10.0 km，距离扬四水厂取水口约 7.8 km，距离丹阳水厂取水口约 30.4 km。疏浚区距离取水口距离均较远，疏浚工程对水源地无影响。

（4）第三人水事权益

数学模型计算结果表明，高资海轮锚地疏浚后引起的河床水位、流速变化有限，对周边工程运营基本无影响，本次疏浚工程对第三人合法水事权益影响较小。疏浚区上、下游关系图如图 4-40 所示。

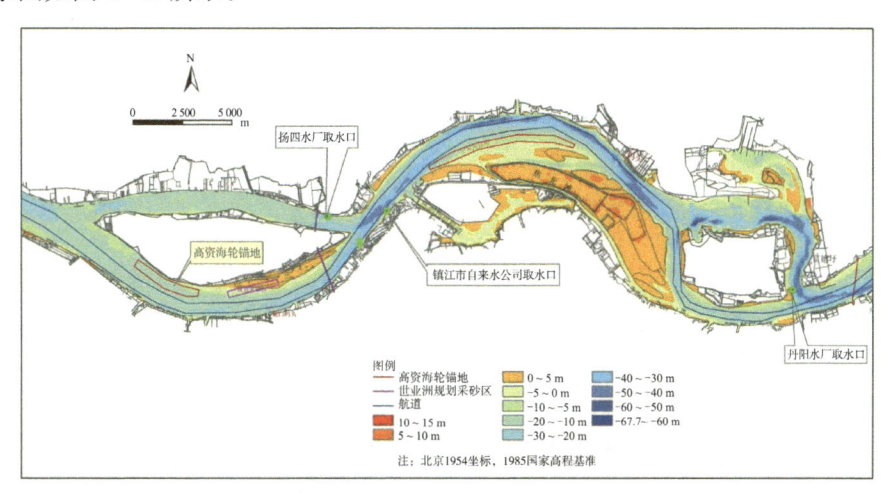

图 4-40　疏浚区上、下游关系图

4.3.6 疏浚施工方案

4.3.6.1 疏浚施工工艺

高资海轮锚地水域内考虑到船舶锚泊需要,采用绞吸船进行疏浚施工。连接水域位于主航道小型船舶通航航路,避免影响船舶通航,采用耙吸船(或吸盘船)进行疏浚施工。

绞吸式挖泥船(图4-41)施工工艺流程为:根据土质安装铰刀→绞松泥沙→泥泵吸泥→排泥管输泥至泥驳转运船→水上运输→卸载。具体如图4-42所示。

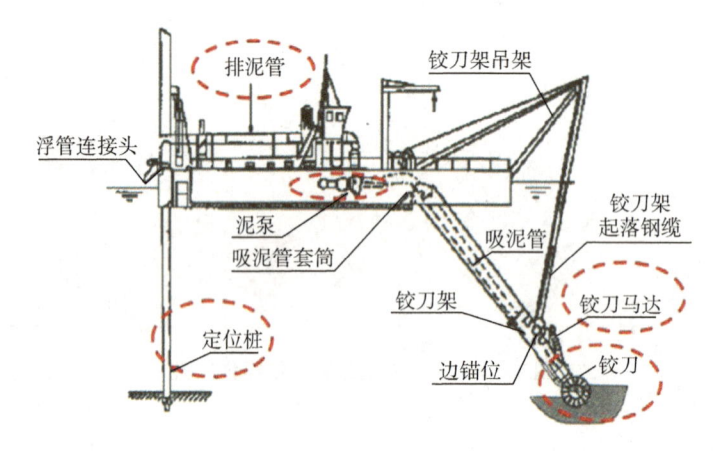

图4-41 绞吸式挖泥船

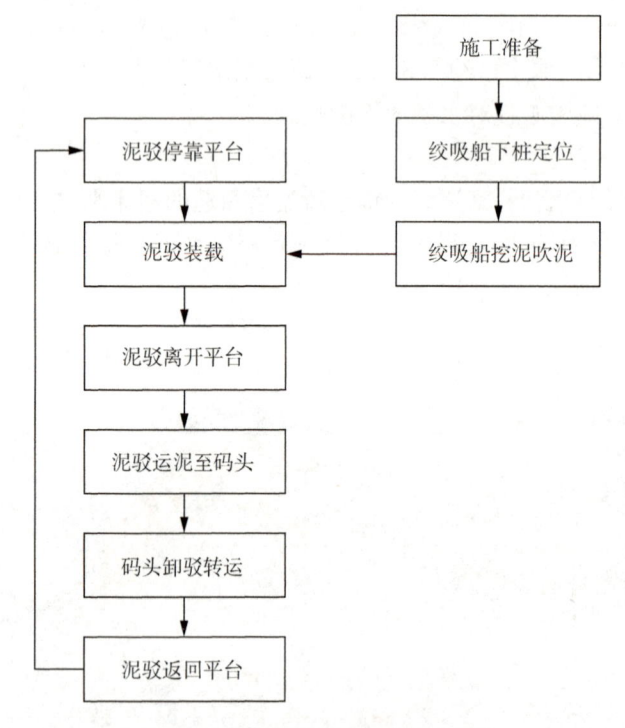

图4-42 绞吸式挖泥船施工工艺

吸盘式挖泥船属于冲吸式挖泥船，类似于绞吸式挖泥船，只是将安装在前面的铰刀头换成吸盘，以射流技术为开采方法。施工工艺为：空载航行到接近起挖点前→定船位→降低航速→吸盘入水→启动高压冲水泵和泥泵→吸盘着底→增加对地航速→吸上泥浆→运输船靠泊→疏浚装驳→运输船满载后暂停挖泥→更换运输船→开始下一轮次装驳。具体如图4-43所示。

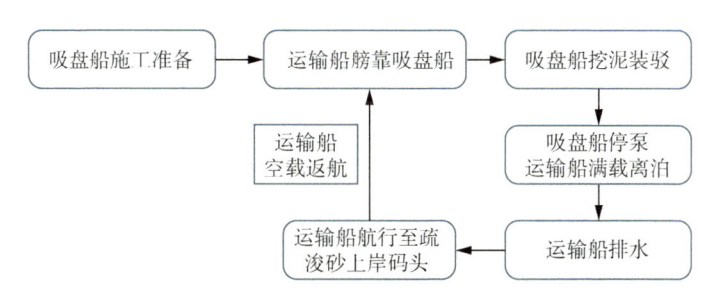

图4-43　吸盘式挖泥船施工工艺

耙吸式挖泥船（图4-44）采用挖运吹施工工艺，在取得海事许可时也可以采用艕带泥驳方式。施工工艺为：空载航行到接近起挖点前→定船位→降低航速→放耙入水→启动泥泵吸水→耙头着底→增加对地航速→吸上泥浆→驶入疏浚区→耙吸挖泥→满载后起耙→行驶至临时停泊区锚泊→运输船靠耙吸船→装驳→运输船满载后离开耙吸船→耙吸船起锚。整个过程连贯进行，耙吸船装驳完成后开始下一轮次疏浚施工和装驳作业。具体如图4-45所示。

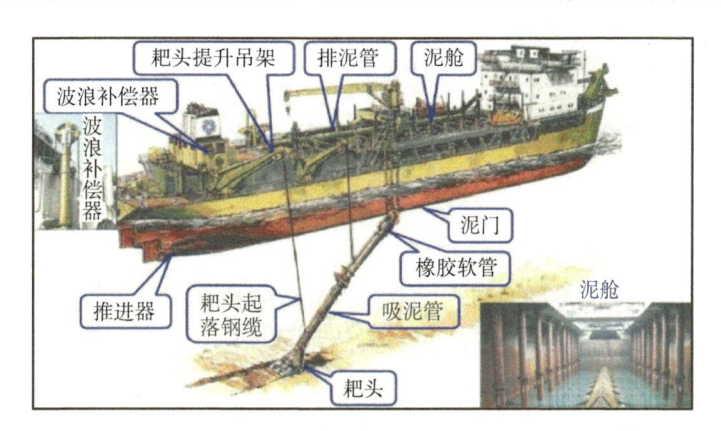

图4-44　耙吸式挖泥船

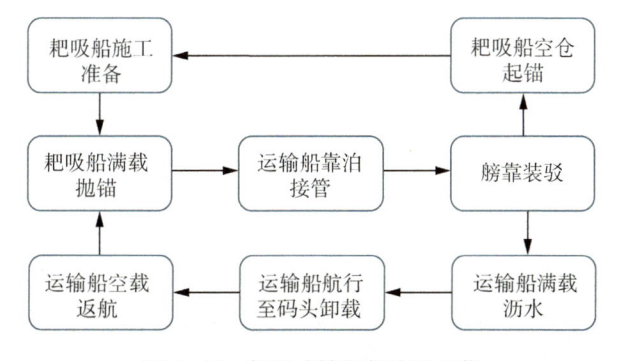

图4-45　耙吸式挖泥船施工工艺

4.3.6.2 施工作业船舶数量控制

本次拟投入3艘绞吸式挖泥船(其中1艘为备用),耙吸式挖泥船和吸盘式挖泥船各1艘,锚地区域疏浚采用绞吸式挖泥船,连接水域主要采用吸盘式挖泥船,耙吸式挖泥船作为备用,拟采用产量为 2 000 m³/h 的挖泥船。疏浚采砂船有苏淮机绞吸式挖泥船、鄂孝感工 0030 绞吸式挖泥船,主要参数如表 4-8、表 4-9 所示。

表 4-8　苏淮机绞吸式挖泥船的主要参数

总长	30.0 m	型宽	6.70 m
型深	2.40 m	满载吃水	2.11 m
设计产量	2 000 m³/h	最大挖深	15 m
扬程	60 m	最大排距	3 500 m
泥泵总功率	17 000 kW	全船总功率	1 641 kW
排泥管直径	750 mm	吸泥管直径	500 mm

表 4-9　鄂孝感工 0030 绞吸式挖泥船的主要参数

总长	30.6	型宽	6.00 m
型深	2.10 m	满载吃水	1.11 m
设计产量	2 000 m³/h	最大挖深	15 m
扬程	60 m	最大排距	3 500 m
泥泵总功率	—	全船总功率	1 712 kW
排泥管直径	750 mm	吸泥管直径	500 mm

4.3.6.3 施工顺序和施工工期

1. 施工顺序

主要施工项目为疏浚工程,具体的施工顺序如下:

①开展准备工作及疏浚施工。

②对位于本项目疏浚范围内的航标进行调整和保养。

③分段进行施工,每一段疏浚完工后,对锚地区域进行扫床,及时清障,保证水域内无障碍。

④如施工中需对航标进行移位,应按照导助航工程的要求,对浮标位置进行复测,对灯光、电池等进行检查,并应同时满足主管部门要求。

⑤进行竣工验收,并由相关部门发布使用公告。

2. 施工工期

(1) 禁采期

疏浚采砂作业不得影响江堤安全,不得影响泄洪通道。根据本地区长江防洪特点,每年6—9月为主汛期,其中8—9月是天文大潮出现的月份,也是台风多发季节,是本地区长江防汛的关键时期。因此,确定6—9月为禁采期。

(2) 疏浚施工区域和疏浚量

为满足施工期间部分锚地的正常运营需求,结合施工能力和疏浚工程量,由上至下分三个区域进行施工(图 4-46):1♯施工区为上游 1 个 2 万 t 级海轮锚位段,疏浚施工工程量约为 90.82 万 m³;2♯施工区为中间 1 个 3.5 万 t、1 个 7 万 t 及 1 个 2 万 t 级海轮锚位段,疏浚施工工程量约为 224.50 万 m³;3♯施工区为下游 1 个 1 万 t 级海轮锚位段及连接水域部分,疏浚施工工程量约为 128.46 万 m³。

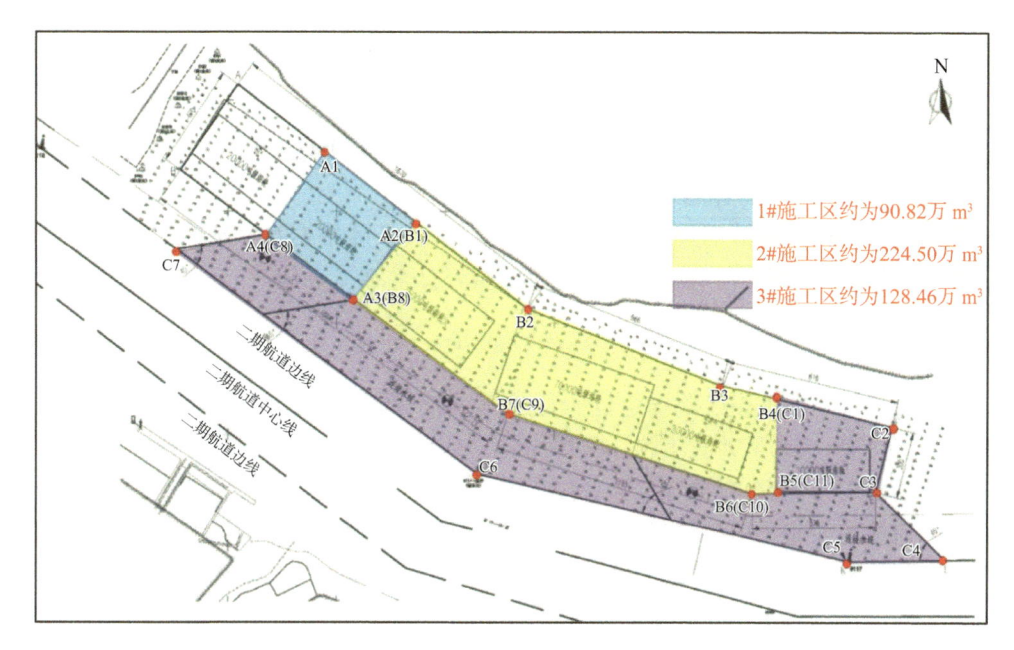

图 4-46 分区域施工布置图

(3) 施工工期

根据本工程的疏浚需求,结合投入疏浚船舶、运输船舶的能力,考虑到 6—9 月为禁采期,另外考虑天气、检修、潮汐变化等因素,疏浚总工期安排为 12 个月。本次疏浚作业时间安排在获行政部门颁发疏浚采砂证后非汛期择机完成。计划在 2023 年 10—12 月完成 1♯施工区疏浚施工,2023 年 12 月—2024 年 6 月完成 2♯施工区疏浚施工,2024 年 10—12 月完成 3♯施工区疏浚施工。施工计划进度如表 4-10 所示。

表 4-10 施工计划进度表

单项工程	2023年10月	2023年11月	2023年12月	2024年1月	2024年2月	2024年3月	2024年4月	2024年5月	2024年6月	2024年10月	2024年11月	2024年12月
施工准备	■											
1#施工区施工		■■■	■■■									
1#施工区验收				■								
2#施工区施工			■■■	■■■	■■■	■■■	■■■	■■■				
2#施工区验收									■			
3#施工区施工										■■■	■■■	
3#施工区验收												■

4.3.6.4 疏浚施工作业

1. 疏浚作业单位

根据国务院《长江河道采砂管理条例》和《江苏省长江河道采砂管理实施办法》,疏浚作业单位必须具备相应的疏浚资质、设备、工程技术人员和安全生产管理人员,并由省、市水行政主管部门疏浚采砂管理机构审查批准。

2. 疏浚区浮标设置

为了避免越界疏浚采砂,应进行疏浚区边线控制。疏浚施工前,在疏浚区的各个角点布置稳固、明显的标志。根据核准的疏浚区角点坐标,利用 GPS 进行定位,在疏浚区各个角点逐个抛设红白相间的浮标作为标记。

浮标底部焊接横向槽钢,在槽钢上系结钢丝绳,其长度根据水深确定,钢丝绳尾部系结铁锚,然后将浮标抛投到角点位置。同时应做好日常维护工作,一旦发现浮标丢失,立即进行补抛。

3. 疏浚施工

疏浚船在批准的疏浚区抛锚定位后,按设计要求及采砂规定取砂,船上悬挂明显的信号灯、蓝色标示旗和采砂施工牌,同时时刻注意周边船只的动向,保证安全。疏浚挖砂船随着挖砂施工的进行,根据规定的疏浚范围、深度及自身吸距等具体情况,及时进行船位调整。疏浚挖砂船采用抛锚定位,通过绞锚机收放施工锚缆从而移动挖砂船。在疏浚区内,按照"侵占式斜向开挖"的顺序进行疏浚,疏浚一般顺序为从下游向上游开挖,船首向上游方向。水流大于 0.5 m/s 时采用逆流开挖,水流小于 0.5 m/s 时采用顺流开挖。疏浚区开挖方式遵循以上原则进行分块、分区施工。绞吸挖泥船采用分段、分条、分层方式开挖。分段长度根据一次浮管布设挖泥船可移动的距离确定,一般为 400 m 左右。分层厚度 1.5~2.0 m,最大摆宽 60 m。施工时,经常利用 GPS 对挖砂船进行定位,定期对疏浚区进行必要的水下地形测量,以保证疏浚深度符合控制高程的要求。边坡部分的开挖采取阶梯法施工。

4. 疏浚施工时间

原则上应在 6:00—20:00 进行疏浚施工,夜间不得进行艏吹作业。

4.3.7 疏浚采砂论证报告目录及主要附件

报告参考目录

附录 A　高资海轮锚地疏浚采砂可行性论证报告编制目录
摘要
1　概述
　1.1　项目背景
　1.2　疏浚砂综合利用必要性
　1.3　编制依据
2　基本情况
　2.1　河道基本概况
　2.2　气象条件

  2.3 水文、泥沙条件
  2.4 河床地质组成
  2.5 国民经济设施分布情况
  2.6 防洪及河道整治工程
  2.7 水生态环境状况
  2.8 相关规划实施安排
3 河道演变分析
  3.1 历史演变
  3.2 近期河道演变
  3.3 工程河段演变特点及发展趋势
4 疏浚方案
  4.1 疏浚区布置
  4.2 疏浚规模
  4.3 疏浚区砂质分析
  4.4 工程区近期冲淤演变特征
  4.5 高资海轮锚地疏浚工程回淤量估算
  4.6 江堤稳定性分析
5 工程影响分析计算
  5.1 二维潮流数学模型建立
  5.2 模型验证
  5.3 工程影响分析计算
6 疏浚施工作业方案
  6.1 疏浚施工工艺
  6.2 施工作业船舶数量控制
  6.3 施工顺序和施工工期
  6.4 疏浚施工作业
7 疏浚砂水上运输方案
  7.1 运输量
  7.2 水上运输方式
  7.3 运输船舶配套方案
  7.4 施工管理人员投入
  7.5 施工组织
8 疏浚砂上岸方案
  8.1 疏浚砂上岸方式
  8.2 上岸码头选址
  8.3 堆场布置
9 综合影响分析
  9.1 河势稳定影响分析

9.2 防洪安全影响分析
9.3 通航安全影响分析
9.4 水生态环境影响分析
9.5 其他第三方权益影响分析
10 疏浚砂综合利用监管方案
10.1 疏浚作业管理单位
10.2 监管方式
10.3 安全生产
10.4 归档总结
10.5 申报验收
11 结论及建议
11.1 结论
11.2 建议

参考文献

第 5 章

长江疏浚土综合利用工程技术研究

长江疏浚土在不同长江水域内由于其自身物理特性存在差异,在实际综合利用的过程中,利用范围大多集中于工程建设领域。本章主要针对长江下游地区疏浚土在工程领域内的技术应用,结合实际案例开展研究。

5.1 长江疏浚土絮凝处理关键技术研究

5.1.1 试验材料及仪器

1. 疏浚物特性

试验用土取自于南京长江边滩淤泥,取分离后的细颗粒泥浆进行泥水分离技术研究。根据《土工试验方法标准》(GB/T 50123—2019),通过室内土工试验测得清淤泥浆干化后的淤泥基本物理性质参数,如表5-1所示。

表5-1 试验用土物理性质指标

比重(G_s)	液限(%)	塑限(%)	塑性指数	粉粒含量 ($5 < d \leqslant 75\mu m$)(%)	黏粒含量 ($d \leqslant 5\mu m$)(%)	粉黏比
2.71	34.4	21.4	13	70.6	29.4	2.4

2. 试验用试剂

试验所用试剂如表5-2所示。

表5-2 试验试剂

试剂名称	分子式	作用特性
熟石灰	$Ca(OH)_2$	白色粉末,微溶于水,是常用的建筑材料,也用作杀菌剂和化工原料
硫酸亚铁(七水)	$FeSO_4 \cdot 7H_2O$	浅蓝绿色晶体,有刺激性,大量使用会污染环境,用于铁盐、净水剂、消毒剂等中
硫酸铝(十八水)	$Al_2(SO_4)_3 \cdot 18H_2O$	白色晶体,易溶于水,主要用作沉淀剂、絮凝剂和制造明矾、铝白的原料
聚合氯化铝(PAC)	$Al_2(OH)_nCl_{6-n}$	棕褐色粉末,主要用于生活、城市等污水处理
阴离子聚丙烯酰胺(APAM)	$(C_3H_5NO)_n$	白色粉末,在石油开采、水处理、纺织、造纸、医药、农业等行业中具有广泛应用

3. 试验仪器

本试验中用到的仪器设备如表5-3所示。

表5-3 试验仪器

仪器名称	型号	生产厂家	试验用途
四联搅拌器	JJ-4A	金坛区西城新瑞仪器厂	试样搅拌混合
循环水式多用真空泵	SHZ-D(Ⅲ)	上海力辰邦西仪器科技有限公司	抽气真空
电子天平	天平-LP	昆山优科维特电子科技有限公司	测量质量
数显鼓风干燥箱	101-0BS	上海力辰邦西仪器科技有限公司	试样烘干
渗透仪	TST-55	南京土壤仪器厂有限公司	测量渗透系数

续表

仪器名称	型号	生产厂家	试验用途
三瓣模	Yt102938	苏州拓测仪器设备有限公司	制备饱和土样
注射器	5mm TWLB	江苏治宇医疗器械有限公司	抽取上清液
真空干燥器	250 mm 双阀门	江苏泰州华康实验器材厂	饱和土样

5.1.2 试验方法

1. 泥浆制备

取长江边滩淤泥土样,放置烘箱,以105℃恒温烘干8 h,烘干后的试样经粉碎研磨后密封保存,利用天平和称量盒称取处理好的土样100 g,并将测量好的土样转移至烧杯中,加入水500 g,配置成600 g含水率为500%的泥浆。后将其置于四联搅拌器上,在400 rpm下搅拌5 min,充分混合后试样制备完成。四联搅拌器和数显鼓风干燥箱如图5-1、图5-2所示。

图 5-1 四联搅拌器

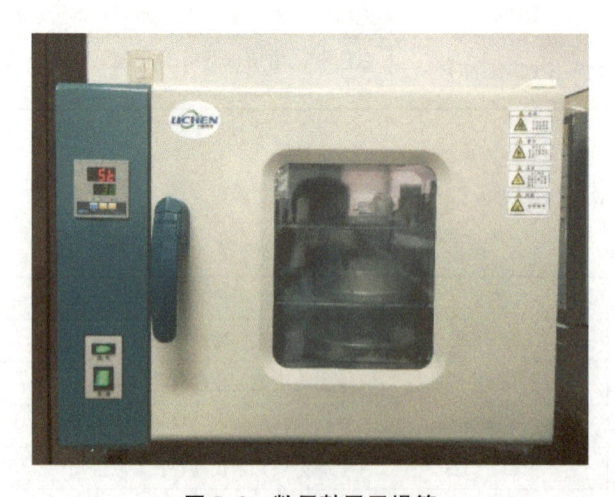

图 5-2 数显鼓风干燥箱

2. 絮凝剂制备

(1) 0.1%的 APAM 絮凝剂制备:称量 1 g APAM 放入烧杯,加入蒸馏水至 1 000 g,置于四联搅拌器上,在 400 rpm 下搅拌 5 min,混合完全后配置完成。

(2) 4%的 PAC 絮凝剂制备:称量 4 g PAC 放入烧杯,加入蒸馏水至 100 g,置于四联搅拌器上,在 400 rpm 下搅拌 5 min,混合完全后配置完成。

(3) 5%的十八水硫酸铝和七水硫酸亚铁絮凝剂制备:称量 5 g 十八水硫酸铝放入烧杯,加入蒸馏水至 100 g,置于四联搅拌器上,在 400 rpm 下搅拌 5 min,混合完全后十八水硫酸铝絮凝剂配置完成。同理,可配置 5%七水硫酸亚铁絮凝剂。

3. 絮凝沉降指标测量

取配置好的泥浆试样 600 g,在四联搅拌器上充分搅拌后,利用注射器逐步滴加配置的絮凝剂,通过玻璃棒缓慢搅拌,使絮凝剂与泥浆充分混合,在搅拌过程中同步观察泥浆絮凝团的大小、泥浆的沉降速率及上液的清澈程度,将小絮团形成或出现上层清液时絮凝剂的添加量记为絮凝的启动剂量,此时泥浆开始出现泥水分离现象,将出现最大絮凝团时絮凝剂的添加量记为絮凝的最佳添加剂量,此时泥浆的泥水分离速率最快。达到最优絮凝效果后,将此时烧杯中试样转移至量筒内,通过玻璃棒缓慢搅拌后,记录 0 min、2 min、5 min、10 min、15 min、30 min、1 h、2 h、3 h 时的泥面高度,绘制泥面高度和沉降时间的关系曲线。

4. 底泥特性指标的测量

(1) 底泥含水率

根据《土工试验方法标准》(GB/T 50123—2019)中的烘干法进行试验,取底泥若干放置于称量盒中,测得湿土质量,称量结束后掀开盒盖,将试样放置于数显鼓风干燥箱中,在 105~110℃中烘干 8 h,烘干结束后,将称量盒取出放入真空干燥器中冷却至室温,称量干土质量,其计算公示如下:

$$\omega = \left(\frac{m_0}{m_d} - 1\right) \times 100 \tag{5-1}$$

式中:ω 为含水率(%);m_0 为湿土质量(g);m_d 为干土质量(g)。

(2) 底泥孔隙比

底泥孔隙比根据饱和后的底泥含水率及其密度进行计算,其计算公式如下:

$$e = G_s \frac{1+\omega}{\rho} - 1 \tag{5-2}$$

式中:e 为底泥孔隙比;ω 为含水率(%);ρ 为试样湿密度(g/cm³);G_s 为土粒比重。

其中底泥密度根据《土工试验方法标准》(GB/T 50123—2019)中的环刀法进行试验,取底泥试样,整平其两端,将环刀内壁薄涂一层凡士林,刀口向下放在试样上,将环刀垂直下压,边压边削,至土样伸出环刀为止,两端余土修平后测量质量。底泥密度测量如图 5-3 所示,其计算公式如下:

$$\rho = \frac{m_0}{V} \tag{5-3}$$

式中：ρ 为试样湿密度(g/cm³)；m_0 为湿土质量(g)；V 为环刀容积(cm³)。

图 5-3　底泥密度测量

（3）底泥渗透系数

试样底泥渗透系数的测量需要先将试样进行饱和，根据《土工试验方法标准》(GB/T 50123—2019)进行饱和试验，真空罐如图 5-4 所示。

图 5-4　真空罐

土样饱和方法：打开真空罐半圆体盖，将装有土样的三瓣模饱和器放在多孔底板上，之后将真空罐半圆体盖盖在真空罐底端上，注意利用橡胶圈进行密封。利用循环水式多用真空泵进行真空抽气，当真空表上指针达到－100 kPa 后继续抽气 1 h，1 h 后通过右侧进水口使清水进入真空罐中，待三瓣模饱和器完全淹没水中后停止抽气，静置半天后饱和完成。三瓣模饱和器如图 5-5 所示。饱和后土样如图 5-6 所示。

图 5-5　三瓣模饱和器　　　　　　图 5-6　饱和后土样

土样饱和后，按照变水头渗透试验规范测量土样渗透系数，变水头渗透装置如图 5-7 所示。

图 5-7　变水头渗透装置

测量土样渗透系数方法：利用环刀切取饱和土样，在渗透装置的容器套筒内壁薄涂一层凡士林，将盛有饱和试样的环刀推入套筒，压入止水垫圈，并用螺丝拧紧。变水头渗透装置与水头装置连通，利用供水瓶中的水充满进水管，待水头稳定后注入渗透容器，打开排气阀，排除渗透装置的底部空气，直至溢出水中无气泡。关闭排气阀，静置一段时间，待出水口有水溢出后，再进行实验测定。变水头管充水至一定高度后，关闭止水夹，记录变水头管中起始水头高度、起始时间及水温，连续测量2~3次后，打开止水阀，使变水头管水位回升至一定高度后，再关闭止水阀进行试验，记录数据。其计算公式如下：

$$k_T = 2.3 \frac{aL}{At} \lg \frac{H_{b1}}{H_{b2}} \tag{5-4}$$

$$k_{20} = k_T \frac{\eta_T}{\eta_{20}} \tag{5-5}$$

式中：k_T 为水温为 T℃时试样的渗透系数（cm/s）；a 为变水头管截面积（cm²，本试验中所用的水管截面积为 0.5 cm²）；L 为渗径（cm，等于试验高度，本试验中试验高度为 4 cm）；A 为试样的断面积（cm²，本试验中所用试样的断面积为 30 cm²）；t 为起止所用时间（s）；H_{b1} 为开始时的水头高度（cm）；H_{b2} 为终止时的水头高度（cm）；k_{20} 为标准温度（20℃）时试样的渗透系数（cm/s）；η_T 为 T℃时水的动力黏滞系数（10^{-6} kPa×s）；η_{20} 为 20℃时水的动力黏滞系数（10^{-6} kPa×s）。

5.1.3 单掺絮凝剂泥水分离研究

5.1.3.1 不同絮凝剂的絮凝效果及最优掺量研究

1. 试验工况

试验共分为 A、B、C、D、E、F 六个组别，各组试验工况中泥浆的含水率均为 500%，每种试验工况进行三组平行试验，试验数据相差不大则平均求值，差别较大则增加试验组次排除离散较高的组别后平均求值。A 组为添加熟石灰[$Ca(OH)_2$]的絮凝试验；B 组为添加聚合氯化铝（PAC）的絮凝试验；C 组为添加阴离子聚丙烯酰胺（APAM）的絮凝试验；D 组为添加七水硫酸亚铁（$FeSO_4 \cdot 7H_2O$）的絮凝试验；E 组为添加十八水硫酸铝 [$Al_2(SO_4)_3 \cdot 18H_2O$] 的絮凝试验；F 组为无添加絮凝的对照组试验。试验工况如表 5-4 所示。

表 5-4 试验工况汇总表

试验组	试验干土样	水	絮凝剂
A	100 g	500 g	熟石灰[$Ca(OH)_2$]
B	100 g	500 g	聚合氯化铝（PAC）
C	100 g	500 g	阴离子聚丙烯酰胺（APAM）
D	100 g	500 g	七水硫酸亚铁（$FeSO_4 \cdot 7H_2O$）
E	100 g	500 g	十八水硫酸铝[$Al_2(SO_4)_3 \cdot 18H_2O$]
F	100 g	500 g	无添加

2. 试验结果与分析

不同絮凝剂对清淤疏浚泥浆的絮凝沉降效果如表 5-5 所示。

表 5-5 絮凝沉降指标汇总表

试验组	絮凝剂	絮凝剂最优添加量(g/t)	絮团大小	上液浊度
A	熟石灰[$Ca(OH)_2$]	$2.0×10^4$	小	浊
B	聚合氯化铝(PAC)	$3.2×10^3$	小	清
C	阴离子聚丙烯酰胺(APAM)	240	大	浊
D	七水硫酸亚铁($FeSO_4·7H_2O$)	$1.4×10^4$	小	浊
E	十八水硫酸铝[$Al_2(SO_4)_3·18H_2O$]	$1.4×10^4$	小	浊
F	无添加	0	无	浊

注：表中单位 g/t 为处理每吨干土需要的絮凝剂用量。

从表 5-5 中数据可以看出絮凝剂 APAM 和 PAC 达到最优絮凝效果时所需的添加量较小，分别为 240 g/t 和 $3.2×10^3$ g/t；APAM 絮凝时，一旦达到启动量就会形成稳定的絮团，絮团大且不易破碎，其余絮凝剂加入疏浚泥浆中形成絮团的速率较慢，絮团小且脆弱；但从上液浊度来看，絮凝剂 APAM 的上液较为浑浊，而经过 PAC 絮凝后的泥浆上液清澈。

疏浚泥浆在各絮凝剂最优添加量下的沉降曲线如图 5-8 所示。

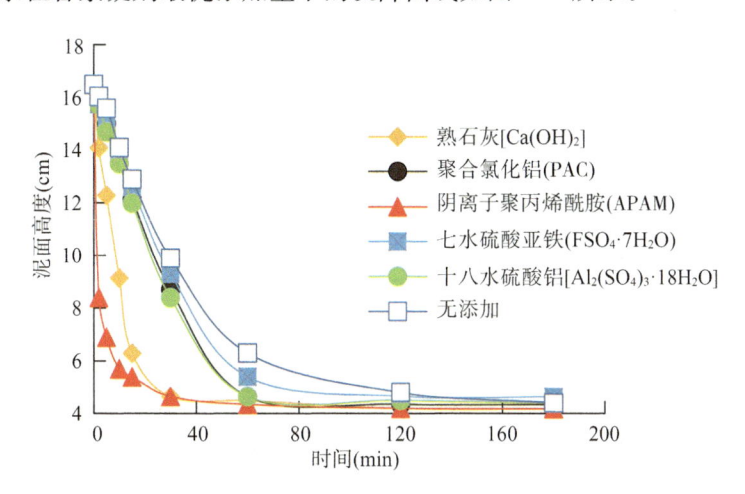

图 5-8 泥浆絮凝沉降曲线

从图 5-8 中可以看出：经过絮凝剂 APAM 和熟石灰处理后的泥浆沉降速率较快，无机絮凝剂 PAC、$FeSO_4·7H_2O$、$Al_2(SO_4)_3·18H_2O$ 处理后的泥浆相比无添加的泥浆沉降速率较快，但提升幅度较小。试验测得无添加自然沉降后的底泥含水率为 162%，底泥渗透系数为 $1.68×10^{-5}$ cm/s。

从上述试验结果可以看出：在疏浚泥浆中加入絮凝剂，可以有效提高疏浚泥浆的沉降速率，能够将疏浚泥浆中不易沉降的细颗粒沉降，达到上液清澈的效果。APAM 的最优添加量最小，泥浆的沉降速率最快，但也存在难以沉降黏粒土的问题；PAC 的最优添加量较小，沉降速率快于其他经过无机絮凝剂处理的泥浆，其絮凝效果优于 $FeSO_4·$

$7H_2O$、$Al_2(SO_4)_3 \cdot 18H_2O$;经过熟石灰处理的泥浆沉降速率慢于 APAM 处理后的泥浆;经过熟石灰处理后的底泥有较好的渗透系数,但经过熟石灰处理的底泥 pH 值过大。因此,选择絮凝剂 APAM 和 PAC 探究粉黏比对絮凝剂絮凝效果的影响,在疏浚泥浆复合絮凝试验中选择 APAM 和 PAC 两种絮凝剂进行研究。

5.1.3.2 不同粉黏比对絮凝效果的影响研究

1. 试验工况

试验共分为 A、B、C 三个组别,共计 12 组试验工况。每种试验工况进行三组平行试验,A 组为添加 APAM 的絮凝试验;B 组为添加 PAC 的絮凝试验;C 组为未添加絮凝剂的对照组试验。每组试验工况所取土颗粒总量均为 100 g,根据目前工程实践中淤泥颗粒粒径分布的情况,同时为了便于量测土样和分析,选择 20 g 土样为变化量,通过调整 5 μm 以下黏粒、5~75 μm 的粉粒以及南京长江边滩淤泥土样不同含量的方法改变泥浆的粉黏比,试验工况如表 5-6 所示。表 5-6 中粉黏比 α 为 5~75 μm 的粉粒与小于 5 μm 的黏粒的含量比。

在 12 组试验工况中,工况 A1—A3 和工况 B1—B3 分别旨在探究不改变南京长江边滩淤泥土样含量条件下,泥浆粉黏比对 APAM 和 PAC 絮凝效果的影响;工况 A4、B4 和 C4 探究南京长江边滩淤泥土样含量变化时是否符合粉黏比对泥浆絮凝的影响规律;工况 C1—C4 为对照组,探究 APAM 与 PAC 处理不同粉黏比泥浆的可行性。

表 5-6 试验工况汇总表

试验组	试验工况	土颗粒添加量			粉黏比 α	用水量	絮凝剂
		黏粒	粉粒	南京长江边滩淤泥土样(烘干后)			
A	A1	60 g	20 g	20 g	0.518	500 g	APAM
	A2	40 g	40 g	20 g	1.180	500 g	APAM
	A3	20 g	60 g	20 g	2.864	500 g	APAM
	A4	20 g	20 g	60 g	1.656	500 g	APAM
B	B1	60 g	20 g	20 g	0.518	500 g	PAC
	B2	40 g	40 g	20 g	1.180	500 g	PAC
	B3	20 g	60 g	20 g	2.864	500 g	PAC
	B4	20 g	20 g	60 g	1.656	500 g	PAC
C	C1	60 g	20 g	20 g	0.518	500 g	无添加
	C2	40 g	40 g	20 g	1.180	500 g	无添加
	C3	20 g	60 g	20 g	2.864	500 g	无添加
	C4	20 g	20 g	60 g	1.656	500 g	无添加

2. 试验结果与分析

(1)粉黏比对絮凝剂添加量的影响

下面探究不同颗粒粒径分布对絮凝剂添加量的影响,图 5-9、图 5-10 给出了不同粉黏比 α 下的 APAM 与 PAC 启动量和最优添加量。从图中可以看出,随着 A1—A3 试验组别

中粉黏比 α 的增大，APAM 的絮凝启动量在 70～90 g/t，APAM 的最优添加量由 400 g/t 减少至 320 g/t。随着 B1—B3 试验组别中粉黏比 α 的增大，PAC 的絮凝启动量稳定在 800 g/t，PAC 的最优添加量由 1.6×10^3 g/t 增大至 3.6×10^3 g/t。由此可以看出，泥浆颗粒粒径分布中黏粒和粉粒含量对 APAM 或 PAC 的絮凝启动量影响不大，但随着粉黏比 α 的增大，APAM 的最优添加量逐渐减小，PAC 的最优添加量逐渐增大。试验工况 A4 和 B4 的南京长江边滩淤泥原状土样增多，APAM 和 PAC 的添加量也符合上述絮凝试验规律。

另外在试验过程中观察到：添加 APAM 的试验工况上液浑浊、添加 PAC 的试验工况上液清澈，说明絮凝剂 APAM 对黏粒絮凝效果较差，黏粒依旧悬浮于水体中，而絮凝剂 PAC 对黏粒沉降效果较好。

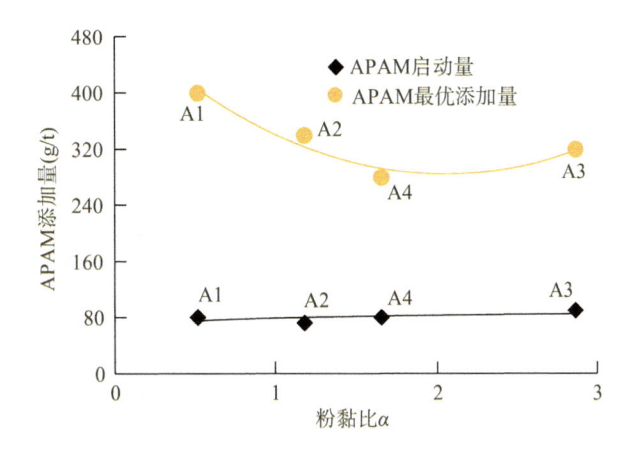

图 5-9　APAM 添加量变化曲线

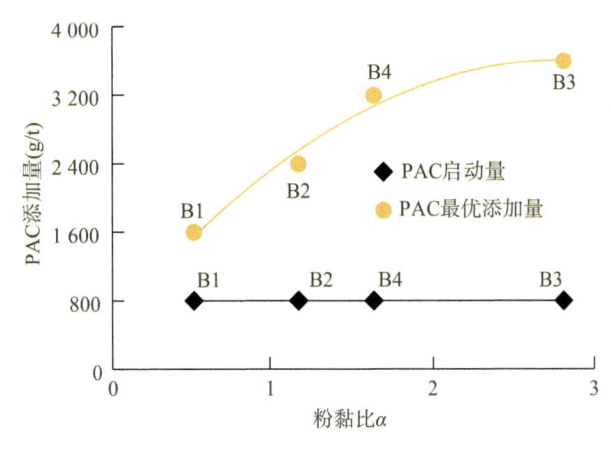

图 5-10　PAC 添加量变化曲线

（2）粉黏比对泥浆沉降时间的影响

为了探究不同粉黏比对絮凝后泥浆沉降速率的影响，图 5-11 给出了不同工况下的泥浆沉降曲线，并根据泥浆沉降曲线绘制出不同工况下泥浆完全沉降时间曲线（图 5-12）。由图中曲线可看出，随着粉黏比 α 的增大，试验工况 A1—A3 的泥浆在 20 min

时的泥面高度由 8.4 cm 降低至 5.1 cm,底泥完全沉降时间由 80 min 缩减至 40 min;试验工况 B1—B3 的泥浆在 40 min 时的泥面高度由 9.45 cm 降低至 7.8 cm,底泥完全沉降时间由 160 min 缩减至 120 min;试验工况 C1—C3 的泥浆在 100 min 时的泥面高度由 12.6 cm 降低至 6.9 cm,底泥完全沉降时间由 340 min 缩减至 180 min。其中粉黏比 α 较大的沉降曲线都位于粉黏比 α 较小的上方,说明粉黏比 α 越大,泥浆的沉降速率越快。综合比较 A 组、B 组和 C 组试验工况,可以看出经过 APAM 和 PAC 处理后的底泥完全沉降时间都得到减少,其中添加 APAM 的泥浆沉降速率最快,无添加絮凝剂的泥浆沉降速率最慢。

(a) APAM 的泥浆沉降曲线

(b) PAC 的泥浆沉降曲线

(c) 无添加的泥浆沉降曲线

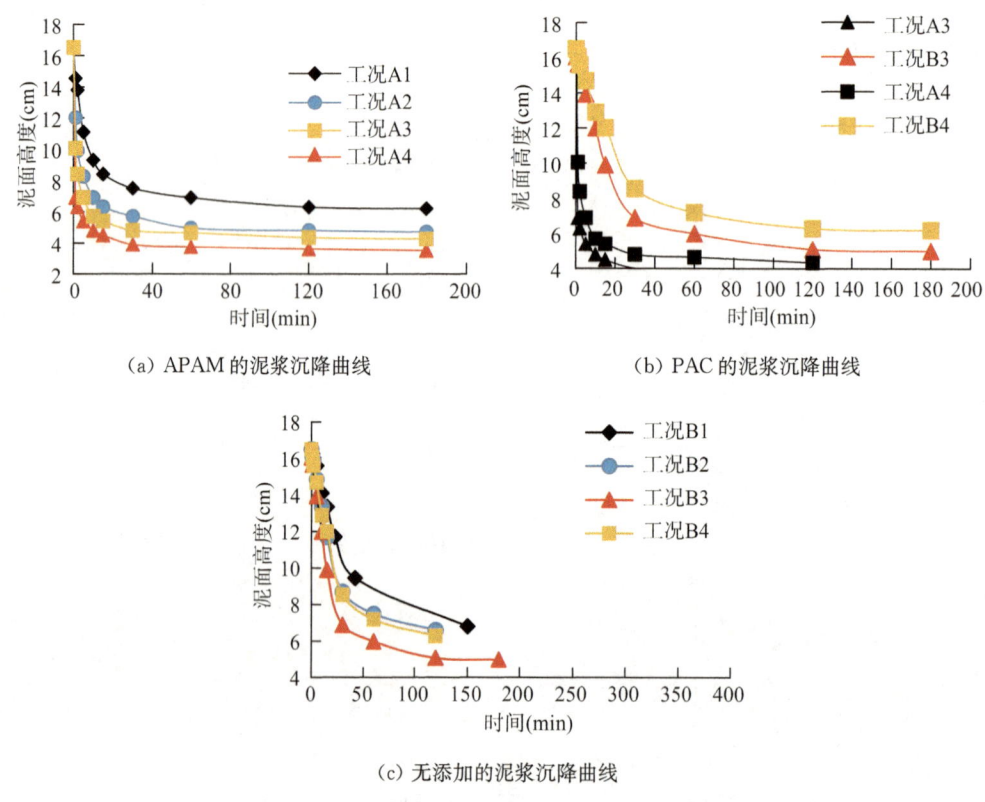

图 5-11　APAM、PAC 和无添加下的泥浆沉降曲线

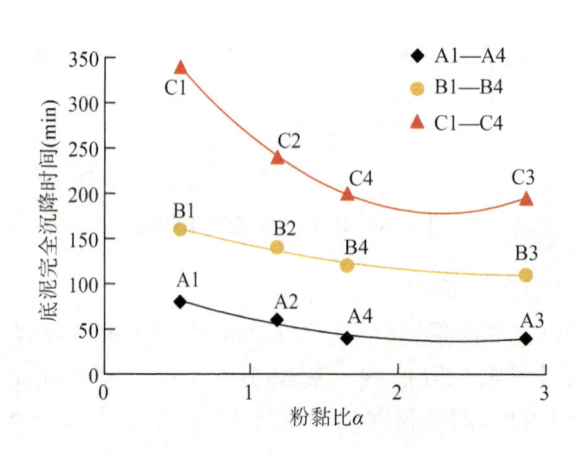

图 5-12　泥浆完全沉降时间曲线

工况 A4 沉降曲线位于 A2 和 A3 之间,工况 B4 沉降曲线位于 B2 和 B3 之间,说明清淤土样的添加不会改变颗粒粒径分布对絮凝沉降速率的影响规律。

(3) 粉黏比对底泥含水率的影响

不同工况下的底泥含水率与粉黏比的关系曲线如图 5-13 所示。从图中可以看出,工况 A1—A3 经过 APAM 处理后的底泥含水率约为 105%,粉黏比 α 对该组工况的底泥含水率影响不大;工况 B1—B3 经过 PAC 处理后的底泥含水率为 150% 左右,随着粉黏比 α 的增大,底泥含水率由 151.68% 降低至 140.58%;工况 C1—C3 未添加絮凝剂的情况下,随着粉黏比 α 的增大,底泥含水率由 166.53% 降低到 133.73%。比较 A 组、B 组和 C 组试验数据,可以发现经过 APAM 处理后的底泥含水率最小,说明经过 APAM 处理后的泥浆具有更好的泥水分离效果。改变南京长江边滩淤泥原状土样含量的试验 A4、B4、C4 的含水率与各自组别变化幅度一致,说明南京长江边滩淤泥土样中粉土、黏土含量发生变化时,仍然符合本研究得出的粉黏比对底泥含水率的影响规律。

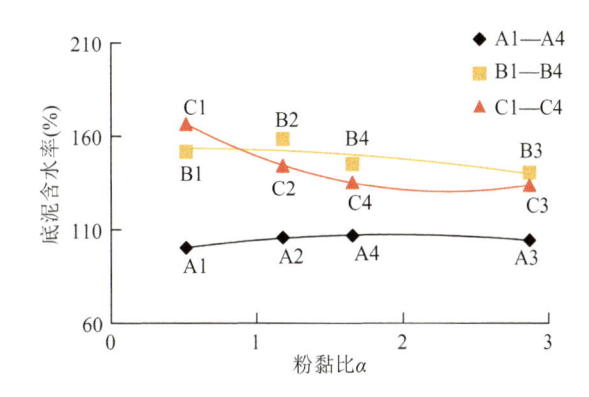

图 5-13 底泥含水率与粉黏比的关系曲线

(4) 粉黏比对底泥渗透系数的影响

不同工况下的底泥渗透系数与粉黏比的关系曲线如图 5-14 所示。从图中可以看出,随着粉黏比 α 的增大,工况 A1—A3 经过 APAM 处理后的底泥渗透系数由 4.16×10^{-5} cm/s 提高至 4.78×10^{-5} cm/s;工况 B1—B3 经过 PAC 处理后的底泥渗透系数由 2.4×10^{-5} cm/s 提高至 3.79×10^{-5} cm/s;未添加絮凝剂自然沉积的底泥渗透系数由 2.29×10^{-5} cm/s 提高至 2.78×10^{-5} cm/s;从试验结果可以看出,底泥的渗透系数随着粉黏比 α 的增大而增大。比较 A 组、B 组和 C 组试验数据可以看出,相对于无添加絮凝剂的 C1—C3 试验组,添加了 APAM 絮凝剂的 A1—A3 试验组的底泥渗透系数提高了约 75%,添加了 PAC 絮凝剂的 B1—B3 试验组的底泥渗透系数提高了约 20%。说明经过 APAM 和 PAC 处理后,底泥的渗透特性会得到提高,其中 APAM 对底泥渗透性的改善效果更优。改变南京长江边滩淤泥原状土样含量的试验组 A4、B4、C4 的渗透系数与各自组别的变化趋势一致,说明南京长江边滩淤泥土样中粉粒、黏粒含量变化时,仍然符合本研究得出的粉粘比对底泥渗透系数的影响规律。

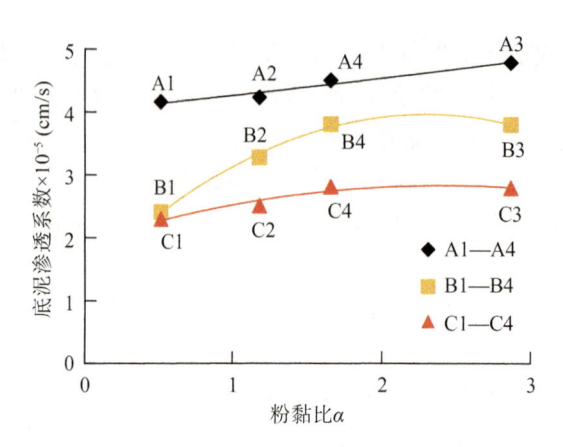

图 5-14　底泥渗透系数与粉黏比的关系曲线

5.1.3.3　絮凝剂单掺研究总结

（1）在疏浚泥浆中加入絮凝剂，可以有效提高疏浚泥浆的沉降速率，能够将疏浚泥浆中不易沉降的细颗粒絮凝沉降，达到上液清澈的效果。其中 APAM 和 PAC 的絮凝效果最好，APAM 能够大幅提高泥浆的沉降速率，但也存在难以沉降黏粒土的问题；PAC 虽然在提升泥浆的沉降速率方面能力有限，但其对黏粒土的沉降效果较好，可以使泥浆上液清澈。

（2）随着泥浆粉黏比的增大，APAM 的最优添加量减小，PAC 的最优添加量增大，絮凝后泥浆完全沉降时间缩短，底泥含水率略有降低，底泥渗透系数有所提高。其中经过 APAM 处理后，泥浆完全沉降时间最短，底泥含水率降低幅度最大，底泥渗透系数相比未添加絮凝剂的提高了约 75%，但其处理泥浆后的上液浑浊；经过 PAC 处理后，泥浆完全沉降时间相对较短，底泥含水率降低幅度较大，底泥渗透系数相比未添加的底泥渗透系数提高了约 20%。

从不同种类絮凝剂对泥浆泥水分离的效果来看，各有优缺点。为了使长江清淤物的泥水分离效果达到最优，有必要在单掺试验研究结果基础上，进行复合絮凝的泥水分离研究。

5.1.3.4　复合絮凝剂（APAM 和 PAC 双掺）泥水分离研究

1. 试验工况

试验中 APAM 与 PAC 复合添加量的选择根据单掺试验结果得出。试验所用疏浚泥浆为 500% 含水率的南京长江边滩淤泥疏浚土样，其粉黏比为 2.4。复合试验共分为 A、B、C、D、E 五个组别，每种试验工况进行三组平行试验，A、B、C 三个组别为 APAM 和 PAC 不同添加量下的复合组别，D 为该土样在 APAM 最优添加量下的工况，E 为该土样在 PAC 最优添加量下的工况。试验工况如表 5-7 所示。

表 5-7　APAM 和 PAC 复合絮凝试验工况表

试验组	试验工况	APAM 添加量(g/t)	PAC 添加量(g/t)
A	A1	200	1.6×10^3
	A2		2.4×10^3
	A3		3.2×10^3

续表

试验组	试验工况	APAM 添加量(g/t)	PAC 添加量(g/t)
B	B1	240	1.6×10^3
	B2		2.4×10^3
	B3		3.2×10^3
C	C1	280	1.6×10^3
	C2		2.4×10^3
	C3		3.2×10^3
D	D	280	0
E	E	0	3.2×10^3

2. 试验结果与分析

（1）APAM 和 PAC 复合絮凝沉降指标

从表 5-8 中数据可以看出，絮凝剂 APAM 和 PAC 复合絮凝组别的絮团都较大且上液清澈，综合了 APAM 和 PAC 单掺絮凝时的优点。

（2）APAM 和 PAC 复合絮凝对泥浆完全沉降时间的影响

单一添加 APAM 的 D 试验组和单一添加 PAC 的 E 试验组，其泥浆完全沉降时间分别约为 45 min 和 105 min，图 5-15 展示了泥浆完全沉降时间与 PAC 添加量之间的关系曲线。由图 5-15 中曲线可以看出：随着 PAC 添加量的增大，各试验组底泥完全沉降时间的变化不大；在复合絮凝试验中，A 试验组泥浆完全沉降所需的时间最长，约为 48 min，C 试验组泥浆完全沉降所需的时间最短，约为 37 min，B 组的泥浆完全沉降时间约为 43 min。比较复合絮凝试验 C 组与单一添加 APAM 的 D 组，可以看出添加了 PAC 的 C 试验组底泥完全沉降时间略有缩短；而只添加了 PAC 的 E 试验组与复合絮凝试验组 A3、B3、C3 相比，E 试验组的泥浆完全沉降时间远高于复合絮凝试验组。絮凝沉降指标汇总表如表 5-8 所示。

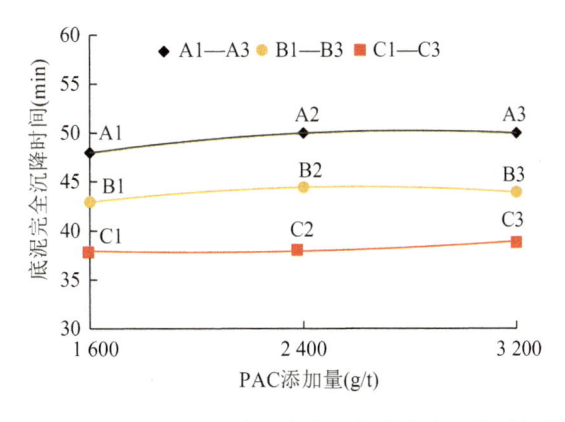

图 5-15　APAM 和 PAC 复合絮凝下泥浆完全沉降时间曲线

表 5-8 絮凝沉降指标汇总表

试验组	絮凝剂	絮团大小	上液浊度
A	PAC+APAM	大	清
B	PAC+APAM	大	清
C	PAC+APAM	大	清
D	APAM	大	浊
E	PAC	小	清

（3）APAM 和 PAC 复合絮凝对底泥含水率的影响

单一添加 APAM 的 D 试验组底泥含水率为 130.7%，单一添加 PAC 的 E 试验组底泥含水率为 156%，复合絮凝试验 A、B 和 C 组的底泥含水率变化曲线如图 5-16 所示。其中图 5-16(a)为复合絮凝中 PAC 添加量对底泥含水率的影响曲线，图 5-16(b)为复合絮凝中 APAM 添加量对底泥含水率的影响曲线。从图中可以看出：随着 PAC 和 APAM 的添加量增大，底泥含水率曲线都呈上升趋势，PAC 和 APAM 的添加量越大，底泥含水率越大，A 组的底泥含水率由 120.69% 提高到 123.9%，B 组的底泥含水率由 124.26% 提高到 126.3%，C 组的底泥含水率由 126.34% 提高到 130.1%，其中 A1 组别的底泥含水率最小，为 120.69%。这是由于随着 APAM 和 PAC 的增大，电中和作用逐渐削弱，架桥作用受到抑制，导致底泥含水率增大。比较复合絮凝试验 A1 与单一添加 APAM 的 D 组以及单一添加 PAC 的 E 组的底泥含水率，可以看出复合絮凝试验组的底泥含水率略低于单一添加 APAM 的组别，远低于单一添加 PAC 的组别。说明在复合絮凝中 PAC 用量较少时，其电中和作用会有利于 APAM 的架桥作用发挥，能够吸附更多的黏土粒，使底泥含水率降低。

(a) PAC 添加量对底泥含水率的影响曲线

(b) APAM 添加量对底泥含水率的影响曲线

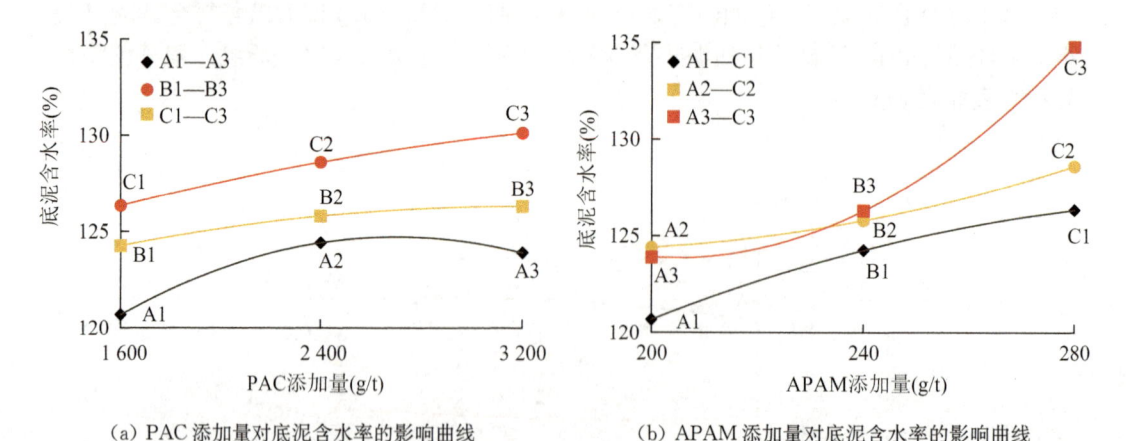

图 5-16 APAM 和 PAC 复合絮凝下底泥含水率变化曲线

（4）APAM 和 PAC 复合絮凝对底泥渗透系数的影响

单一添加 APAM 的 D 试验组的底泥渗透系数为 3.34×10^{-5} cm/s，单一添加 PAC 的 E 试验组的底泥渗透系数为 1.269×10^{-5} cm/s，复合絮凝试验组 A、B 和 C 组的底泥渗透系数曲线如图 5-17 所示，其中图 5-17(a)为复合絮凝试验组中 PAC 添加量对底泥渗透系数的影响曲线，图 5-17(b)为复合絮凝试验组中 APAM 添加量对底泥渗透系数的影响曲线。从图 5-17(a)可以看出：随着 PAC 添加量的增大，组别 A1—A3、B1—B3、C1—C3 底泥渗透系数曲线大致呈下降趋势，A 组的底泥渗透系数由 2.71×10^{-5} cm/s 下降到 2.02×10^{-5} cm/s，B 组的底泥渗透系数由 3.26×10^{-5} cm/s 下降到 2.86×10^{-5} cm/s，C 组的底泥渗透系数由 2.46×10^{-5} cm/s 下降到 2.31×10^{-5} cm/s，说明复合絮凝试验中 PAC 添加量越大，底泥渗透性越小。而从图 5-17(b)可以看出：随着 APAM 添加量的增大，组别 A1—C1、A2—C2、A3—C3 底泥渗透系数曲线都呈先上升后下降趋势，当 APAM 的添加量为 240 g/t 时各组的渗透系数最大，其中 B1 组别的底泥渗透系数最大，为 3.26×10^{-5} cm/s。比较复合絮凝试验 B1 与单一添加 APAM 的 D 组以及单一添加 PAC 的 E 组的底泥渗透系数，可以看出复合絮凝试验组的底泥渗透系数略低于只添加 APAM 的组别，远高于只添加 PAC 的组别。这是由于复合絮凝中如果 PAC 和 APAM 的添加量过大时，絮凝剂的电中和作用降低，分子作用力表现为斥力，架桥作用受到抑制，底泥渗透系数随之降低。

(a) PAC 添加量对底泥渗透系数的影响曲线

(b) APAM 添加量对底泥渗透系数的影响曲线

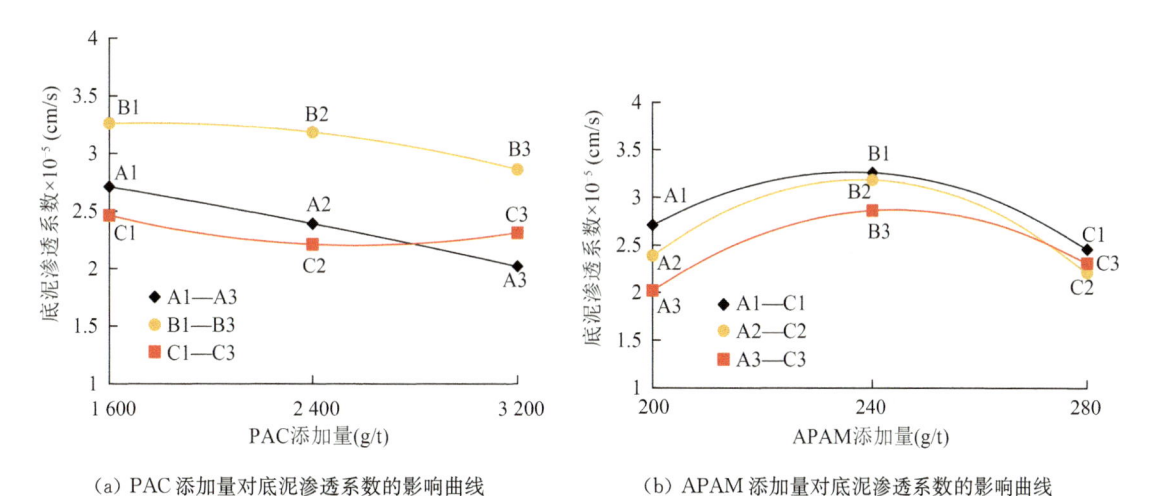

图 5-17 APAM 和 PAC 复合絮凝下底泥渗透系数曲线

（5）APAM 和 PAC 双掺复合絮凝总结

综合上述复合试验结果，可以发现 APAM 和 PAC 复合絮凝后泥浆的上液清澈，沉降速率快，底泥含水率低，渗透系数高，有着较好的絮凝沉降效果。其中 PAC 的添加量越大，泥浆沉降速率和底泥渗透系数随之减低，因此 PAC 的添加量不宜过大；APAM 的添加量过大时，不仅无法增加泥浆的沉降速率，还会造成底泥含水率过大、渗透系数降低等问题。

5.1.3.5 优选配方与效益分析

1. 优选配方

复合絮凝试验结果的对比情况如表 5-9 所示。从表中可以看出：添加了 PAC 絮凝剂的试验组的上液均清澈；添加了 APAM 絮凝剂的沉降速度快，底泥含水率降低较多；添加了 PAC 和 APAM 的底泥渗透系数增大。

表 5-9 复合絮凝试验结果对比

试验组别	无添加	APAM 絮凝	PAC 絮凝	APAM 和 PAC 双掺复合絮凝
泥水分离情况	上液浑浊,泥水分离效果差	上液浑浊,泥水分离效果较好	上液清澈,泥水分离效果好	上液清澈,泥水分离效果好
泥浆完全沉降时间	180 min 左右	40 min 左右	120 min 左右	43 min 左右
底泥含水率	166%～134%	105% 左右	140%～151%	124.41%
底泥渗透系数 $\times 10^{-5}$ (cm/s)	1.68～2.78	4.16～4.78	2.4～3.79	2.02～3.26

通过上述疏浚泥浆的试验研究,形成了 APAM 和 PAC 复合絮凝疏浚泥浆的优化配方,处理每吨疏浚土(疏浚泥浆经干化后的土质量)需要 0.24 kg 的 APAM 和 1.6 kg 的 PAC,即 APAM∶PAC∶疏浚土＝0.24∶1.6∶1 000。该优化配方下泥水分离效果最好,相比无添加的组别,泥浆完全沉降时间缩短了约 73%,底泥含水率降低了约 24%,底泥渗透系数提高了约 94%。

2. 社会效益分析

(1) 添加絮凝剂的方案可以减轻原疏浚吹填工程对生态环境的影响,阴离子聚丙烯酰胺(APAM)与聚合氯化铝(PAC)是常用的净水处理剂,适量添加不会对环境产生影响。

(2) 添加絮凝剂的方案能够有效地降低疏浚工程所需的时间,提高了疏浚底泥的渗透系数,为后续底泥处理降低难度、减轻负担。

(3) 添加絮凝剂的方案能够减少征地面积、节约土地资源、减少对生态环境的破坏,符合生态绿色发展理念。

5.2 长江疏浚土固化关键技术研究

5.2.1 清淤底泥的石灰和矿渣固化方案

本试验选取的固化材料为矿渣和石灰。矿渣和石灰作为常用的固化材料,来源广泛,对矿渣和石灰固化疏浚底泥的效果进行对比研究,结合成本和环保性,设置固化周期为 28 d,确定矿渣和石灰的合适掺量,从而降低固化成本,达到更好的固化效果。

为了尽可能降低疏浚底泥的固化成本,提高工程可行性,选取较低掺量进行石灰和矿渣单掺试验研究。矿渣的掺量为 4%～20%,每组试验掺量相差 4%;石灰的掺量为 2%～10%,每组试验掺量相差 2%。试验将矿渣和石灰分别按一定比例掺入底泥进行固化试验,测试 3 d、7 d、14 d、28 d 试样的含水率、pH 值、内摩擦角、黏聚力、无侧限抗压强度,对比研究不同掺量矿渣和石灰对固化底泥强度的影响,确定合适掺量。矿渣和石灰的掺量均为底泥的干基质量比。试验方案如表 5-10 所示。

为了更好比较矿渣和石灰对固化疏浚底泥的效果,在试验前开展对比试验,用纯底泥制作试样,测定纯淤泥 28 d 龄期的含水率、pH 值。疏浚底泥养护 28 d 龄期后,排除试样制样以及脱模水分损失的原因,含水率几乎无变化,为 60.54%,保持着 pH 值为

7.49 的弱碱性环境。

表 5-10 疏浚底泥固化试验方案

试验编号		固化剂种类	固化剂掺量(%)	测试龄期(d)
S1	1-1	矿渣	4	3、7、14、28
	1-2		8	
	1-3		12	
	1-4		16	
	1-5		20	
S2	2-1	石灰	2	3、7、14、28
	2-2		4	
	2-3		6	
	2-4		8	
	2-5		10	

5.2.2 不同掺量对固化底泥影响分析

将矿渣和石灰以不同掺量掺入底泥后，固化底泥含水率变化规律如图 5-18 所示。掺入矿渣和石灰可降低固化底泥的含水率，含水率随龄期降低，且从 3 d 龄期到 28 d 龄期，含水率降低 6% 左右，说明矿渣和石灰掺入底泥可以吸收底泥中的水分，同时矿渣和石灰的活性成分发生水化反应消耗水分；矿渣掺量小于等于 20% 和石灰掺量小于等于 10% 时，28 d 龄期固化底泥含水率分别高于 40% 和 47%，表明矿渣和石灰吸收水分能力一般，低掺量下无法将固化底泥含水率降到 40% 以下。

图 5-18(c)表明在不同掺量下，28 d 龄期矿渣多消耗 1%~2% 的水分，表明矿渣消耗水分能力比石灰强，这是因为石灰消耗水分主要靠石灰(CaO)水化反应，水化完成后，没有其他途径消耗水分，而矿渣可以依靠其复杂成分水化水解，水化反应消耗水分更多，吸收水分能力更强。

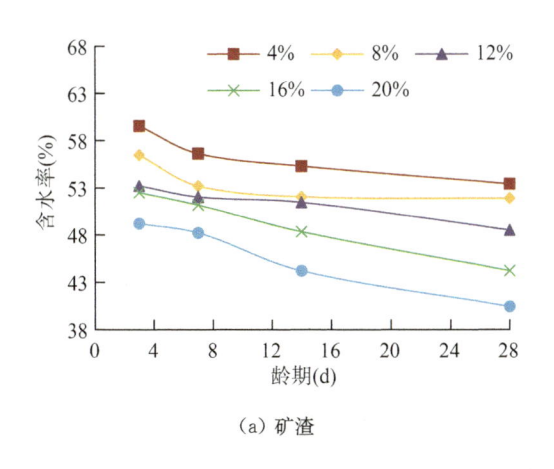

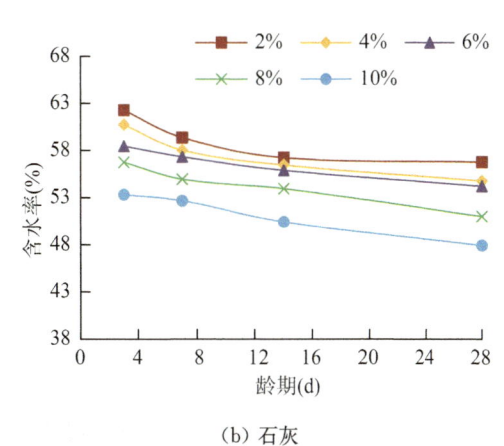

(a) 矿渣

(b) 石灰

(c) 不同掺量对比图

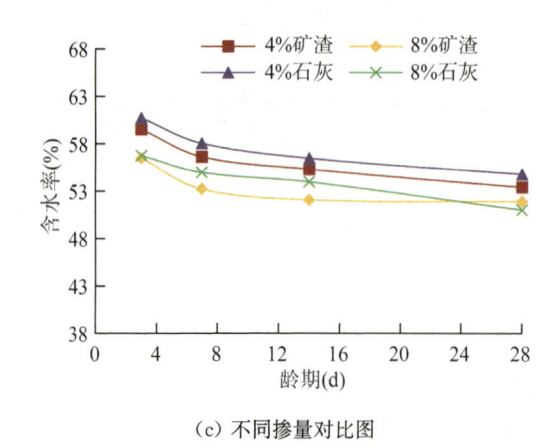

图 5-18　不同掺量矿渣和石灰固化底泥后含水率

将矿渣和石灰以不同掺量掺入底泥后，固化底泥 pH 值变化规律如图 5-19 所示。矿渣掺量低于 4% 时，28 d 龄期时 pH 值小于 9；低于 8% 时，28 d 龄期时 pH 值小于 10；大于 12% 时，pH 值略小于 11，说明矿渣也可以生成弱碱性环境，可以促进自身的水化水解。石灰掺量超过 2% 时，28 d 龄期内 pH 值均大于 12，pH 值下降值为 0.2，各组掺量的 pH 值接近，可认为掺入量超过 2% 时，pH 值可维持在 12.5，掺量增加，pH 值也不会再有大幅度提高。掺入矿渣和石灰后，石灰（CaO）水化产生 OH−，固化底泥呈碱性，pH 值随龄期增长有所降低，说明活性成分发生水化反应消耗部分 OH−。

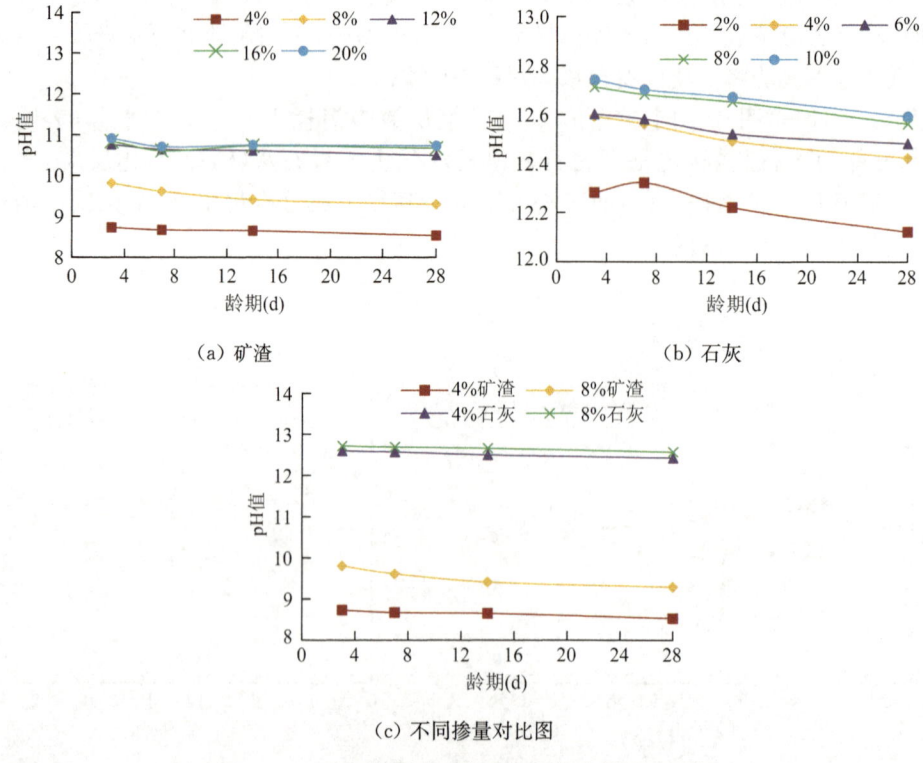

(a) 矿渣　　　　　　　　　　(b) 石灰

(c) 不同掺量对比图

图 5-19　不同掺量矿渣和石灰固化底泥后 pH 值

图 5-19(c)表明不同掺量时,掺入石灰的底泥 pH 值在 28 d 龄期内都大于掺入矿渣后的 pH 值,说明矿渣中可水化产生 OH− 的成分数量不如石灰多,石灰营造碱性环境的能力比矿渣强。

图 5-20 和图 5-21 展示了矿渣和石灰以不同掺量单掺固化后底泥内摩擦角和黏聚力的变化规律。矿渣单掺后底泥的内摩擦角和黏聚力指标均随龄期的增长而增大,且 7 d 内增长占 28 d 总增长超过 50%,表明掺入早期是抗剪强度快速增长期;掺量超过 12%时,28 d 龄期底泥内摩擦角保持在 21°,黏聚力维持在 10 kPa,说明矿渣提升固化底泥的内摩擦角和黏聚力有上限值,掺量低于 12%时,效果较明显,高于 12%时,效果弱化;掺量低于 12%时,7 d 到 14 d 龄期的内摩擦角增长高于 14 d 到 28 d 的增长,掺量高于 12%时,7 d 到 14 d 龄期的内摩擦角增长低于 14 d 到 28 d 的增长;掺量不同时,矿渣的初始内摩擦角相差较大,初始黏聚力几乎相同,28 d 龄期时,黏聚力相差较大。

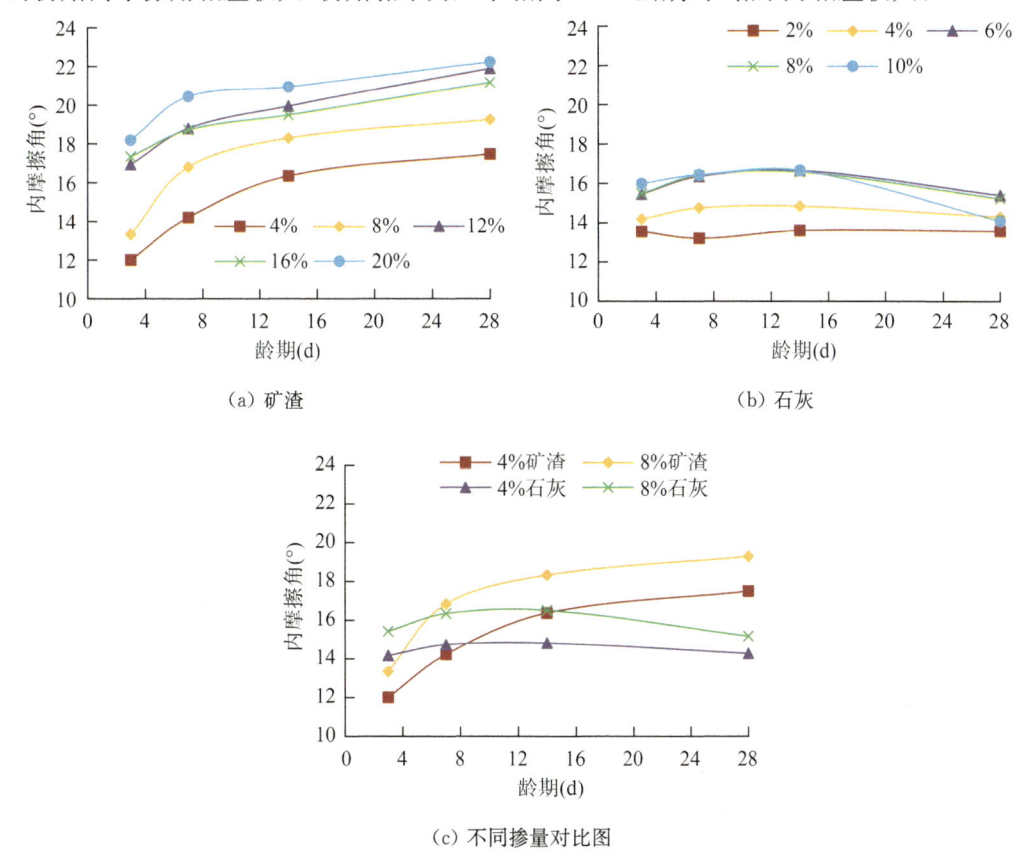

图 5-20　不同掺量矿渣和石灰固化后底泥内摩擦角

石灰掺量超过 4%时,固化底泥 28 d 龄期内摩擦角约为 15°,掺量超过 10%时,内摩擦角降为 14°;石灰掺量小于 6%时,固化底泥 28 d 龄期黏聚力约为 10 kPa,掺量大于 6%时,黏聚力维持在 14 kPa;掺量越大,抗剪强度指标下降现象越明显,一般发生在 14 d 之后,14 d 前不发生;28 d 龄期内,石灰固化疏浚底泥的内摩擦角变化幅度较小,比较稳定,变化最大为 10%掺量时,为 2°,黏聚力提升约为 5 kPa,14 d 前黏聚力增长较快,14 d 后黏聚力下降约 2 kPa。不同掺量矿渣和石灰固化后底泥黏聚力如图 5-21 所示,28 d 龄期时矿渣提升底泥内摩擦角较石灰大 3°～4°,且无内摩擦角减小现象,石灰提升底泥黏聚力较矿渣高 9～10 kPa,且石灰提升固化底泥黏聚力效果更优。这是因为矿渣粉黏结性强,与疏浚底泥颗粒相黏结,且 7 d 内水化速率快,生成的水化产物多,颗粒黏聚速率快;掺量超过 12% 时,水化产物量增多,但没有足够的底泥颗粒黏结,内摩擦角提升较大,黏聚力差值提升。

图 5-22 为矿渣和石灰以不同掺量单掺固化后底泥无侧限抗压强度变化规律。掺入矿渣后,3 d 龄期固化底泥无侧限抗压强度小于 28 kPa,掺量小于 12% 时,无侧限抗压强度小于 12 kPa,非常软弱,表面可见较明显的水珠。当掺量小于 12% 时,7 d 后无侧限抗压强度增长占比超过 60%;当掺量超过 12% 时,7 d 后无侧限抗压强度增长占比仅占 40%,且 28 d 内达到回填要求,最高可达 84 kPa,土样明显变硬,颜色变淡。石灰掺量超过 2% 时,3 d 固化底泥无侧限抗压强度增长占比超过 60%,可见早强性好,水化反应速率较快,14 d 时达到 28 d 龄期内无侧限抗压强度峰值,掺量大于 2% 时,固化底泥无侧限抗压强度在 14 d 龄期后出现降低,且掺量越大,降低越多。从图 5-22(c)可看出,不同掺量下,3 d 龄期石灰提升底泥无侧限抗压强度效果好于矿渣,28 d 龄期时石灰固化底泥无侧限抗压强度比矿渣固化的高 20 kPa,4% 石灰掺量的底泥无侧限抗压强度与 8% 矿渣掺量的固化底泥无侧限抗压强度接近,两者达到相同效果时,掺量比约为 1∶2;石灰固化疏浚底泥会发生强度降低现象,矿渣则不会。

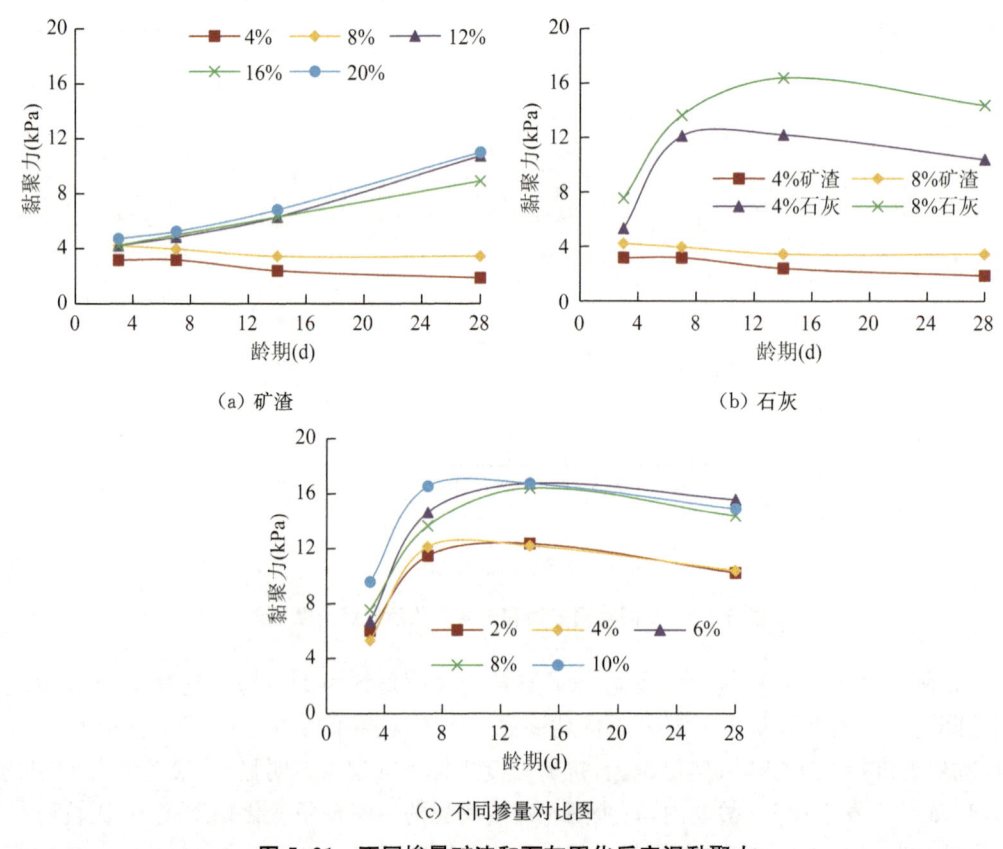

(a) 矿渣

(b) 石灰

(c) 不同掺量对比图

图 5-21 不同掺量矿渣和石灰固化后底泥黏聚力

(a) 矿渣

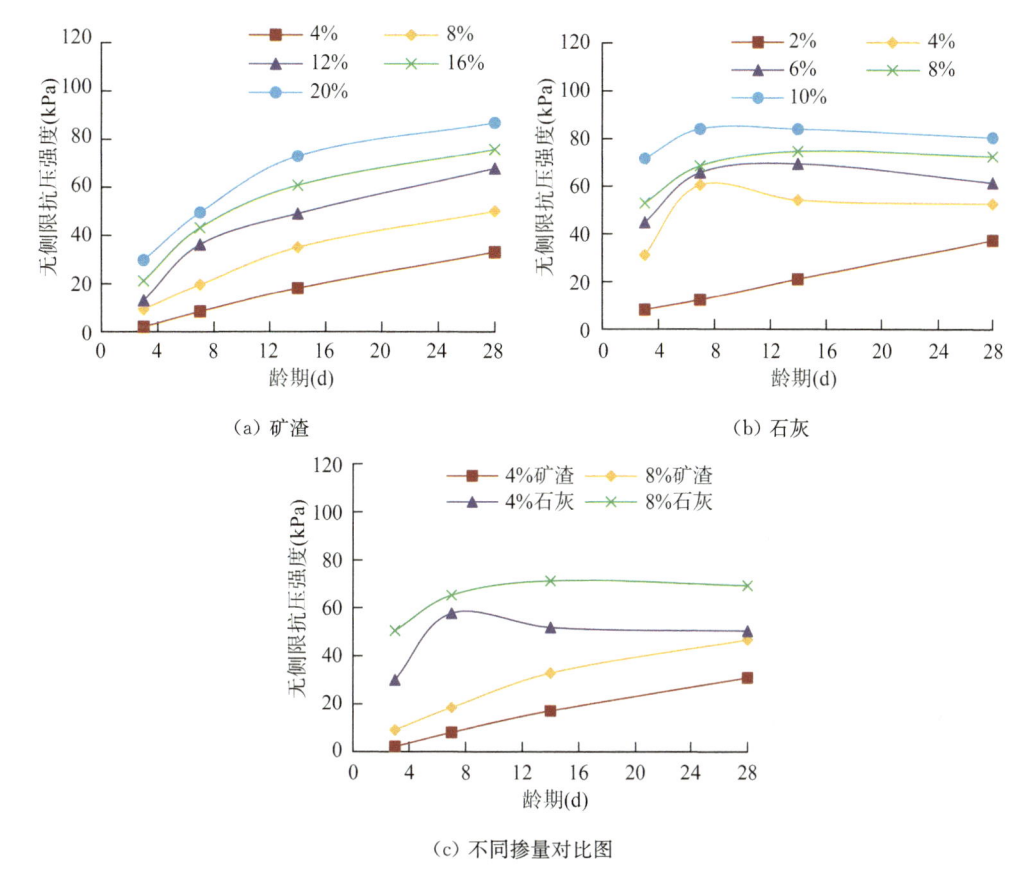

(b) 石灰

(c) 不同掺量对比图

图 5-22　不同掺量矿渣和石灰固化后底泥无侧限抗压强度

矿渣的水化产物会黏结疏浚底泥颗粒，增强土体的强度。石灰反应速率较快，在养护早期就生成大量的胶凝产物 $Ca(OH)_2$，$Ca(OH)_2$ 的黏结性强，早期抗剪强度和无侧限抗压强度增长迅速，随着 $Ca(OH)_2$ 进一步反应生成 $CaCO_3$，消耗大量水分，黏结结构发生破坏，产生干缩现象；掺量越多，水化产物越多，干缩越明显。

5.3　长江疏浚土生态治理应用技术研究

长江镇扬河段上起三江口，下迄五峰山，全长 73.3 km，按河道平面形态通常分为仪征水道、世业洲汊道、六圩弯道、和畅洲汊道及大港水道五部分，既是长江中下游干流 16 个重点治理河段之一，也是长江口 12.5 m 深水航道上延至南京的必经之路。镇扬河段是长江黄金水道水上运输大动脉的组成部分，河道两岸在获得长江赐予的宝贵资源和丰厚利益的同时，汊道主次交替、江岸坍塌导致的灾害十分严重。

20 世纪中期以来，世业洲汊道处于左汊缓慢发展、右汊相对萎缩阶段，左汊分流比缓慢增加，右汊进口段航道条件恶化；和畅洲汊道经历了主支汊易位的过程，左汊发展成为主汊，右汊水流动力条件不足，航道存在弯、窄、险等问题。长期以来，稳定河势和保障通航条件一直是保证镇扬河段两岸安全、支撑经济社会发展和资源环境命脉的重要任务。为了抑制河段河势和航道条件向不利方向发展，水利部门和航道部门陆续实施了相关治理工程，其中规模较大、较系统化的有1983年开始的"镇扬一期"、1998年开始的"镇扬二期"、2016年开始的"镇扬三期"以及2015年开始的"长江南京以下12.5 m深水航道二期整治工程"等，工程的实施对于本河段河势的稳定和航道条件的改善起到了重要作用。然而，整治建筑物给局部水流结构带来了重大变化，工程在发挥效益的同时，也持续承受着水流的强烈作用。随着长江上游水库群运用后，下泄沙量大幅减少和年内径流过程调平将会是长江水沙新常态。在新的水沙情势下，清水下泄冲刷河道和坡岸，导致已建工程遭到破坏，水位屡次超过警戒水位、刷新历史最高水位记录，长江镇扬河段多处新增险工险段，严重威胁防洪安全、堤岸稳定性和人民财产安全等，因此，有必要进一步研究其河势演变规律，并实施有效的生态治理措施，消除度汛安全隐患。

以往河道整治工程常采取水上抛石护坡、水下网兜抛石护脚等工程措施，然而历史上崩岸较剧烈的岸段，虽然经过大量的抛石守护，崩岸仍时有发生，主要原因在于抛石的抗冲性、防渗性、整体性较差，在新的水沙情势下，经水流淘刷导致工程破坏。同时，石料的开采必然会破坏生态环境，且石料来源难以保证。因此，在习近平新时代生态文明思想引领下，大量石料开采已经越来越不符合绿色发展理念。

另外，传统护岸结构形式其主要目的是防止河道冲刷，维持岸坡稳定，发挥河道灌溉、防洪、航运等功能，属于硬化护岸结构，建成后阻隔了护岸前后水体交换，会使河道的生态系统遭受一定破坏，且耐久性不佳，对自然资源消耗巨大。传统的护岸结构已不能满足国家新发展阶段的河道生态治理要求。本研究河段位置如图5-23所示，本研究河段河势如图5-24所示。

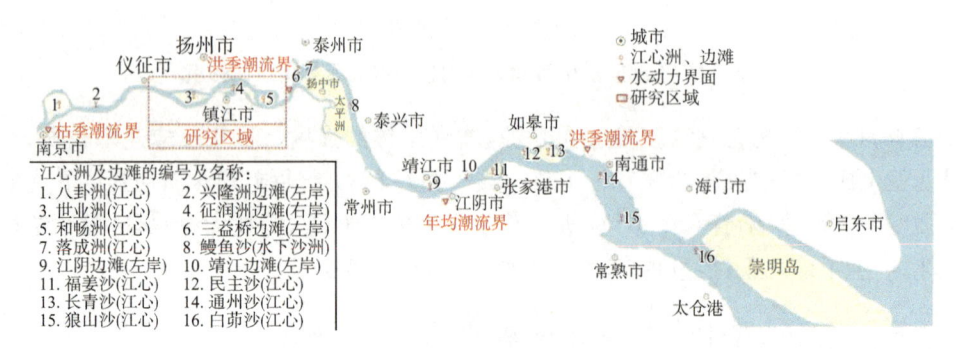

图5-23 本研究河段位置

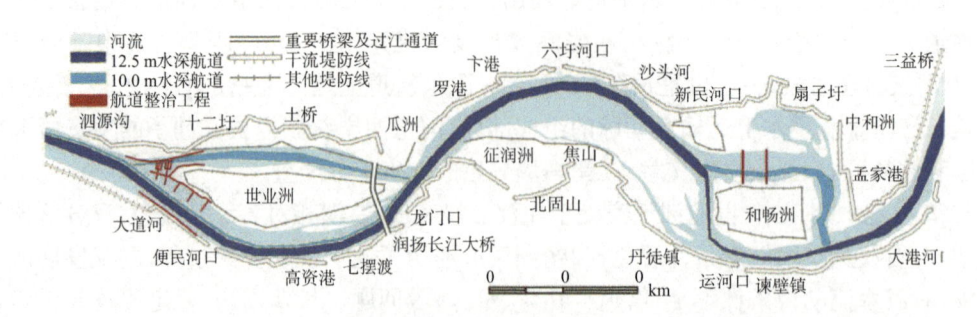

图5-24 本研究河段河势

党的十八大以来,习近平总书记多次就国情水情、水利地位作用、水安全形势、水生态保护等工作发表重要论述。"共抓大保护、不搞大开发",推动长江经济带高质量发展,是以习近平同志为核心的党中央作出的重大战略决策。江苏作为长江经济带重要省份之一,坚决贯彻习近平总书记关于推动长江经济带发展的重要指示,坚决落实"共抓大保护、不搞大开发"的战略要求,以更高的政治站位,以强烈的政治责任和使命意识,争当长江大保护的"排头兵"和"先行军"。长江江苏段流域面积 3.86 万 km², 上起苏皖交界的和尚港,下至苏沪交界的浏河口,总长 432.5 km,是长江黄金水道的"咽喉"。江苏是长江经济带高质量发展的重要一环,而保障河势稳定和通航畅通,建设安澜长江是"强富美高"新江苏高质量发展的基础和保障,全面、系统的长江生态修复和治理是谱写"强富美高"新江苏的时代需求。随着社会经济的发展,人们对河道治理的需求逐渐从以往的防洪功能向生态功能转变。在河道治理工程中,兼顾结构性的同时,也需要考虑景观、生态、环保等其他要求。因此,在新发展阶段,如何因势利导,采取更为有效的河道生态整治措施,以保障河势稳定和通航畅通是一个重要的课题。

长江属多泥沙河流,河床冲淤演变复杂。河床泥沙淤积严重时河道将变得窄而浅,可能会给河势和通航安全带来负面影响,必要时需对航道、港区等淤积水域进行清淤疏浚,以改善河势和通航条件。而部分近岸水域严重冲刷又威胁堤岸、码头等设施安全,带来崩岸风险,必要时需对近岸区实施防护工程,以改善河势稳定条件。已有研究证明,土工织物袋装砂在河道治理工程中应用,具有整体性好、防渗效果佳、抗冲能力强、造价相对低等优点。另外,生态护岸预制构件应用于装配式生态护岸工程,具有多孔透水性,能够适应生物生长,可为鱼类和其他水生生物提供适宜栖息和生存的空间。实施疏浚工程是控制河势稳定和保证通航能力的重要措施,这些疏浚工程均会产生大量砂石,充分依靠和利用长江河道自身需要疏浚的砂石资源,对长江镇扬河段疏浚砂生态资源化利用技术进行深入研究,并采取有效的生态措施进行长江河道治理,对实现沿江地区的生态可持续发展具有重要意义。

在此思路引导下,针对上述问题,首先对长江江苏段疏浚砂综合利用现状进行调研,在此基础上,开展长江镇扬河段疏浚砂生态资源化利用技术研究,并提出镇扬河段复杂潮汐近岸水域袋装砂施工技术和新型生态护岸预制构件设计方案,应用于长江河道治理。其次,在充分遵循河势演变规律的条件下,基于长江镇扬河段水沙数值模型和河道治理目标,提出河势优化调整方案。最后,基于上述研究成果,提出依江治江思维下的长江世业洲汊道疏浚砂生态资源化利用方案,并在高资海轮锚地疏浚工程中进行示范应用,以期项目研究成果能为实现长江镇扬段河道疏浚砂石反哺河道治理提供新思路。

为了充分了解国内外研究现状,基于项目研究内容,下面将从疏浚砂资源化利用、袋装砂施工工艺、新型生态护岸预制构件和镇扬河段河道治理研究四个方面对前人研究进行回顾。

1. 资源化利用

在相关政策方面,2020 年 3 月 25 日,国家发展改革委、水利部等 15 个部门和单位联合印发了《关于促进砂石行业健康有序发展的指导意见》(发改价格〔2020〕473 号),该意见强调要及时总结推广河道航道疏浚砂综合利用试点经验,推进河砂开采与河道治理相结合,建立疏浚砂综合利用机制,促进疏浚砂利用。长江水利委员会在充分调研论证的基础上,联合长江航务管理局等单位,开展长江沿线疏浚砂综合利用试点工作,2020年9月25日,水利部、交通运输部发布了《关于加强长江干流河道疏浚砂综合利用管理工作的指导意见》(水河湖〔2020〕205号),提出了"坚持政府主导,部门联动;坚持资源国有,统一处置;坚持重点保障,统筹利用;坚持严格监管,规范实施"的"四个坚持"工作原则,进一步规范长江干流河道疏浚砂综合利用管理;2021年8月9日,江苏省水利厅发布《省水利厅关于加强长江工程性疏浚项目审批管理工作的通知》(苏水河湖〔2021〕18号),通知明确长江疏浚砂处理方式分为两类:一类为上岸处置,由省水利厅审查审批,并办理长江河道采砂许可证;另一类为水上抛泥处置,该方式由设区市水行政主管部门审批;2021年9月23日,江苏省长江河道采砂管理联席会议办公室印发《关于加强长江河道疏浚类采砂项目管理工作的意见》(苏砂管联席办〔2021〕7号),进一步提出"坚持保护优先,合理利用""坚持政府主导,集约处置""坚持保障重点,统筹兼顾""坚持严格监管,规范实施"的疏浚砂综合利用工作基本原则;2021年9月29日,水利部长江水利委员会发布《贯彻落实水利部 交通运输部关于加强长江干流河道疏浚砂综合利用管理工作指导意见的通知》(长砂管〔2021〕521号),通知要求全面准确理解指导意见精神,切实加强疏浚砂综合利用管理工作。

在学术研究方面,Siham等人利用疏浚沉积物作为原材料,发展铺路填方利用技术,研究通过适当的处理方法,将疏浚土用于铺路填方工程。王卓甫等人讨论了河道砂石市场的可调控性,提出在实行河道采砂许可制度的环境下,应通过适当控制开采(供应)量来调控砂石的供应价格,并探讨了不同量价关系的特点。何宁等人研究疏浚砂土填充袋筑堤技术应用于围堤建设的工程实例,结果表明堤体及地基稳定性能够符合安全设计要求。谈晓青针对长江口航道疏浚淤泥(砂)特点,研究其应用于底层抹灰石膏的临界掺量、外加剂改性技术等。丁慧等人利用粉煤灰和矿粉,对疏浚砂土进行固化,使得处理后的疏浚砂土能够达到填料的设计要求。Amar等人利用疏浚沉积物作为胶凝材料的替代物,研究表明煅烧后的沉积物改善了胶凝材料的性能。王海兵指出在中小河流治理的过程中,就河道采砂以及清淤疏浚治理模式进行讨论,粗略地提到采取河道采砂与河道疏浚治理相结合的理念。郑永梓结合疏浚土的内涵,分析疏浚土利用中存在的问题,包括利用方式单一、缺乏有效管理、利用率低等,并基于这些问题提出相应的解决对策。黄佳音等人介绍了疏浚土制备回填土、免烧建材型材、绿化土等资源化利用方式,分别从岩性特征、营养盐及重金属等污染情况、有机质及盐分含量定性与定量相结合分析疏浚污染土资源化利用途径选择的依据,并据此对太湖与白洋淀疏浚土分别成功制备免烧砖和绿化土进行实证分析。丁继勇等人提出长江河道疏浚砂石宜采用"采砂作业+砂石出让"的交易方式,将河道疏浚施工作业与疏浚砂石资源交易的主体分开。在分析长江河道疏浚砂石利用主要环节的基础上,构建长江河道疏浚砂石利用管理模式,即河道疏浚工程与疏浚砂石交易应由政府水行政主管部门统一监管,而交通运输行政主管部门具体管理航道等疏浚工程,河道管理机构管理疏浚砂石出让。包起帆等人从生态环境塑造、滩涂资源保护、长江口河势控制等方面着手,探讨了开展长江口大保护的有关路径和方法,提出了以横沙大道延伸及促淤护滩工程为依托,实现 2020 年后综合利用长江口深水航道疏浚土在新横沙生态成陆的具体方案。丁继勇等人进一步以疏浚方在疏浚砂石资源化利用中的配合度为控制参数,构建了疏浚砂石资源化利用激励模型,并结合委托代理理论和采砂管理实践,探讨了激励模型中激励系数设计,以算例说明模型与参数设计的合理性。柴萍等人系统分析了疏浚底泥在土地利用、堆肥发酵、制砖及填方材料等领域的资源化利用技术,最后提出了污染底泥资源化利用的研究展望。徐会显等人通过对荆江三口地区枯水期疏浚泥的颗粒特性、化学成分、营养成分以及毒性等特性进行分析,综合评价了潜在生态风险,并对其资源化利用途径进行探讨研究。陈彦霖着重阐述淤泥固化处理技术,同时剖析了淤泥资源化利用途径。姚仕明等人总结了长江流域泥沙资源利用的主要途径,分析了在长江流域输沙减少、泥沙重分配的新形势下,为缓解长江泥沙供需矛盾,长江上游需要加强梯级水库联合水沙调度优化水沙资源配置,从宏观上改善泥沙分布不均的局面。同时,在上游水库采取挖砂清淤等措施,充分利用水库泥沙资源,加强河道采砂管理与规划,合理利用支流湖泊泥沙资源,减轻长江干流泥沙需求压力,并积极推动长江航道疏浚砂的综合利用。诸裕良等人指出以长江航道整治废弃疏浚砂作为主要原料制备砂浆,可以大量利用废弃疏浚砂和各种工业废渣,有效缓解天然砂石材料短缺和枯竭的问题。杨会臣等人评述了当前国内外对河湖疏浚设备和淤泥资源化利用的几种主要途径,包括物理利用、生物处理以及化学处理方法等,同时对新型的干馏法进行了介绍,指出了未来淤泥资源化利用的主要发展方向。陈秀瑛等人依托镇江市、泰州市长江航道疏浚砂综合利用(试点)工程,对长江下游航道疏浚砂综合利用全过程进行研究,提出了水上转运区、分散式上岸以及五联单监管的模式。李升涛等人分析了长江下游航道超细疏浚砂的理化性质,并以超细疏浚砂为原料,设计了 5 种不同疏浚砂掺量的碱激活矿渣混凝土(AASC)配合比,研究了其流动性、抗压强度、劈拉强度和吸水率的变化,并通过扫描电子显微镜(SEM)、X 射线衍射(XRD)技术和压汞(MIP)技术,分析了 AASC 的物相组成和微观结构。可以看出,以往研究鲜有专门针对长江镇扬河段疏浚砂生态资源化利用方向与途径开展系统技术研究。

2. 施工方法

在目前的水运和水利工程中,袋装砂在导堤、护岸、围堰、丁坝的形成中得到较广泛的运用。袋装砂作为堤心,有效地解决了在缺乏石料供应区域抛石斜坡块石供应不足的难题,其特点是施工速度快、质量高、成型易于控制、结构整体稳定性好、防渗效果好等。袋装砂在浅水或滩涂地区已大规模使用,在深水区域应用相对较少,袋装砂施工目前主要采用抛填(翻板抛袋和网兜抛袋)和充灌(水下充灌和水上对拉)两种工艺,抛填工艺多在深水区域采用,而水下充灌较多在水深较浅时应用,水上对拉仅在后期围堤断面出水后应用。

洋山深水筑堤工程首次应用了深水抛填袋装砂技术,采用的是吊放预制袋装砂工艺(网兜吊放和"人"字吊架吊放)。赵国权等人通过介绍抛填袋装砂筑堤的成型原理,对抛填袋装砂在施工过程袋体尺寸的选择、袋体摆放个数与袋装砂充灌船舶功效的匹配和施工船舶等进行分析,并对抛填袋装砂的工艺进行一定的优化。张培生等人介绍了袋装砂抛填补坡工艺在仪征深水航道整治工程中的应用情况,指出工程取得了良好的效果,但袋装砂深水抛填施工环境复杂,影响因素较多,需通过更多的工程应用进一步分析其施工过程的关键技术以更好地指导工程施工。陶润礼等人基于 RANS 方程和 VOF 方法,建立了小型袋装砂抛填的数学模型,对小型袋装砂抛填水下轨迹进行了数值模拟与分析。结果表明:小型袋装砂抛袋偏移量随抛袋水深和流速的增大而增大;抛袋角度顺流而下时,袋体姿态良好,有利于保证抛袋质量。张庆文等人通过优化充灌砂袋缝制工艺,完善充灌袋装砂铺设流程,实现了充灌袋装砂堤心施工工艺在 12.5 m 深水航道二期工程深水施工中的应用,提高了施工效率与堤身成型精度,降低了消耗系数,确保了工程质量。吴松华等人首次成功地在 10 m 以上的复杂潮汐深水区域采用对拉船铺设大型袋装砂,解决了深水海域造陆工程技术难题,进一步拓宽了对拉工艺的适用范围。刘超等人阐述了大型袋装砂围堤在深厚软基浅水区域的应用,针对滩涂面高、水深浅、供砂不稳定、材料供应慢等施工难点,研究了大型袋装砂被人工铺设工艺("打滚袋"),提高了施工效率,研究了砂库供应工艺,减少了停工损失。刘明忠研究了袋装砂护岸除险技术的施工方法和流程,并详细阐述了其在汉江鄢湾险段抢险施工中的应用。曹静针对湛江港徐闻港区南山作业区客货滚装码头工程(水工及陆域形成部分)复杂护岸堤身袋装砂结构施工,研发出一套切实可行的施工工艺,解决护岸袋装砂结构在波浪高、流速大、地质较软弱的条件下施工工效、质量不高的难题。施均等人通过多层乱纹组织及独特的编织方式,优化了新型砂袋结构设计,并通过现场试验验证了新型砂袋的强度、渗透性与保砂性,实现了砂袋充灌高度达到 2 m 以上的突破,并在长江口南槽航道治理一期工程中应用,证明了新型砂袋的适用性与优越性。邓传贵等人鉴于长江南京河段八卦洲右缘深槽水深大、流速大、流态复杂、水流紊乱等特点,在八卦洲右缘深槽防护工程施工前开展了袋装砂抛枕现场试验,对袋装砂抛枕防护施工参数、施工流程及质量控制措施进行研究,提出了一种针对深槽防护工程的袋装砂抛枕防护施工技术。试验结果表明:在水下每隔 120 m 筑一道约 5 m 高的丁坝来改变水流流态,可有效解决八卦洲右缘水流紊乱处正常抛投成型率低的问题。工程施工完工后八卦洲水下岸坡冲刷明显减缓,控制八卦洲汊道现有河势的洲头及右汊内几处关键节点的稳定性大幅提高。可以看出,以往研究鲜有专门针对长江镇扬河段潮汐作用下水下地形变化较大、水流复杂的近岸区施工环境下开展袋装砂施工技术的研究。

3. 预制构件

为了解决传统护岸建设弊端,以保护生态及自然景观为前提,以文明绿色施工为支撑,在护岸结构中引入装配式设计理念是现代河流岸坡生态治理的必然趋势,而装配式生态护岸工程就是其中一项重要成果。装配式生态护岸常用的护岸构件为生态框,其主要结构形式为钢筋混凝土镂空构件,在立面设置有镂空或装饰纹路,并具备一定的透水性及装饰性。生态框具有阶梯式、箱式、植草式、鱼巢式及平铺式等多种构件类型。小尺度城市河流(湖泊)护岸宜选用卵石形生态框、植草形生态框;大尺度城市河流(湖泊)护岸宜选用阶梯形生态框、箱形生态框;小尺度郊野河流(湖泊)护岸宜选用植草型生态框;大尺度郊野河流(湖泊)护岸宜选用平铺型生态框。在常水位以下宜合理配置鱼巢型生态框,为鱼类提供产卵、栖息的场所。

大量学者针对生态护岸工程及其预制构件的设计开展了研究,例如王兴勇等人根据几种常见鱼类的水生态适宜度提出了鱼巢砖的基本结构尺寸,然后通过模型试验和数值计算分析了鱼巢砖的三种连接形式在不同主槽流速下的流场分布以及它们各自不同的适用性。两种研究方法的成果基本一致,从水力特性方面说明这种鱼巢砖能够为鱼类提供一个安全的避难场所,有助于河道生物多样性的保护,也为鱼巢砖以后进一步的体型优化和推广应用提供了理论基础。张亮指出生态型人工鱼巢砖在航道整治工程护岸施工中具有生态防护、施工便捷、综合效益较传统浆砌块石或现浇混凝土更优等特点,并从设计、施工、综合效益的角度阐述了采用鱼巢砖预制构件不仅投资效益好,且能保护并促进水生动植物的繁衍生长,具有良好的社会及生态环境保护作用等综合效益。邵琪等人为了进一步发挥混凝土连锁块结构消能抗冲、嵌固抗滑、亲水护植和通用兼容等整体柔性护岸功能,提出一种三维生态连锁块的结构形式,对其作用机理和特点进行剖析。郑松等人在现场实例的基础上进行组合工字型生态护岸相关工程经验的总结和归纳,指出组合工字型生态护岸的应用优点,介绍组合工字型生态护岸的加工工艺以及组合工字型生态护岸的施工流程,并以依托工程为基础,将组合工字形生态护岸与传统的航道护岸结构进行比较。陈港回等人分析了一种新型的拼接嵌入式的用于生态护坡工程的生态鱼巢砖,浅析了新型鱼巢砖单体的设计方法以及拼接方法,发现其在调整生态与施工应用上都有显著优势。杨有军等人依托通扬线高邮段航道整治工程,结合国内外生态护岸发展现状,探析了箱型装配式护岸与生态性结合的两种方案,其包含箱型装配式护岸空腔顶部的绿化形式和箱体内部水生生物生存环境优化。徐雪鸿指出长江干线武汉至安庆段 6 m 水深航道整治工程莲花洲港建设生态涵养试验区首次运用透空格栅鱼巢结构,透空格栅鱼巢结构能保持水体与河床之间的联通,能够在空腔内形成局部缓流、促进局部微生境改善,也能发挥一定的保沙效果,在航道整治的生态工程中具有推广应用价值。金罗斌等人通过浙江省限制性航道典型重力式护岸结构的分析,设计提出了一种开孔圆筒＋T形插板的新型重力式生态护岸,并在此基础上针对不同墙高,对其结构特性进行分析。结果表明,该护岸结构能满足整体稳定和应力强度要求,具有生态景观效果好、施工速度快、消浪能力强、造价低等优点。蓝于倩等人在总结当前人工鱼巢应用难题和产生原因的基础上,通过探究不同类型人工鱼巢的适用性特点,在结构形式、固定方式、材料选择和操作方法四个方面做出改进,创新设计了贴岸式人工鱼巢,以提高鱼巢在流水环境中的应用效果。苏国青等人通过三维数值模拟方法,结合目标保护鱼类的行为习性,探讨不同工况下贯通型鱼巢砌块水力特性,并与物理模型试验结果进行比较。结果表明,鱼巢砌块数值模拟结果与模型试验结果吻合良好,不同工况下鱼巢砌块流态、流速场分布基本相似。叶昆河等人指出鱼巢砌块是一种新型生态护岸构件,其具备空腔结构,近水壁面有开孔,能通过砌块间组合连接构造出人工鱼巢,为鱼类和其他水生生物提供适宜栖息和生存的空间。鱼巢砌块生态护岸构件对于推动我国生态护岸工程建设、维持河流生态系统稳定和保护物种多样性等方面都具有极其重要的社会意义和生态价值。可以看出,以往研究鲜有专门针对长江镇扬河段水生态情况及护岸工程特点进行生态护岸预制构件的研发。

4. 河道治理

镇扬河段位于长江下游枯季潮流界变动段,按河道平面形态通常分为仪征水道、世业洲汊道、六圩弯道、和畅洲汊道及大港水道五部分。其中仪征水道(三江口—陡山节点)为单一微弯河道,全长 17.0 km,河道上窄下宽,河道微弯,深泓靠左岸。世业洲汊道(泗源沟—瓜洲渡口)长约 24.3 km,右汊为主汊,为弯曲率较适度的弯曲河道;左汊为支汊,平面形态呈顺直型。六圩弯道(瓜洲渡口—沙头河口)长约 13.5 km,凹岸弯顶附近宽约 2 350 m,凸岸为征润洲边滩。和畅洲汊道(沙头河口—和畅洲尾)长约 10.2 km,左右两汊水流均在汊道内出现近 90°的急弯;和畅洲左汊为主汊,右汊为支汊,属于长江干流主航道。和畅洲尾至五峰山为大港水道,长约 8.3 km,近百年来河势较为稳定。

为了抑制河段河势和航道条件向不利方向发展,水利部门和航道部门陆续实施了相关治理工程,其中规模较大、较系统的有镇扬一期、二期、三期工程,以及长江南京以下 12.5 m 深水航道二期整治工程等,工程的实施对于本河段河势的稳定和航道条件的改善起到了重要作用。在长期的河道治理过程中,大量学者针对长江镇扬河段开展了相关研究工作。杨芳丽等人分析了镇扬河段三峡蓄水运用以来的河道演变规律、演变趋势及存在的问题。在此基础上,结合河势控制规划、航运发展需求、航道整治目标及以往整治工程的实施情况,指出该段河道治理和航道治理目标基本一致,相应的治理工程措施应有机结合起来,水利、交通、生态环境等部门需加强协作,联合推进该河段综合治理,确保防洪安全、河势稳定、航道畅通和生态安全。罗青等人通过采用浅水多波束系统对镇扬三期河道整治工程水下地形进行定期监测,通过分析多波束监测数据对工程现状进行了定性描述,利用 GIS 空间分析功能对工程现状进行了多维度的定量分析,并分析了工程后河道地形冲淤变化情况。

部分学者专门针对世业洲汊道段河道治理进行了研究。朱庆元等人和沈之平等人分析了世业洲汊道近期河床演变特性,发现左汊发展、右汊萎缩速度明显加快,为此提出了汊道整治思路和整治工程方案,并开展了河工模型试验。结果表明,在世业洲左汊下游修建潜坝工程,能有效减小左汊分流比,对河势有利。寇军基于实测地形和水文资料,辅以数学模型,分析了 12.5 m 深水航道二期仪征水道航道整治工程实施后的整治效果,认为工程达到了航道整治目标,工程治理方案正确,航道整治效果显著。陆华等人通过仪征水道航道整治工程竣工以来的实测资料,结合河势变化、建筑物局部冲淤,重点分析了 Y1 丁坝建筑物的损毁特征及原因,提出应重点关注 Y1 丁坝坝头附近护底余排的维护建议。许慧等人分析三峡蓄水前后仪征水道演变特性,探讨三峡运行后水沙变化对河床冲淤的影响。结果表明:蓄水前世业洲左汊冲刷、右汊微淤,蓄水后左右汊均表现为冲刷下切;蓄水前大洪水对水道滩槽格局影响较大,蓄水后受水库调蓄影响,洪峰流量减小,水沙对滩槽格局的影响有所减弱。陈静茹等人通过河床演变分析和河床冲淤计算,对世业洲左汊进口段幸福河口崩岸的成因进行了分析。结果表明,崩岸是在地质条件、河势条件、12.5 m 深水航道工程鱼骨坝挑流共同作用下的结果,需加强该段的河道地形监测,预防新崩岸的发生。凌哲等人分析了镇扬三期部分工程和深水航道工程世业洲头部潜堤工程实施前后世业洲左汊进口段的地形变化。结果表明,工程实施虽使世业洲汊道左兴右衰的状态得以改善,但世业洲左汊口门部位的河床发生较大的冲淤调整,其中原洲头左缘的2个贴岸深槽大幅淤积,而左汊口门中部及左侧河床出现了大幅冲刷,从而出现崩岸现象,最后针对因工程影响造成崩岸的现象提出建议,指出仍需及时研究并实施有效治理措施,消除度汛安全隐患,维护镇扬三期护底工程的完整性,保障工程效益持续发挥。

综合前人对世业洲汊道段的研究成果,三峡蓄水前,世业洲左汊以缓慢冲刷为主,右汊以淤积为主,1976年世业洲左汊分流比为20.6%,其后20年间,左汊分流比处于缓慢发展的状态,1996年达到26.4%;2003年三峡蓄水后,由于上游来沙量锐减,世业洲汊道河段呈整体冲刷态势,左汊冲刷量最大,约为右汊总冲刷量的2.2倍,洲头分流区和汇流区冲刷量相对较小,主要集中在-15 m高程以下深槽区域,2007—2016年的10年,左汊分流比不断加大,至2016年4月,左汊分流比发展到42.38%;2017年3月,在镇扬三期部分工程、深水航道工程世业洲头部潜堤工程完工后,左汊分流比下降至37.45%,工程效果明显,2017—2019年左汊分流比逐渐稳定,基本保持在37%左右。综上所述,2017年镇扬三期部分工程、深水航道二期工程实施后,工程守护的区域河床冲刷得到遏制,而工程守护范围有限,随着长江上游三峡等水库蓄水对长江下游乃至河口段的影响逐步显现,世业洲右缘下段边滩冲刷,河道展宽,航槽有所淤积;同时,由于工程未对左汊发展进行根本控制,大水年份的左汊局部区域冲刷仍较为明显,分流比仍存在不稳定因素,若遇到大洪水连续作用,左汊分流比仍有恢复上涨的可能。2017年5月—2020年11月地形变化如图5-25所示,2019年11月—2020年11月地形变化如图5-26所示。

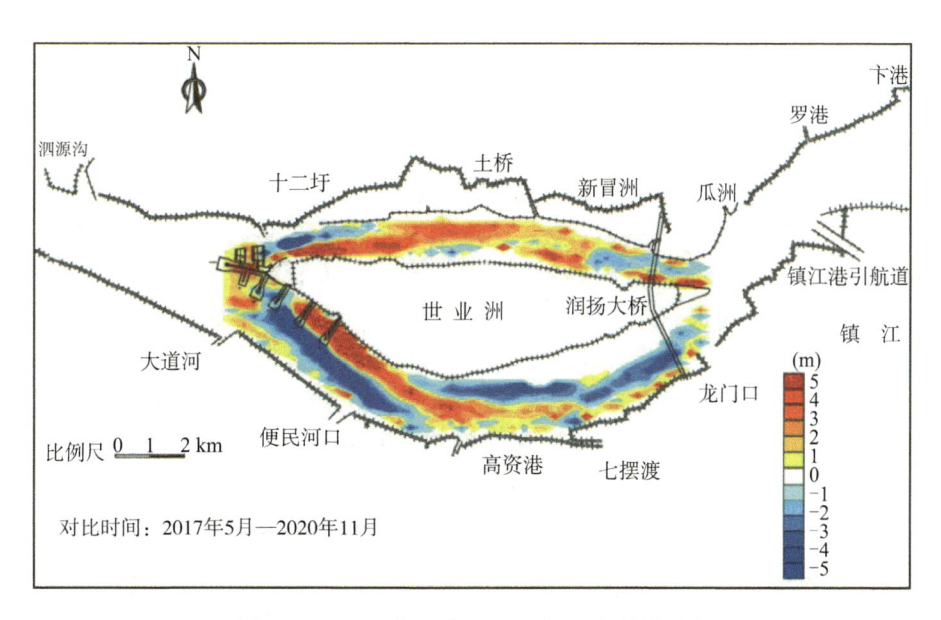

图5-25　2017年5月—2020年11月地形变化

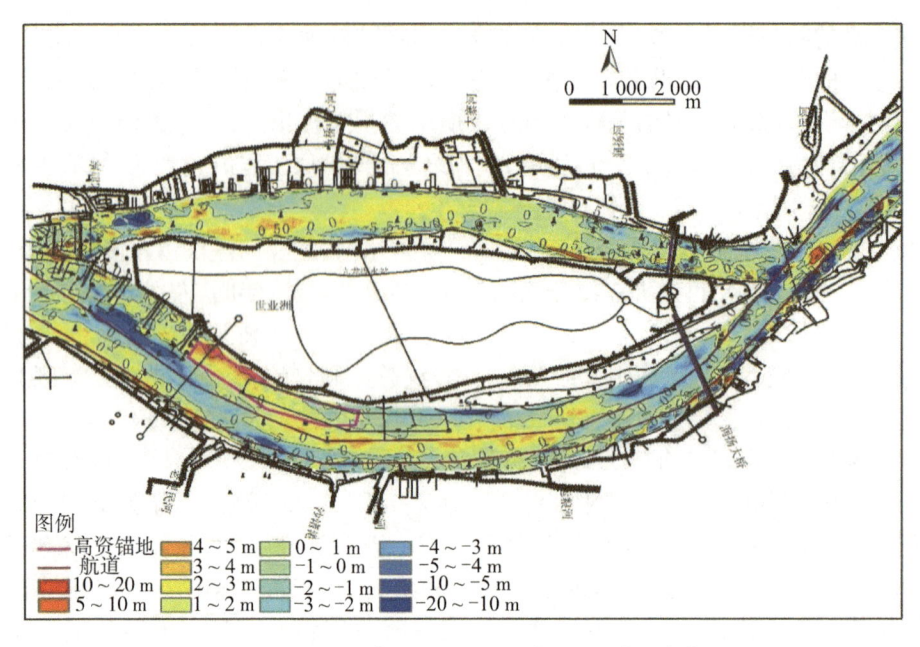

图 5-26　2019 年 11 月—2020 年 11 月地形变化

还有部分学者针对和畅洲汊道段河道治理进行了研究。王爱春通过分析和畅洲水道守护工程现状，结合其航道整治工程对汊道分流比、流速以及河道冲淤的影响进行分析，提出了与航道整治工程相配套的护岸工程方案。胡颖等人针对和畅洲水道北汊拟建潜堤中上游单条潜堤"先深后浅"、"先浅后深"以及"逐步抬高"3 种不同施工顺序方案的推进过程，通过三维水动力数学模型，计算分析各方案在不同阶段施工河段水流结构的变化情况。结果表明，逐步抬高方案对周围尤其是近岸水动力环境的不利影响最小。寇军基于地形测量和水文测验资料，辅以数学模型研究，探讨了和畅洲左汊限流潜堤施工顺序安排的原则及工程整治效果。结果表明：和畅洲限流潜堤实施后，左汊分流比减小 9%，右汊冲刷发展，航道条件得到明显改善；流场和地形调整基本与预期相符，工程达到了左汊限流、右汊增深的工程整治目标。沈彦军等人也根据和畅洲水道航道整治工程实施后的实测数据，与设计阶段数模和物模预测结果进行对比分析，分析工程实施后滩槽变化、河床容积、流场变化、分流分沙变化等方面的实现情况。结果表明：工程实施以后，左汊潜堤上游侧主要呈淤积状态，潜堤下游侧呈冲刷状态。右汊分流比大幅提高，河槽大面积刷深，航道维护量非常小。工程达到了预期的航道整治目标，工程治理方案合理，航道整治效果显著。凌金平从分流比、平面形态及河道深槽变化情况，对和畅洲口门控制工程、12.5 m 深水航道潜坝两项工程建成后对该汊道河势演变影响进行分析。结果表明，两项控制工程对和畅洲汊道左右汊分流比的调节作用明显，但同时也引起了该汊道河势的变化调整，从而出现部分岸段滑塌崩岸，并针对目前河势变化情况提出建议。范红霞等人在大量实测资料的基础上，分析了新水沙条件和整治工程双重作用下和畅洲汊道及其上游六圩弯道河床演变特征。结果表明：2009 年后六圩弯道河床持续下切，伴随着局部岸线崩退和心滩发育等不利变化；三道潜坝限流作用显著，2019 年左汊实测分流比约为 64%，较 2002 年最高 76% 时下降 12%；右汊河床经历了缓慢淤积到由淤转冲再到普遍冲刷的阶段性变化,航道条件得到改善;但左汊潜坝下游河床产生明显的局部冲刷,且发生两次崩岸事件,应引起重视。史常乐等人分析了和畅洲汊道来水来沙特点,介绍了河道(航道)整治的基本情况,并对河段的分流比及整治工程进行阶段性分析,研究了和畅洲汊道的河床演变,并统计了左、右汊断面特征值中主要因子的变化。闫金波等人基于和畅洲水道实测水文、河床地形等资料,分析了1960—2019年实测水文泥沙、河床滩槽变化。结果表明,1960—2019年期间和畅洲汊道完成了两次完整的交替过程,镇扬二期整治工程中左汊潜坝的实施基本稳定了汊道分流关系,12.5 m 深水航道二期工程后同流量下对应的右汊分流比增加10%,航道工程发挥了引流塑槽功能;航道二期工程实施以来,右汊航道条件显著改善,12.5 m 槽宽度大于250 m,实现了工程预期目标;航道宽度为350 m 时,右汊水深不足12.5 m 的长度为减少态势,具备航道尺度进一步提升的基础。可以看出,以往研究鲜有对长江镇扬河段疏浚砂与河道治理相结合展开系统研究。

综上所述,以往公开的研究成果鲜有专门针对长江镇扬河段疏浚砂生态资源化利用,以及充分依靠和利用长江自身需要疏浚的砂石资源进行河道整治的系统研究,在新的发展阶段,有必要对其进行深入研究,以更有效的生态河道整治措施来保障河势稳定和防洪安全。

充分依靠和利用长江河道自身需要疏浚的砂石资源,采取更有效的生态措施进行长江河道治理,并对疏浚砂(淤泥)生态资源化利用进行研发,对保证长江镇扬河段河势稳定和通航畅通,建设安澜长江,实现沿江地区的生态可持续发展具有重要意义,也为疏浚砂石反哺长江河道治理提供新思路。

5.4 长江疏浚土其他工程应用技术研究

5.4.1 疏浚土修复水生环境研究

太湖西沿岸原有一条几百米甚至几千米宽的以芦苇为主的湖滨带。随着太湖流域防洪能力的加强,太湖平均水位和防洪控制水位均抬升约0.2 m,湖滨带水深的增加直接影响了芦苇的萌芽和生长。同时,受到太湖防洪直立大堤的影响,波浪撞击反射能量增加,加上水位的变化导致西沿岸湖滨带受到风浪袭击的时间增加,湖滨带逐渐消亡。恢复湖滨带,必须解决3个关键问题:一是合适的水深,应在不影响防洪库容的条件下比太湖平均水位3.2 m(吴淞高程,以下同)低0.2~0.3 m 为宜;二是防浪保滩;三是湖滨带修复不影响防洪,对太湖湖流结构不产生危害性影响。上海勘测设计研究院有限公司根据上述条件初步提出了太湖西沿岸生态修复带试点方案。该方案根据生态清淤位置和疏浚量优化规划了两片区域:南片从黄渎港到朱渎港,长约2 km;北片从陈东港到菱渎港,长约4.5 km。宽度除了社渎港到官渎港为530 m 外,其余都是500 m。湿地滩面标高均为3.0 m,以恢复芦苇湖滨带。滩地建设采用生态清淤的底泥,经围堰内低位真空预压后种植芦苇,施工期间的余水经处理后由水泵抽取到上游1.5 km 处排放。

为了分析湖滨带恢复方案波浪特性,模拟计算了太湖处于高水位 3.8 m 时东南风 5 m/s(常遇大风)、10 m/s、15 m/s(7 级风)、20 m/s(9 级风)、30 m/s(11 级风)作用下太湖风浪场。计算模拟后得到湖滨带波浪特性统计结果,如表 5-11 所示。

表 5-11　湖滨带波浪特性统计结果

风速(m/s)	外缘波高(m)	外缘波长(m)	滩面波高(m)	滩面波长(m)
5	0.24	4.2	0.17	4.6
10	0.31	4.2	0.20	4.6
15	0.46	4.2	0.21	4.6
20	0.82	4.2	0.29	4.6
30	0.94	4.2	0.33	4.6

在波浪运动的情况下,床面平均切应力为

$$\tau_w = \frac{1}{2}\rho f_w U_b^2$$

式中:f_w 为波浪摩擦系数,一般取 0.47;U_b 为水平平均近底波浪轨迹速度(m/s)。波浪轨迹速度计算公式为:

$$u_b = \frac{2H_s}{Tz} \frac{1}{\sinh\left(\frac{2\pi h}{L}\right)}$$

式中:H_s 为有效波高;Tz 为跨周期;h 为水深;L 为波长。

根据模拟波浪要素分析,湿地滩面与太湖衔接处风速大于 5 m/s 时,底部床面切应力均达到 0.1 Pa,高于底泥起动临界切应力 0.05 Pa,即在大于 5 m/s 的东南风作用下,滩面将受坡脚风浪淘刷影响,呈后退趋势。故应对滩面坡脚进行波浪防护。

通过模拟计算不同水位条件下东南风时湿地滩面的波浪要素。计算结果表明,10 m/s 以上东南风时湖滨修复带滩面有效波高为 0.2~0.7 m,对滩面的扰动应力将达到 10 Pa 以上,扰动很强,影响芦苇生长。

芦苇的防风防浪能力非常强,吴昊天等人认为太湖西沿岸可以建设芦苇护岸。但近年来太湖西沿岸芦苇仍在进一步消退,加上自然条件下波流可将大量蓝藻携带入芦苇,蓝藻死亡后发臭,影响周围环境。基于以上认识,在湿地滩面外侧建设生态式保滩防波堤是十分必要的,既可保护湿地滩面,又可以减少蓝藻入芦苇。

为了分析工程建设对风生流的影响,模拟计算了试点方案前后东南风 3.2 m/s(太湖平均风速)作用下太湖风生流流速场,如图 5-27 所示。太湖西沿岸恢复湖滨带不会改变大太湖风生流流环结构,受防波保滩潜堤和湖滨带湿地的影响,局部流线向湖心发展约 500 m。受湖滨带湿地对流线束缚的影响,工程外侧 100 m 范围内风生流流速增加约 10%~20%。

根据巡测资料,陈东港的行洪流量较大,监测到的最大行洪流量为 2016 年 7 月 3 日的 545 m³/s。由于陈东港口门北岸岸线向南突出,在自然条件下,行洪时入湖水流偏向

(a) 恢复前　　　　　　　　　　　　　(b) 恢复后

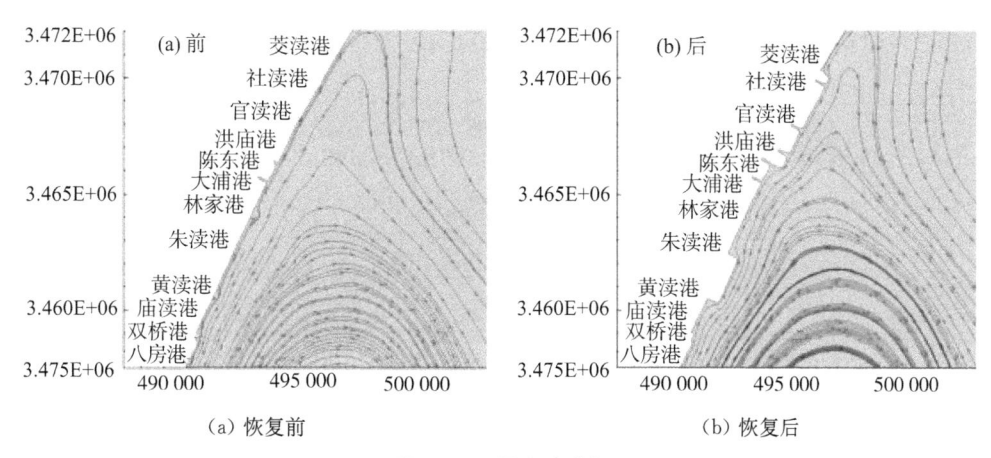

图 5-27　风生流流场

南侧向湖中心扩散,离岸扩散距离约 1.0 km 后才有水流向北侧流动,正好绕过口门北侧的湿地。故湿地的建设对陈东港行洪影响非常小。经统计,最大记录行洪流量条件下,湿地建设后陈东港大桥处水位增幅为 1.2 cm。

试点方案中湖滨带湿地滩面高程为 3.0 m,比太湖最低平均水位 2.8 m 高 0.2 m,约占用太湖调蓄库容 65 万 m³,仅约占调蓄库容的万分之一,影响甚微,可通过望虞河二期等工程措施使太湖排江能力得以补偿。

太湖底泥运动主要受风浪的影响。经调查研究,普遍认为当风速超过 4 m/s 时,太湖底泥开始再悬浮。当风速达到 8~10 m/s 时,底泥运动活跃,成为主要输沙过程。经模拟分析,大风期间波致流流速量级为 0.05~0.4 m/s。输沙方向为沿岸向北,并为向岸方向。湖滨带植物将有效阻断沿岸泥沙输运,湖滨带的建设将对入湖溇港口门波浪和波致流都产生较好的掩护和屏蔽作用,入湖溇港口门的泥沙淤积将得到有效改善。部分入湖溇港口门仅北侧单侧恢复湖滨带,口门的泥沙淤积将有所增加。为防止此负面影响,可在口门南侧修建防沙堤。

恢复良好的湖滨带植物可显著提高湖泊水体的自净能力,促进生物多样性。清淤是抑制太湖"湖泛"的有效措施。清淤与湖滨带修复相结合,利用清淤疏浚土构建湖滨带湿地是富营养化浅水湖泊治理一举两得的好途径。

适当宽度的湖滨带的恢复不会改变大太湖风生流环流结构,受湖滨带湿地对流线束缚的影响,湖流流线向湖心发展约 500 m,工程外侧 100 m 范围内风生流流速增加约 10%~20%。湖滨带恢复后对入湖溇港行洪影响甚微,最大水位增幅不超过 1.2 cm。

5.4.2　疏浚土构建生态化湿地技术研究

横沙本岛(面积 52 km²)以外,其东侧 2020 年已完成的生态成陆区域(面积 106 km²),该区域南侧的坝田区域(面积 71 km²),以及以后可规划生态成陆的区域(−5 m 等深线,围合面积 303 km²),共计 480 km²。横沙本岛、现已成陆区域及可规划生态成陆区域,统称为"新横沙"。横沙规划示意图如图 5-28 所示。

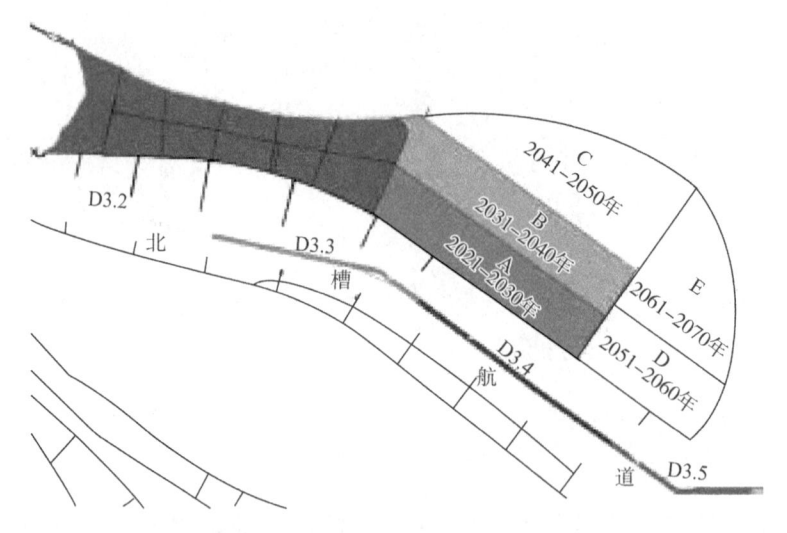

图 5-28 横沙规划示意图

要确保新横沙滩涂资源的长远预留和为长江口疏浚土利用找到好的出路,需对滩涂采取有效的防护和整治措施。目前,迅速推进横沙大道外延及促淤护滩工程是最可行的途径。延伸后的横沙大道具有挡沙、调整流场等功能,近期可解决新横沙滩涂侵蚀、长江口河势稳定受到威胁等难题,远期可为长江口疏浚土利用找到长远的出路。

基于目前横沙东滩在建工程的成功经验,可将现横沙大道继续向东延伸至北槽北导堤堤头,并辅以适当的促淤护滩工程。其中,横沙大道外延工程可按 100 年一遇防洪(潮)高标准设计,堤长 26 km、顶高 9.5～10.2 m、顶宽 10.0 m;东滩滩面上可按 50 年一遇防洪(潮)标准布设促淤堤工程,堤长 13.5 km、顶高 5.5 m、顶宽 7.0 m;同时,北沿可布设堤长 10 km、顶高 2.0 m 的护滩堤。横沙在建工程区位如图 5-29 所示。

该工程旨在消除窜沟、促淤护滩,是做好长江大保护工作的有力举措,可稳定滩槽河势,有利于滩面淤涨,可最大程度利用好疏浚土资源塑造滩涂,可促进滩涂生态优化,更可为未来城市发展空间的构建奠定基础。

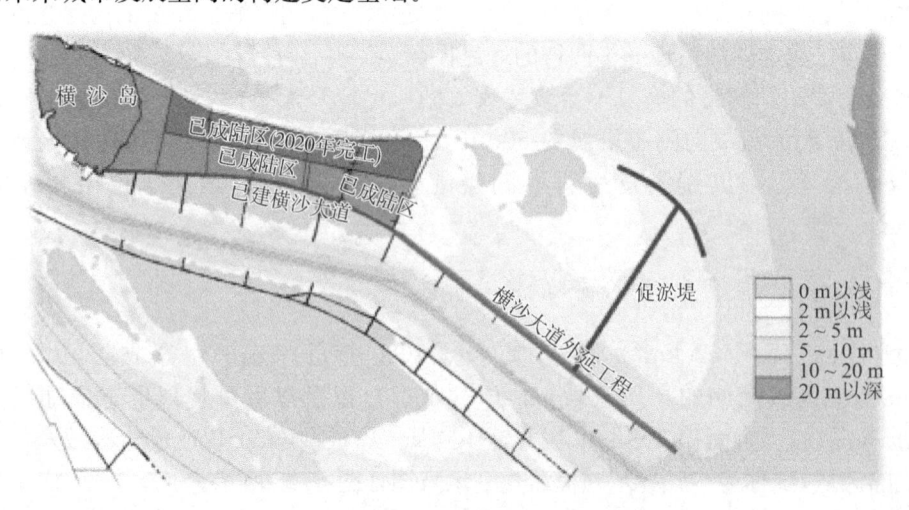

图 5-29 横沙在建工程区位

5.4.3 疏浚土河道加固工程应用技术研究

本工程拟新建 4 个 10 万 t 级集装箱泊位,其中水上挖泥部分总工程量约 467 万 m³。由于本项目水上挖泥疏浚工程的施工需要,业主指定将 A、B 标段港池内的泥沙通过绞吸船连接管线排入北侧抛泥区。

1. 抛泥区概况

隔离养殖区之后,抛泥区南侧大堤总长 2 700 m,北侧大堤总长 3 600 m,西侧长度 820 m,东侧临近大堤道路长度为 1 300 m。现有围堰不能满足储泥要求,为了保证原大堤的安全稳定,计划在抛泥区西侧、南侧以及东侧距离道路 50 m 处修建止水围堰。经过现场勘察测量,抛泥区总面积为 234.7 万 m²,本工程 A、B 标所需要抛泥量共约 467 万 m³(其中 A 标约 287 万 m³,B 标约 180 万 m³),据此计算,最终疏浚完工后,抛泥区平均标高为 10.1 m。考虑到需要储存一定量的水,为保证施工安全,修建止水围堰的顶标高为 11 m。抛泥区示意图如图 5-30 所示,港池疏浚平面图如图 5-31 所示。

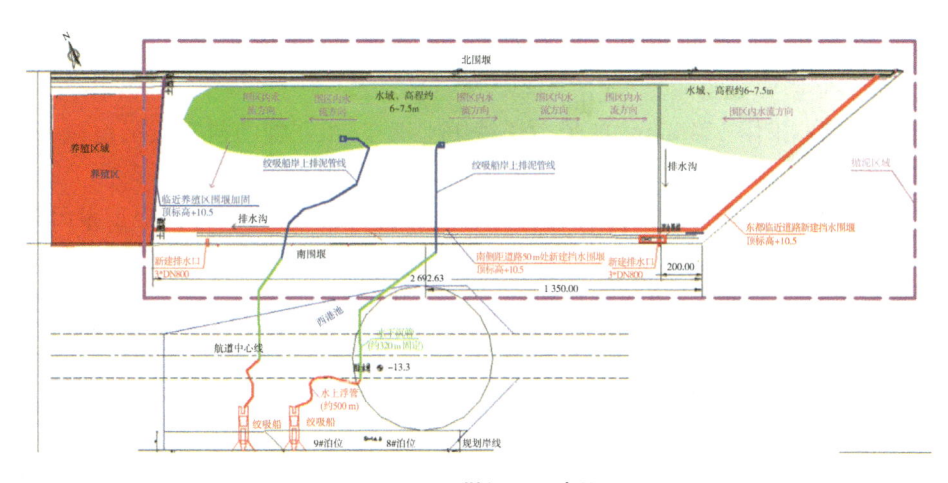

图 5-30 抛泥区示意图

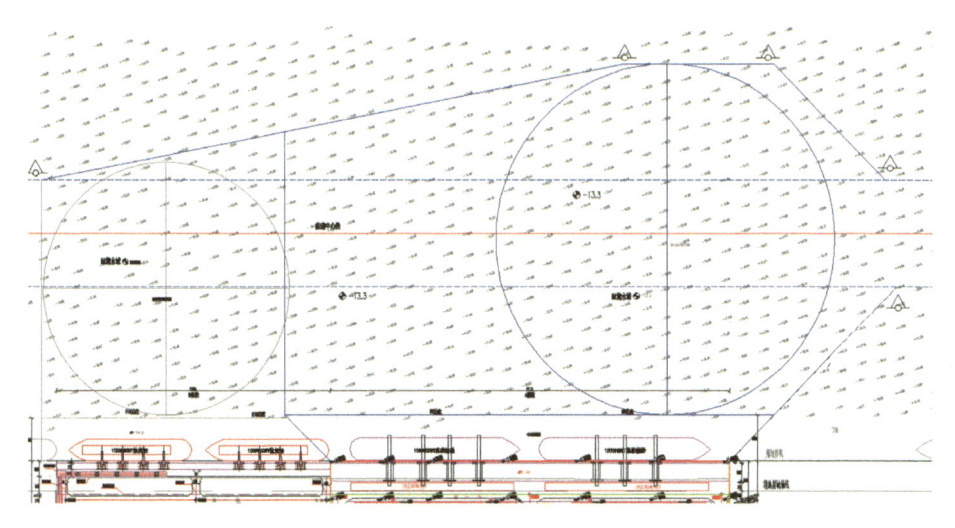

图 5-31 港池疏浚平面图

2. 围堰加固(采用泥浆泵充填砂袋)

铺设防渗膜之后,开始采用泥浆泵充填砂袋。围堰靠水侧设置充填砂袋,宽度为 2 m,顶标高为 11 m,阶梯式向上铺设,阶梯宽度为 0.5～1 m,每层充填袋的厚度为 50 cm 左右,铺设过程中上下层接缝错开,避免形成通天齐缝。围堰靠水侧充填袋设置示意图如图 5-32 所示。

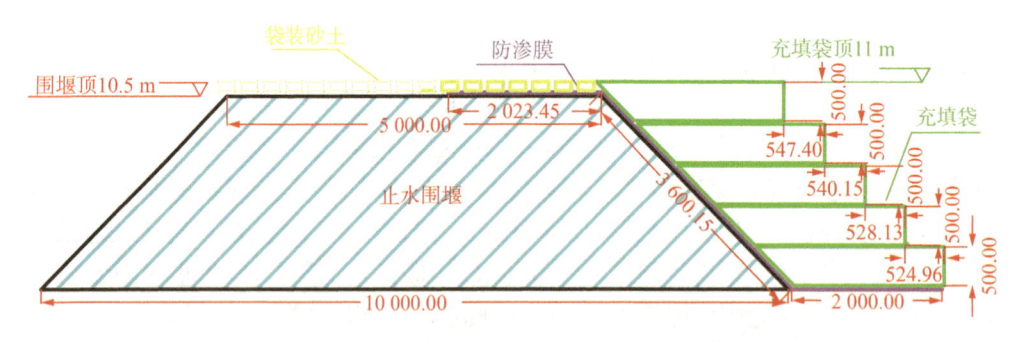

图 5-32 围堰靠水侧充填袋设置示意图

(1) 砂袋制作

充填的砂袋,采用 150 g/m² 的聚丙烯编织土工布,工业缝纫机双线折地缝纫,拼缝选用强度较高的丙纶线。

成卷布下料尺寸应通过设计断面尺寸计算,并考虑施工退挡尺寸。土工布门幅一般为 3.8～4.5 m,根据以往经验可按 6～7 幅拼接成袋体,长度为 25 m 左右。

每袋视其大小不同决定充填袋口数量,袋口采用袖筒式,每 50 m² 左右设一袋,袋子加工完毕后应由专人检查,合格后再折捆并设置明显标志。袋子不允许露天堆放,以避免在阳光照射下袋体老化破坏。

(2) 砂袋中砂土料的来源

泥浆泵充填砂袋示意图如图 5-33 所示。

图 5-33 泥浆泵充填砂袋示意图

在现场抛泥区内,利用水泵将水引向抛泥区,通过高压水枪制备泥浆,作为充填砂袋土料的来源。由于抛泥区的土含泥量较大,对泥浆泵充填砂袋的作业效率有很大影响,后续不能满足施工需求时,可以从外部运砂土进行充填砂袋作业。

(3) 充填砂袋施工

①水下充泥管袋施工

按照现场大堤位置确定出棱体施工位置线,加工后的土工布由人工送至现场,由人工将布袋四个角拴至两侧原有大堤上。此时由取砂区泥浆泵吊装好输泥管并与充灌袖口固定好,开动泥浆泵系统充灌袋体,当袋体达到一定厚度时,慢慢将定位缆绳放松,使充泥管袋渐渐沉入水中,充填过程按袋体的面积及设计的厚度控制每个袋体所充填的砂量,充填过程中应时刻关注充填情况,当设计方量全部入袋后则马上停止,准备后续充填管袋的施工。

②水上充泥管袋施工

为了确保工程质量和施工正常进行,充泥管袋在正式施工前,应在滩地上进行试充试验,以取得相关参数,如泥浆深度、布袋尺寸、屏浆压力、屏浆时间、固结速度和沉积率,经试验取得上述数据后,再进行正式施工。

正式施工前进行测量定位,测设出边线桩。铺袋就位,应选择在低潮位时人工作业,铺装后应进行适当固定,将输泥管插入袋口,启动泥浆泵开始输泥充填。在充泥过程中应不断变换输送方向,移动变换吹泥口,以免袋体受力不均匀造成变形移位或胀裂。如果吹填泥浆黏性较重,每只袋子可安排 2 台泵吹填,当屏浆压力较大时,可在袋体上部开放水洞,但应注意,此时减少扰动袋体,以保证泥浆稳定沉淀。在这种情况下,每只袋子充土时间可能较长,为了防止袋子胀裂,必要时也可进行两次充填,但每层袋必须在同一潮过程中完成。

每层袋的充填厚度根据土料及试验情况而定,根据工程土质情况,厚度控制在 0.6 m以下,同一层袋体厚度应均匀一致以便于上层灌袋施工,上下层袋体应交错铺设,即上下层袋子搭接缝错开,错距应在 3 m 以上,上层袋应在下层袋滤水完毕后开始充填,并且同一层袋体之间铺设时应有 1 m 左右的搭接,以免充填袋退挡后造成间隙漏水。充泥灌袋固结后干容重应达到设计要求。

考虑到施工期间沉降因素,参照以往类似土质施工经验,紧靠围堰充填袋设计标高为 11.3 m。经过现场查看,在抛泥区东北角处(长度大约 400 m),地形标高最低,储存了大量的水,土围堰施工难度大且不牢固,拟采用泥浆泵充填砂袋的方法建立围堰,围堰尺寸如下:顶宽 7 m,按照 1:2 进行放坡,呈阶梯形铺设,两侧阶梯宽度均为 1 m。在充填袋靠水侧铺设一层土工布,顶部用袋装砂土压顶稳固,防止太阳直射,以及水流冲击造成的破坏。抛泥区东北角航拍图如图 5-34 所示。抛泥区东北角围堰(泥浆泵充填砂袋)断面图如图 5-35 所示。

袋装砂土压顶在围堰靠水侧后,在围堰顶用袋装砂土进行压顶。袋装砂土铺设时,注意错缝,不可形成通天齐缝。袋装砂土铺满围堰顶,宽度 5 m,厚度 50 cm,顶标高11 m。袋装砂土压顶示意图如图 5-36 所示。

图 5-34 抛泥区东北角航拍图

图 5-35 抛泥区东北角围堰(泥浆泵充填砂袋)断面图(单位:mm)

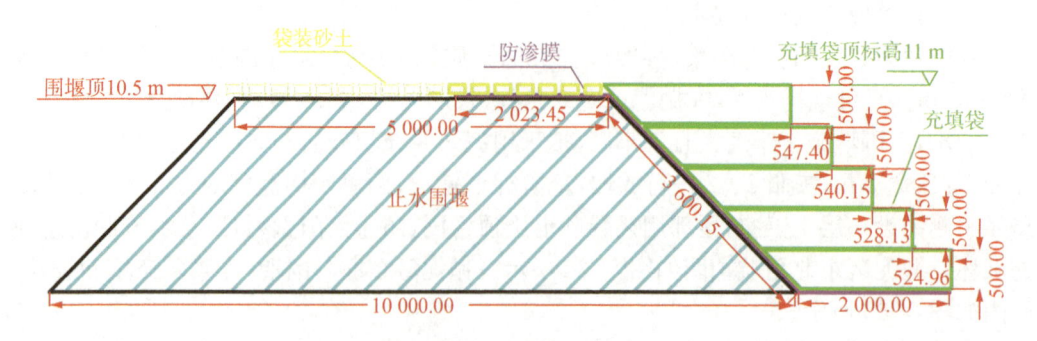

图 5-36 袋装砂土压顶示意图(单位:mm)

第6章

长江疏浚土衍生产品的研发及应用

长江疏浚土在应用领域属于附加值较低的砂石原料,现阶段各地在开展疏浚土综合利用时,大多直接作为砂石原料供应工程应用。在建材应用领域,不同河段的长江疏浚土根据其物理特性可应用于不同产品中,疏浚土衍生产品的研发及应用对未来长江疏浚土综合利用工作的开展具有非常重要的现实意义。

6.1 制备绿色建材衍生产品的研究及应用

6.1.1 疏浚砂建材掺配利用

长江下游的航道疏浚砂细度模数大多在 0.4～0.7,颗粒粒径总体偏细,无法直接作为建设用砂。现阶段的长江下游航道疏浚砂主要通过水运至指定码头后上岸,大多用于政府性工程的建材原料掺配。疏浚砂用于混凝土骨料掺配,其能充分提高混凝土用砂级配的合理性、和易性。不同品质的疏浚土如图 6-1 所示。

图 6-1 不同品质的疏浚土

6.1.2 制备轻质环保陶粒的技术研究

目前,长江江苏段每年的航道疏浚量约 2 000 万 m³,疏浚过程中会上岸大量航道清淤淤泥,实施疏浚淤泥综合利用,能够直接处理航道疏浚物,避免疏浚物抛江对水体的二次扰动,减轻对江中动植物生存环境的影响。另外,上岸利用代替抛弃有利于保护自然资源,带动区域经济发展。

陶粒是一种典型的多相体系,其成分主要包括 SiO_2、Al_2O_3、Fe_2O_3、CaO、Na_2O、MgO、TiO_2 等。当陶粒原料被加热至烧结温度时,原料内部各成分发生反应、相变,在反应相变足够长时间后,得到稳定的相结构。陶粒可应用于隔热,制备陶瓷、陶粒混凝土等。

陶粒混凝土是一种在回转窑中经发泡生产的轻骨科。它具有球状的外形,表面光滑而坚硬,内部呈蜂窝状,有密度小、热度率低、强度高的特点。在耐火材料行业中,陶粒主要用作隔热耐火材料。陶粒的粒径一般为 5～30 mm，陶粒一般可以用来取代混凝土中的碎石和卵石。建筑陶粒以其质轻、抗震性强、保温性能好、强度大、防噪性好等优点，已成为装配式墙板的建筑混凝土骨料。其作为装配式建筑的建筑骨料，早已占据轻骨料混凝土的半壁江山。陶粒混凝土如图 6-2 所示。

图 6-2　陶粒混凝土

陶粒可以用于厨卫装修回填用，卫生间回填对防水要求比较高，很多家庭使用沙子、水泥作为卫生间回填材料，这样不仅不会节约成本，还有可能因为质量、重量等原因使水管和地面超负荷而受到破坏，造成更多不必要的成本；而陶粒表面积大，孔隙率高，微孔状吸潮效果好，吸附截污能力强，有良好的物理、化学、水力等特性，这些性能让陶粒能在厨卫回填家用装修中起到重要作用；陶粒也可作为屋面找平保暖的材料，因其具备保温、吸音等性能。卫生间使用陶粒回填如图 6-3 所示。

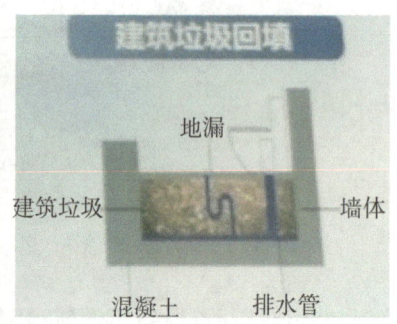

图 6-3　卫生间使用陶粒回填

陶粒滤料是由黏土、孔剂、黏溶剂经球磨、筛分、成型等工艺制成，可作为工业废水高负荷生物滤料池的生物挂膜载体。陶粒滤料也可用于饮用水的深度处理，它具有吸附水体中的有害元素、细菌以及矿化水质的作用，是活性生物降解有害物质效果最好的滤料，是生物滤池中最好的生物膜载体。陶粒滤料在化工、生物医药、环境保护和功能材料等领域具有广阔的应用前景，广泛用于电镀、染料、造纸、化工、冶金等行业的废水处理中。陶粒滤料的应用如图 6-4 所示。

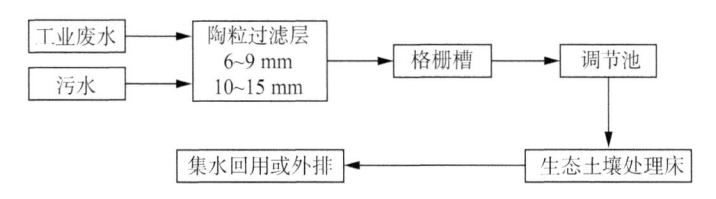

图 6-4　陶粒滤料的应用

花卉陶粒：人们养花会在花盆里加点小石子或者碎石，可以增加土壤的空隙，让空气进入，提高花卉的成活率。目前有一种材料叫花卉陶粒，成本低，其微孔状的材质适合植物吸水透气。陶粒本身就是营养丰富的材料，里面不仅有植物生长必需的氮、磷、钾，还有其他的营养物质，同时还很轻便。

陶粒混凝土墙板：陶粒混凝土墙板是以轻质陶粒、陶砂、水泥、砂、加气剂及水等配制的轻骨料混凝土为基料，内置钢筋骨架，经浇注成型、养护（蒸养、蒸压）而制成的轻质条型墙板。该产品分为光面和麻面，适用于住宅、公用建筑和高层建筑内隔墙，强度高、体轻、易于搬运、安装。轻质陶粒混凝土隔墙板与墙体、顶板焊接牢固，隔音、隔热效果好，用于工业与民用建筑的非承重墙。陶粒混凝土墙板既有普通混凝土的各项优越的物理性能，又兼顾了轻骨料隔热、吸声、防火、防潮等特性，与砌块墙和填充墙相比，具有独特的优越性：自重轻，可减少运输量；安装方便，可减少建筑废物；易凿洞、开槽，安装水电管线方便；墙体整体性能好，结构抗震性能优，板材截面比块砌体截面小，可增加室内面积、省时、省工、省料等。陶粒混凝土墙板如图 6-5 所示。

图 6-5　陶粒混凝土墙板

陶粒砂：随着油气田勘探技术的不断创新和提高，以及压裂技术的大规模推广应用，压裂支撑剂应运而生。人造砂、天然砂、核桃壳、玻璃球、陶粒砂等均作为支撑剂注入地下，陶粒砂因其耐高压、耐高温、导电性好而被广泛使用。陶粒作为支撑剂在石油开发中起着重要作用。

本研究主要从长江航道清淤淤泥制备陶粒条件及性能探究方面,介绍产品研发的有关成果。

1. 原料

研究中的机制砂泥饼取自镇江市港发新材料有限公司,淤泥来源于长江航道镇江段清淤淤泥。原材料的基本性质如表6-1所示,原材料的化学组成如表6-2所示。

表6-1 原材料的基本性质

原材料	基本性质			
	pH	有机质($g \cdot kg^{-1}$)	总氮($g \cdot kg^{-1}$)	总磷($g \cdot kg^{-1}$)
机制砂泥饼	7.95	ND(未检测出)	13.70	10.54
清淤淤泥	6.32	267.72	20.63	21.74

表6-2 原材料的化学元素分析 单位:%

原材料	化学组成						
	SiO_2	CaO	Al_2O_3	Fe_2O_3	P_2O_5	Na_2O	MgO
机制砂泥饼	76.61	18.54	6.66	2.11	0.36	0.97	2.41
清淤淤泥	44.21	26.13	12.42	10.87	1.64	1.13	3.07

2. 陶粒制备

陶粒制备过程包括烘干、预混、造粒、干燥、烧结和冷却。泥饼原料在筛网上反复摩擦,制备较细的泥饼块,检测其含水率为40%±5%。将泥饼块与含水率为45%±5%的航道清淤淤泥于105℃烘干后粉碎过60目筛,机制砂泥饼:清淤淤泥以不同质量混合比2∶1、1∶1、1∶2、1∶3分别混合,将混合料按固液比8∶3加水湿润后以30~50 r/min的转速进行旋转造粒,制成直径为6~9 mm的球形颗粒。以刚玉坩埚盛放适量的泥饼粒,在400℃预热20 min后,在马弗炉中烧结干燥的颗粒。烧结温度和时间的测试范围分别为1 000~1 200℃和5~25 min。最后,将产品冷却至室温。

3. 数据分析和表征

堆积密度、吸水率、筒压强度指标测定方法依据《轻集料及其试验方法》(GB/T 17431.2—2010);采用X射线荧光光谱仪(XRF)分析原料的主要化学组分,采用X射线衍射仪(XRD)分析原料和不同配比陶粒的物相。

4. 结果与分析

(1) 烧结温度的影响

烧结温度影响制备陶粒特性。Chakraborty等人研究表明,原料中的有机物在900℃下可以完全降解汽化。因此,本研究的烧结温度范围选择在1 000~1 200℃。如图6-6所示,在1 000~1 150℃的范围内,四种比例制备陶粒的抗压强度均随着温度的升高呈上升趋势。较低的温度不利于无机组分如SiO_2、Al_2O_3、CaO、Fe_2O_3等产生均匀结构,最终形成强度相对较低的陶粒。当温度超过1 150℃时,抗压强度略有下降,这意味着1 150℃足够融化混合物原料中的无机组分,无机组分在冷却后最终形成强硅酸盐基化合物。控制烧结时间为15 min，堆积密度的变化情况如图6-7所示，陶粒的堆积密度在1 000~1 150℃时随温度的升高而降低。在此范围内温度升高，有机质汽化更充分，陶粒内部因形成气孔而膨胀，从而使堆积密度降低，这与陶粒的膨胀性能密切相关。当温度超过1 150℃时，过高的温度导致陶粒内部汽化产生压力，内部大幅度膨胀，堆积密度较大。淤泥中的碳含量及泥饼中含有的SiO_2、Al_2O_3等物质液化后扩充陶粒内部气孔，致使堆积密度升高。如图6-8所示，陶粒吸水率随着烧结温度的升高而逐渐下降，吸水率下降与陶粒内部高熔点物质液化有关，液化的高熔点物质的质量占比随温度的升高而增加，导致陶粒内部气孔增加，从而降低了孔隙率，使得吸水率下降。综合以上结果，选择1 150℃作为评估烧结过程中的最佳温度。

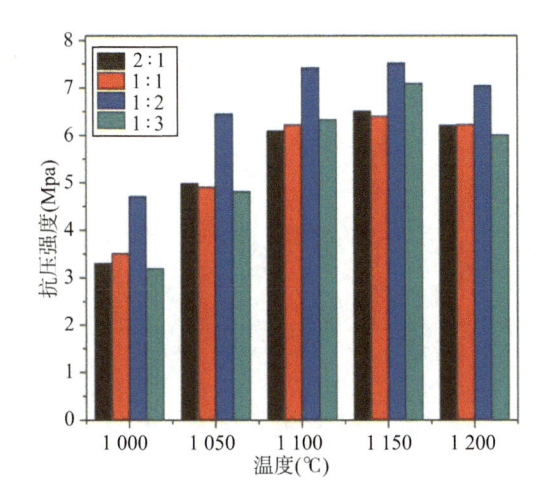

图6-6　烧结温度对筒压强度的影响 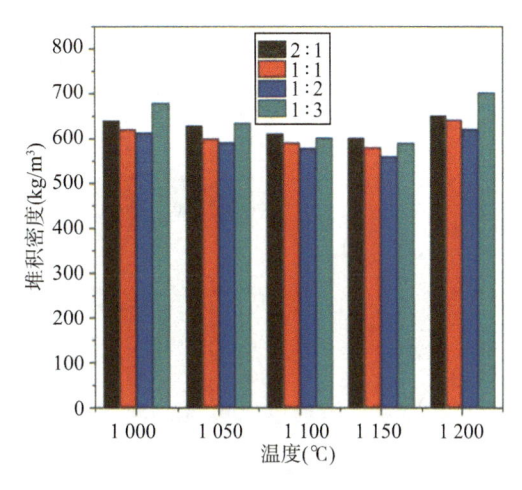　　　　图6-7　烧结温度对堆积密度的影响

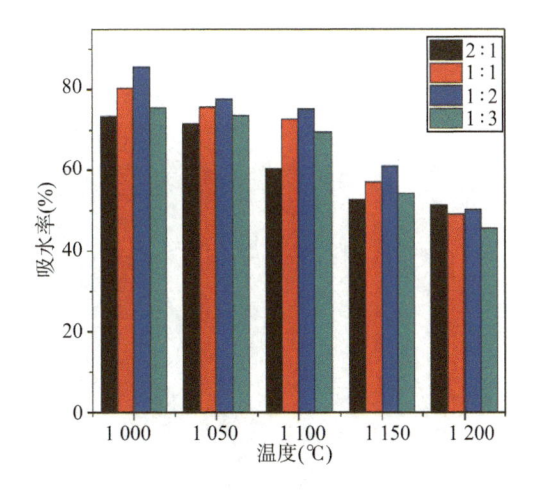

图6-8　烧结温度对吸水率的影响

（2）烧结时间的影响

从产品质量和能耗的角度来看，烧结时间是另一个需要控制的重要参数。当烧结温

度分别设定为 1 150℃时,如图 6-9 所示,烧结时间少于 15 min 时,陶粒不具备足够的强度,这是因为混合物中无机组分的熔化或有机物的汽化不够充分。当烧结时间延长到 15 min 以上时,抗压强度增高且趋于稳定。如图 6-10 所示,吸水率随着烧结温度的增加而减小。陶粒内部液化反应随温度的增加更充分,内部气孔被填充,形成的多余液相则会封闭表面气孔,从而降低陶粒吸水率。在烧结温度为 1 000~1 150℃时,配比为 2∶1 的陶粒吸水率最小,此配比下淤泥含量少,在煅烧过程中有机质难以产生大量气体使陶粒内部产生膨胀,陶粒的孔隙率小,该结果与堆积密度的结果相一致。此外,类似于上述温度的烧结温度对产品堆积密度的影响较小,如图 6-11 所示。因此,得到测试范围内的最佳时间为 15 min。

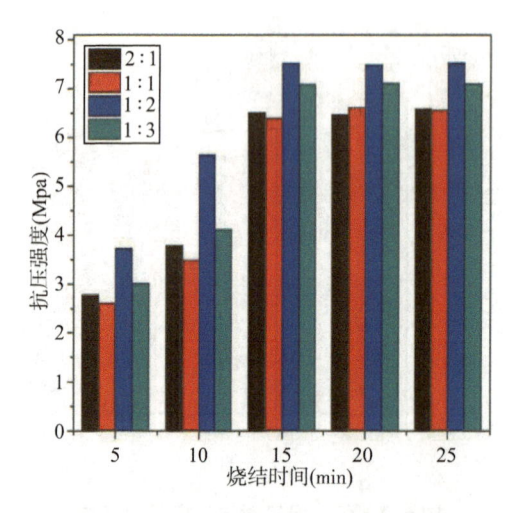

图 6-9 烧结时间对筒压强度的影响

图 6-10 烧结温度对吸水率的影响

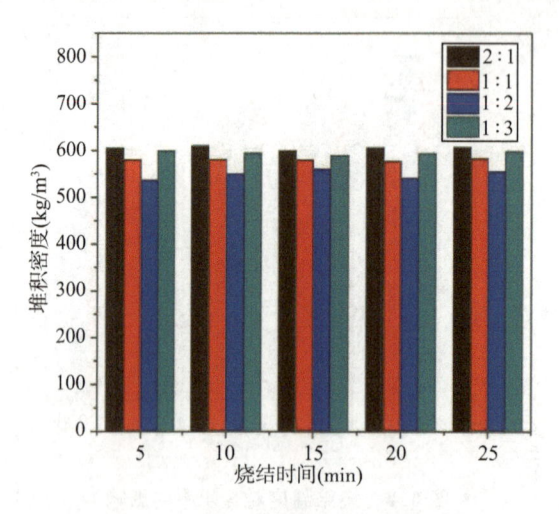

图 6-11 烧结时间对堆积密度的影响

(3) 原材料配比的影响

烧结温度和时间分别设定为 1 150℃和 15 min。当配比在 2∶1、1∶1 时,筒压强度仅随着清淤淤泥含量的增加而略有下降。当配比在1∶1、1∶3时,淤泥含量的进一步增加导致最终产品的强度降低幅度增加,这是由于混合物中含有的有机物在烧结过程中汽化后未能维持足够强的支撑结构,与硅/铝氧化物等无机成分无关。同时,淤泥含量的增加有利于总孔隙率的提高,主要是由于淤泥的烧结过程中有孔洞的形成。但是,淤泥含量占比过高(1∶3)时,陶粒强度大幅降低,内部稳定结构被破坏,无法改善总孔隙率。对于堆积密度,较高的淤泥含量制备的陶粒较轻,将其应用于混凝土中会有更好的隔热效果。综合考虑以上特性,原材料的最佳配比即机制砂泥饼∶清淤淤泥(质量比)为1∶2。在此条件下,保证了产品具有较高的强度和较低的堆积密度,且具有最佳吸水率。

(4) 物相分析

经上述分析可知,影响陶粒内部结构的主要因素是烧结温度和烧结时间。为了进一步探究陶粒内部构造与陶粒原材料化学组成的影响,对1 150 ℃、15 min烧制条件下4个比例的陶粒进行了XRD物相分析。如图6-12所示,4种不同比例下陶粒的物相组成相似,以SiO_2、$Mg_2(SiO_4)$、Al_2SiO_5为主,还有$Mg_3Al_2(SiO_4)_3$、$Ca_5F(SiO_3)_3$等。与等量掺配的陶粒相比,陶粒晶相结晶度随着淤泥添加比例的增加而更优异,且晶相的特征峰强度增加,出现$Na(AlSi_3O_8)$的峰值。当质量配比为1∶1、1∶2时,$MgHSiO_3(H_2O)_3$峰值消失,这是因为在一定温度、时间条件下,烧制过程中污泥中的有机质分解产生足够热量,促进晶体分解,从而形成更稳定的物相结构。

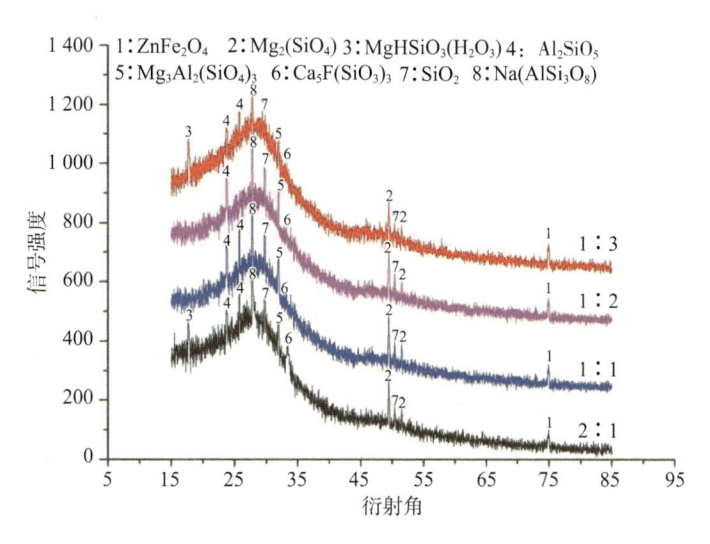

图6-12 不同比例下陶粒的XRD图谱

5. 结论

本研究首次将机制砂泥饼和长江航道清淤淤泥(镇江段)共同用于生产陶粒,以缓解航道淤积物导致的环境问题,主要结论如下。

烧结温度、烧结时间、原料配比显著影响陶粒的相关性质(筒压强度、堆积密度、吸水率)。随着烧结温度的增加,所得陶粒堆积密度升高,吸水率和筒压强度降低;随着烧结时间的增加,吸水率和筒压强度增加;随着淤泥的添加比例增加,陶粒吸水率上升、堆积密度减小,晶体表征结果中出现明显的特征峰。研究最终得出了烧结陶粒生产的最佳参数:机制砂泥饼:清淤淤泥质量比为 2∶1;烧结温度和时间分别为 1 150℃和 15 min,该条件下陶粒的筒压强度、堆积密度、吸水率分别为 7.52 Pa、560.19 kg/m³、31.15%。陶粒作为轻质骨料使用时有足够的强度,便于堆放和运输。根据重金属和微囊藻毒素的浸出毒性评价结果,最终的陶粒完全符合中国国家标准的要求,是一种合格的结构/建筑材料(轻集料),具备环境安全性。综上所述,本研究的制备工艺遵循了固体废物处理处置"减量化、无害化、资源化"的原则,为长江航道固体废物综合管理提供了很好的范例。

6.1.3 疏浚砂生产建材烘干砂

利用长江河道疏浚砂为原料生产建材烘干砂,属于《产业结构调整指导目录(2019 年本)》中鼓励类项目中第十二大类第 11 条:利用矿山尾矿、建筑废弃物、工业废弃物、江河湖(渠)海淤泥以及农林剩余物等二次资源生产建材及其工艺技术装备开发。属于国家大力倡导的绿色循环经济产业,同时推动了传统建材行业的绿色升级,符合中央及各级地方政府的发展规划。烘干砂作为疏浚砂后续加工的第一步,不仅决定着疏浚砂加工产品的质量,也可以增加疏浚砂的附加价值,是疏浚砂上岸变废为宝的必经之路。通过投资建设疏浚砂深加工生产线,进一步落实疏浚砂综合利用产品的加工项目,延长疏浚砂产业链,改变传统单一的直供疏浚砂利用方式,通过烘干加工过程,提高疏浚砂的附加值,增加产品的科技含量,扩充更多的疏浚砂利用方向,从而能够更加突出镇江市长江河道疏浚砂综合利用项目的亮点,充分发挥疏浚砂的社会效益,将镇江打造成长江沿岸疏浚砂综合利用的标杆与典范。经过前期市场调研可知,目前市场上特种砂浆、瓷砖胶等建筑材料对烘干砂的需求量较大。前期调研考察中,初步对派丽德高公司烘干砂需求量进行了了解。目前,派丽德高公司主要生产瓷砖胶,其细砂主要是通过个体贸易商在市场上采购提供,烘干砂采购价约 220~230 元/t,派丽德高公司上海、南京分公司每年烘干砂需求量约 60 万 t。常州和镇江等周边地区对于用于生产真石漆的烘干砂市场需求量约为 39 万 t。通过采集阿里巴巴采购网站的实时数据,分析江浙沪、华东地区共 10 家厂商烘干砂报价,计算得出烘干砂的销售均价约为 195 元/t(不含税)。

烘干砂的市场应用非常广泛,需求量非常大,主要用于建筑施工、装饰工程、干粉砂浆、水泥制品等行业。近几年因市场供给减少、供不应求,烘干砂的市场价格节节攀升,经济效益良好,具有广阔的应用前景和经济价值。

项目生产工艺流程如下:原料砂—铲车进料斗—皮带输送—烘干炉—震动筛分—进斗提机—进储罐—称重配砂—料仓—装袋—成品。

(1) 湿砂由装载机装入料斗,经变频调速皮带按可调节产量进入三筒烘干机。烘干机转动使砂在筒体内扬料抛洒前进。燃烧器燃烧产生热量,热风随引风进入烘干筒与湿砂进行热量交换,从而完成烘干过程。烘干机尾端设置布袋式除尘系统,保证燃烧的进行,同时对烘干过程进行除尘,保证环保效果。

(2) 烘干砂持续流入提升机,提升后进入旋转筛,筛除杂质,洁净砂持续流入提升机。

(3) 储料仓底部锥口设置粉料散装机,罐车进入车位后,散装头降下,卸料装车。

(4) 储料仓底部设有偏锥,经螺旋输送至累积计量系统。可根据细砂粗砂配方要求,完成配料。计量完成后,混合砂经密封皮带输送至提升机,提升至拌合楼顶部的暂存仓。

料门开启进入搅拌器内搅拌。搅拌均匀后卸料至储存仓。配料搅拌按计算机程序自动循环。储存仓内的成品砂经散装机,卸入罐车。

(5) 储存仓内的成品砂经输送机输送至包装机料仓,由包装机进行包装,完成后经输送机输送至码垛区域。

系统工艺流程图如图 6-13 所示。

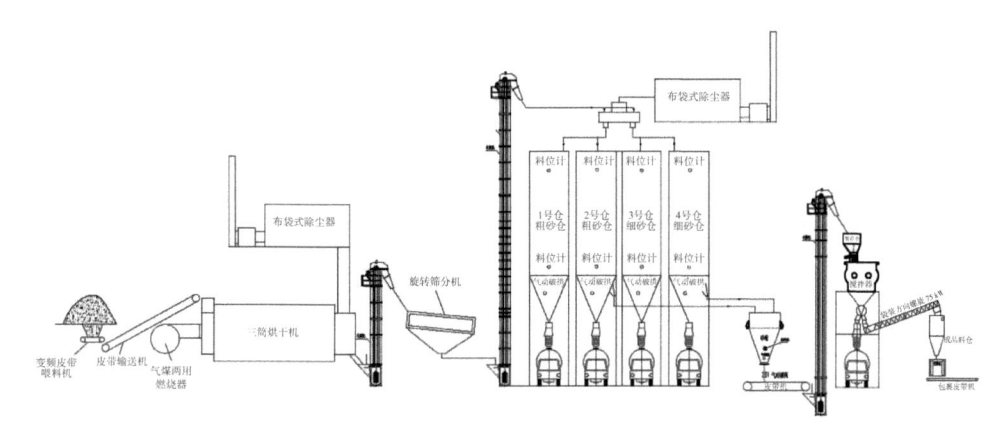

图 6-13 系统工艺流程图

项目的高温环保干燥处理技术、多规格环保分选工艺、低能耗无排放集中处理、零距离的供砂优势,对整治现有小而简、高污染、高能耗的干化砂起到示范作用。本项目工艺适用于矿砂/机制砂干燥处理,可以处理直径为 0.05~3.5 mm、含水率为 1%~30% 的矿砂颗粒。

6.1.4 疏浚砂制备石膏砂浆和铸造砂

石膏砂浆和铸造砂都依托烘干的疏浚砂作为原料,将疏浚砂与脱硫石膏有机结合,通过固废协同处理,打造新型绿色建筑材料。创新之处在于采用疏浚砂作为石膏砂浆的原料之一,替代石英砂的使用,大幅度提升了疏浚砂的经济价值,降低了成本,具有良好的环保和经济效益。避免使用水泥、提高工业固体废弃物掺量等方式可大幅度提高产品的质量和附加值,推动我国高性能砂浆产品及成品的科技进步,并形成显著的核心竞争优势和降本增收潜力。充分依托本地长江疏浚砂,经过深加工工艺,进行高端石膏砂浆及铸造用砂的生产和销售,可为本地区的建筑业和铸造业提供优质价廉的原材料,减少砂资源的无效消耗,转型资源绿色化综合利用,助力地方经济的发展。经过前期市场调研可知,目前市场上对石膏砂浆的需求量较大。前期调研考察中,初步对派丽德高等公司的石膏砂浆生产量进行了了解。南京周边市场每年的石膏砂浆需求量约为 200 万 t。因此,以疏浚砂为原料,制作石膏砂浆和铸造砂是可持续发展的项目,具有广阔的市场前景,经济效益和社会效益显著。

石膏砂浆设备生产步骤:疏浚砂—铲车进料斗—皮带输送—烘干炉—震动筛分—进斗提机—进储罐—称重配砂(按比例加入经煅烧炉煅烧的脱硫石膏、添加剂和气凝胶等原料)—料仓搅拌—装袋—成品。石膏砂浆样板如图 6-14 所示。

图 6-14　石膏砂浆样板(左:重质样板;右:轻质样板)

6.2　制备生态河道养护产品的研究及应用

6.2.1　基于长江下游疏浚砂的航道整治预制构件研究

长江流域是我国内陆地区的主要航道,由于水下砂体的不断堆积和变化运移,直接影响长江黄金航道(12.5 m深)的正常运行,为保证航道的通航能力,需定期对航道进行清淤排淤作业,由此将产生大量的疏浚超细砂。疏浚超细砂是疏浚工程的副产品,是一种可利用的自然资源,属于不可再生资源,不是废弃物,能够使其服务于建筑市场等社会经济发展的各个方面。经过几十年发展,我国水运业得到高效发展,航道整治工程技术日趋成熟,但在航道整治混凝土构件方面有很多技术仍未突破。

目前河海大学在基于长江下游疏浚砂的航道整治预制构件方面进行了如下几个方面的研究。

1. 航道整治疏浚砂砂浆及混凝土制备技术研究

(1) 疏浚砂特性研究

①砂样 pH 值:测试结果均大于 7.0,呈微碱性,OH 基的离解程度较大,双电层较厚说明砂样的活性比较低。砂样 pH 值测试结果如表 6-3 所示。

②化学成分:砂样中 SiO_2、Al_2O_3 含量都比较高,其次依次为 CaO、Fe_2O_3、MgO。砂样化学成分分析结果如表 6-4 所示。

表 6-3　砂样 pH 值测试结果

序号	土样名称	静置开始时间	静置结束时间	悬液容(mL)	pH 值
1	航道砂	15:40	16:10	30	7.25
2	边滩砂	15:30	16:00	30	7.45

表 6-4　砂样化学成分分析结果　　　　　　　　　　　　　　　　　　　单位:%

名称	SiO$_2$	Al$_2$O$_3$	Fe$_2$O$_3$	CaO	MgO	K$_2$O	Na$_2$O	TiO$_2$	SO$_3$
航道砂	63.73	14.33	4.82	8.54	3.02	3.00	1.46	0.648	0.05
边滩砂	55.37	19.13	7.47	8.03	3.92	3.21	0.81	1.07	0.14
普通砂	86.55	9.74	0.98	0.96	1.09				

③矿物组成:从砂样的 X 射线衍射图中看到,砂样中主要矿物为蛭石、伊利石、绿泥石、高岭石、石英、长石等,其中石英、长石类原生矿物的特征峰最为明显。航道砂样 X 射线衍射(XRD)图如图 6-15 所示,边滩砂样 X 射线衍射(XRD)图如图 6-16 所示。

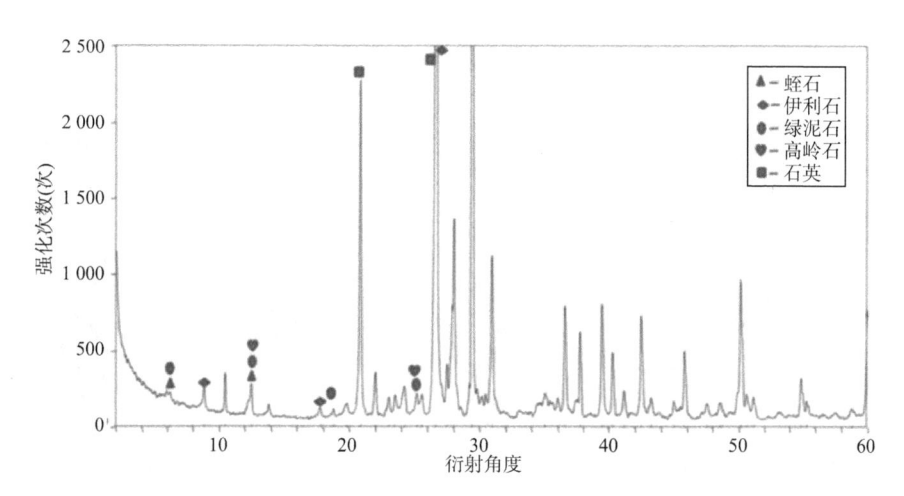

图 6-15　航道砂样 X 射线衍射(XRD)图

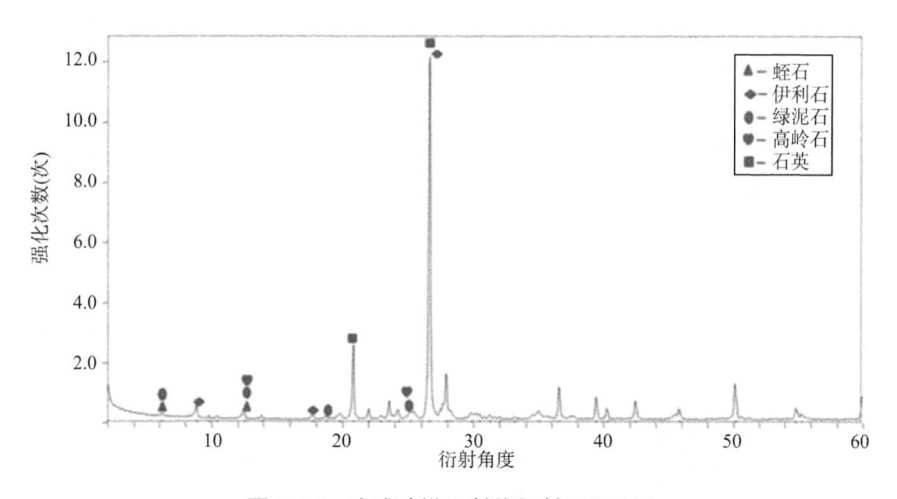

图 6-16　边滩砂样 X 射线衍射(XRD)图

④粒度分布:疏浚砂粒径极细、级配差、细度模数偏小。砂样整体呈现透明或半透明形态,颗粒独立,颗粒之间无黏结,颗粒晶体透明、边缘平直光滑,由于表面的圆滑,颗粒摩擦力较小,团聚力很小,塑性较差。航道砂样与边滩砂样粒径对比如图 6-17 所示,航

道砂样颗粒形貌图如图 6-18 所示,边滩砂样颗粒形貌图如图 6-19 所示。

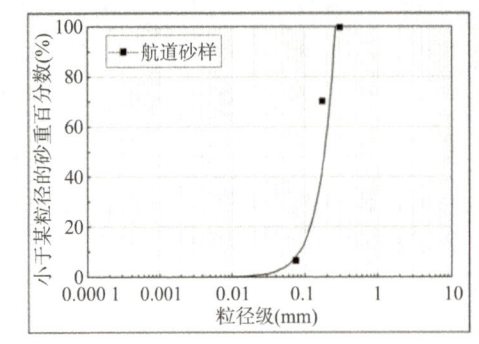

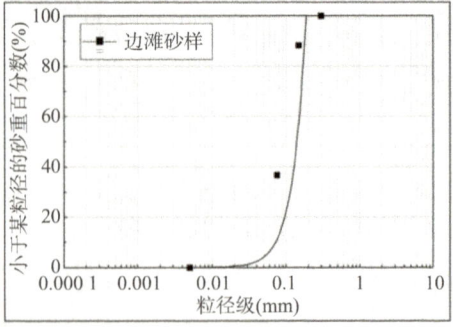

图 6-17 航道砂样与边滩砂样粒径对比

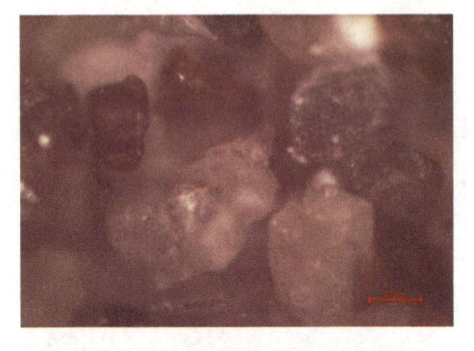

图 6-18 航道砂样颗粒形貌图

图 6-19 边滩砂样颗粒形貌图

(2) 疏浚砂砂浆及混凝土形态研究

采用 TOPSIS-灰色关联分析法综合评价颗粒群的形态特征,得到了颗粒群的综合系数。样本中的整体综合系数大小依次为机制砂、超细砂、河砂、标准砂。$50\ s^{-1}$ 左右为疏浚砂混凝土的应变率敏感值,采用材料模型(CEB)推荐的计算模型对高应变率下的疏浚砂混凝土差离值(DIF)进行分析预测。综合形状系数分布直方图如图 6-20 所示,分形维数-整体综合系数的相关性如图 6-21 所示。

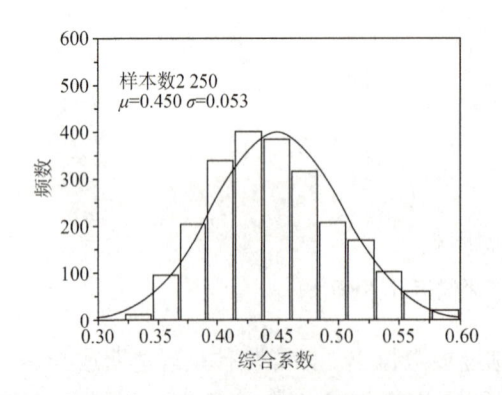

图 6-20 综合形状系数分布直方图

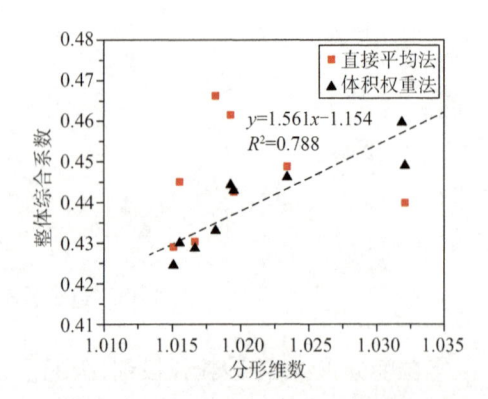

图 6-21 分形维数-整体综合系数的相关性

（3）养护制度对疏浚砂砂浆、混凝土孔隙结构及力学性能影响

对于蒸养试件，增加静停时间可以显著提高砂浆的早期强度和后期强度（90 d）。与标养试件相比，蒸汽养护会增大砂浆的孔隙率以及大孔的比例。疏浚砂砂浆的抗压强度与疏浚砂取代率有较大关系，其影响程度和静停时间有关，疏浚砂对低静停时间有较突出的增强效果。增加恒温时间可以显著提高砂浆的早期强度，但对其后期强度（90 d）的发展不利。恒温时间过长会使内部水化产物聚集程度高、分布不均匀，阻碍后续的水化反应。虽然恒温时间越长对砂浆的不利影响越大，但疏浚砂的掺入在一定程度上降低了不利影响。孔径分布与静停时间关系如图 6-22 所示，静停时间对疏浚砂混凝土强度发展影响如图 6-23 所示，孔隙率与恒温时间关系如图 6-24 所示，恒温时间对疏浚砂混凝土强度发展影响如图 6-25 所示。

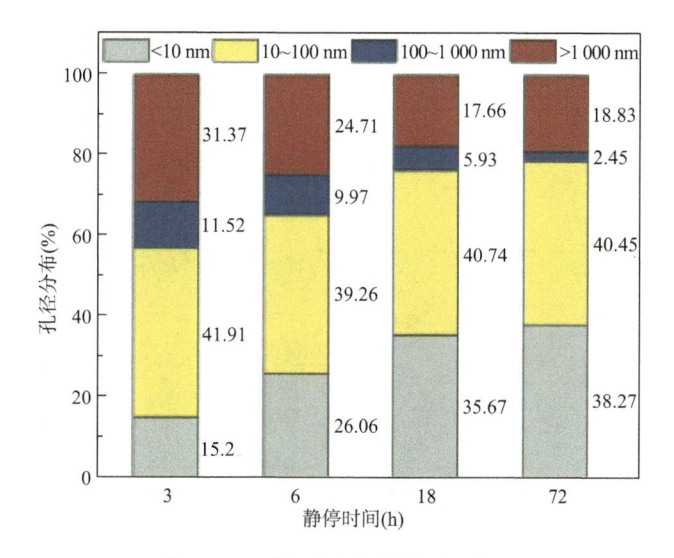

图 6-22 孔径分布与静停时间关系

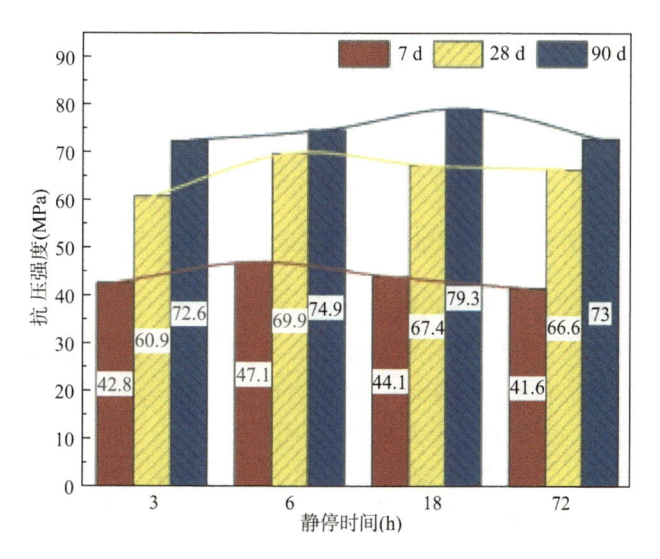

图 6-23 静停时间对疏浚砂混凝土强度发展影响

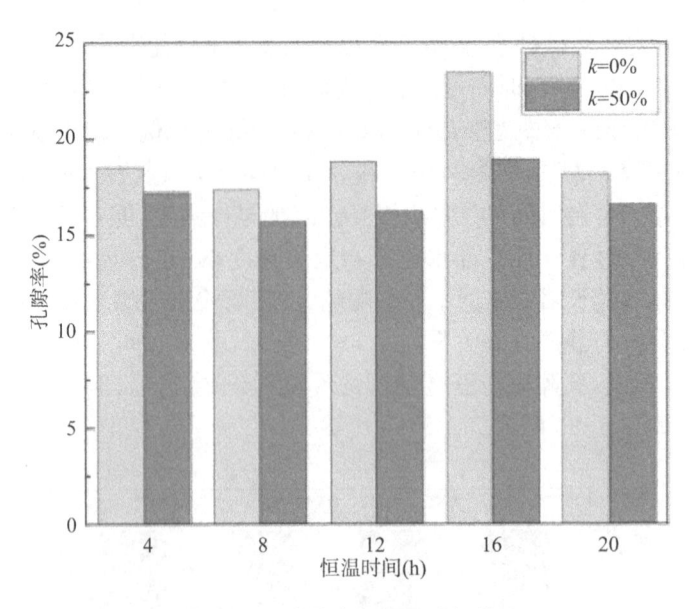

图 6-24　孔隙率与恒温时间关系

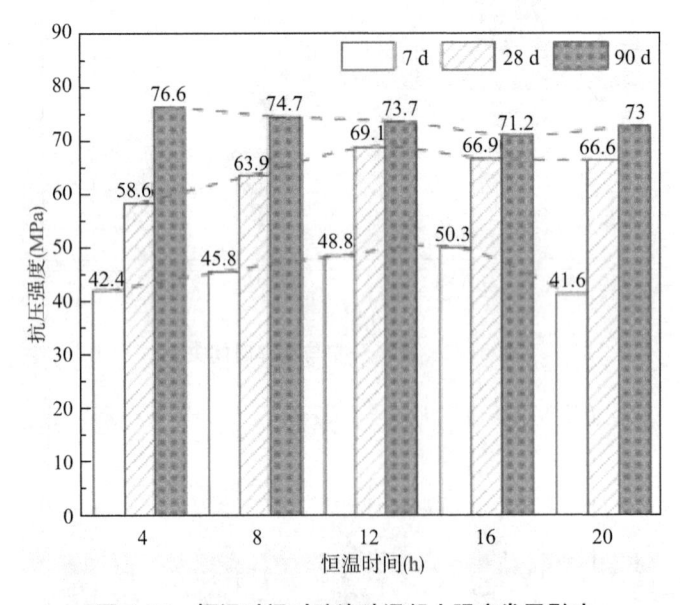

图 6-25　恒温时间对疏浚砂混凝土强度发展影响

(4) 超细疏浚砂砂浆特性及微观组成分析

7S3F 硬化后 28 d 时,可以观察到基质中存在的裂纹。50％疏浚砂掺量的砂浆中产生的凝胶相减少,凝胶层较薄,骨料间很多空隙并未被填满,基质中呈现较多孔洞。100％疏浚砂的基质中,凝胶含量大大减少,基质中的 C-S-H 呈箔状形态覆盖在渣粒表面。不同 DS 掺量疏浚砂砂浆的 XRD 分析如图 6-26 所示,3S7F 砂浆 SEM 分析如图 6-27 所示。

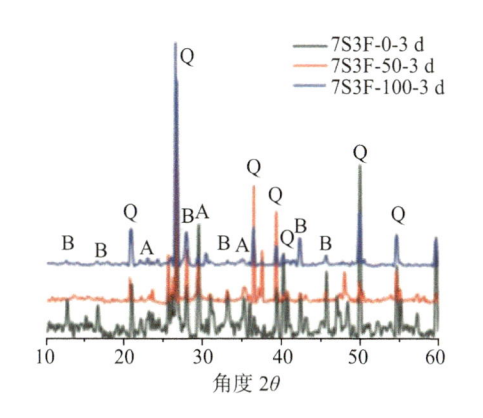

图 6-26　不同 DS 掺量疏浚砂砂浆的 XRD 分析　　图 6-27　3S7F 砂浆 SEM 分析

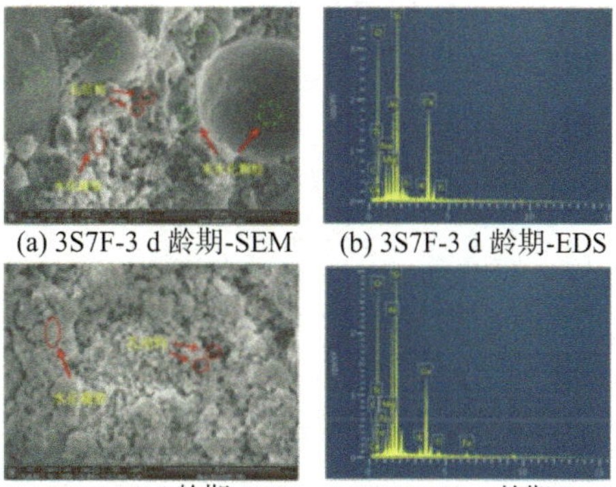

（5）疏浚砂混凝土配合比优化研究

与传统的混合设计技术相比，采用多目标优化技术的混合疏浚砂混凝土设计具有重要的优势。通过使用响应面法，可以通过许多不同的混合物来获得目标性能模型，预测结果与实验结果的比较表明，该统计模型可以很好地预测新混合物的性质。混合比例可取性如图 6-28 所示，预测值与实际值比较如图 6-29 所示。

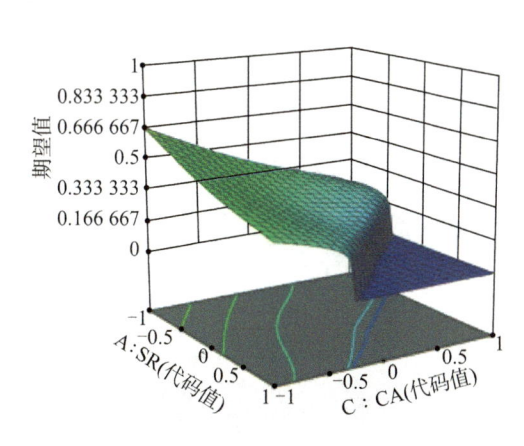

图 6-28　混合比例可取性 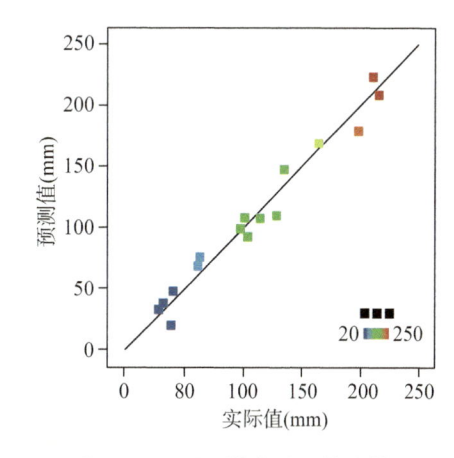　　图 6-29　预测值与实际值比较

针对典型疏浚砂河段的疏浚砂（含泥量 4%，细度模数 0.3），根据疏浚砂样品的含泥量、粒径，设计配合比，通过实验分析不同含泥量的疏浚砂和不同填料质量对新型砂性混凝土状态及强度的影响，得出了砂石含泥量不同和填料质量不同对混凝土状态及强度影响的规律。

基于最少浆体理论的疏浚超细砂混凝土配合比设计方法及试验研究：预测混凝土强度为 C30 时，坍落度最大，流动性最好；强度为 C50 时，坍落度在 115~145 mm 之间，其流动性和 C30 混凝土相比下降明显。随着疏浚砂取代率的增加，强度先增加后减小。过多的超细疏浚砂会促进产生较大的孔隙，从而对混凝土的抗压强度产生不利影响。超细疏浚砂含量比对坍落度的影响如图 6-30 所示，超细疏浚砂含量比与抗压强度的关系如图 6-31 所示，通过 MIP 获得的不同超细疏浚砂含量比的混凝土的试验结果如图 6-32 所示。

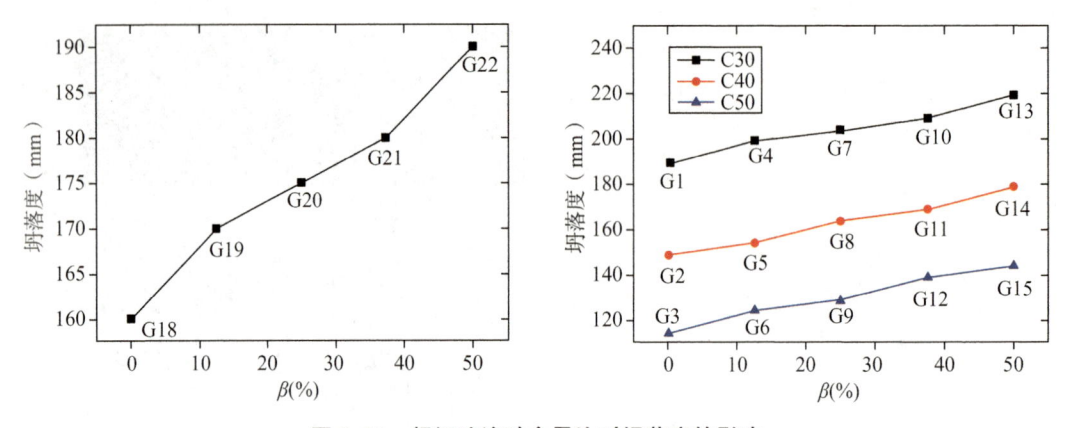

图 6-30 超细疏浚砂含量比对坍落度的影响

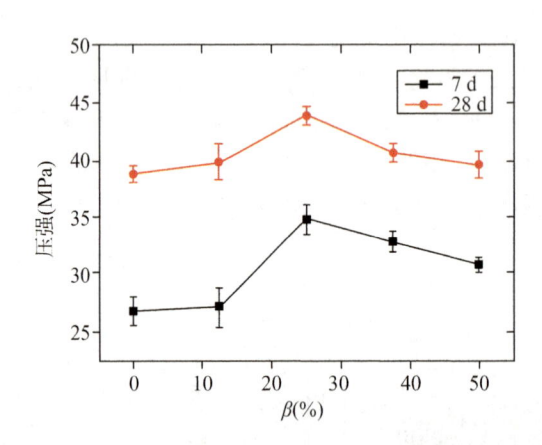

图 6-31 超细疏浚砂含量比与抗压强度的关系

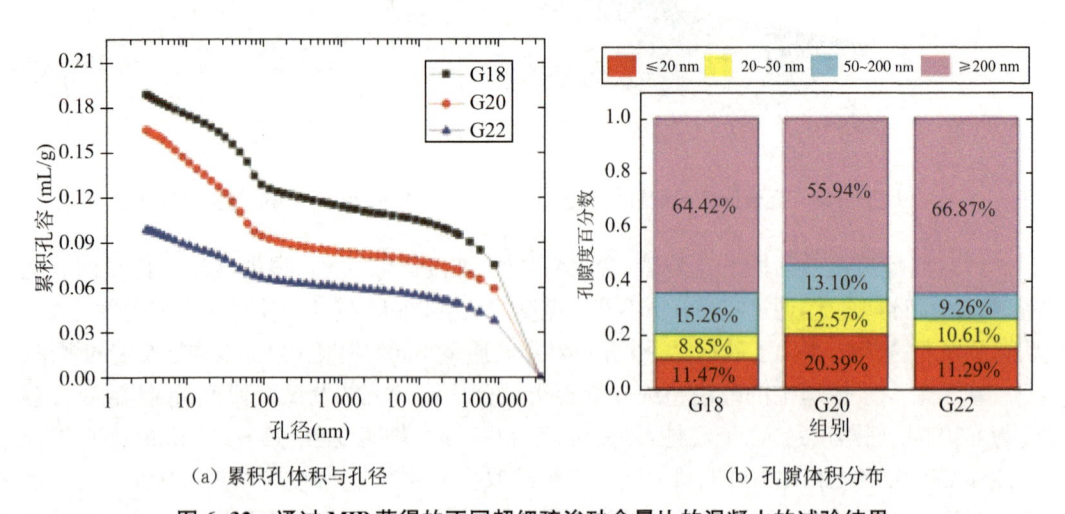

(a) 累积孔体积与孔径　　(b) 孔隙体积分布

图 6-32 通过 MIP 获得的不同超细疏浚砂含量比的混凝土的试验结果

2. 航道整治疏浚砂砂浆及混凝土微观结构的研究

（1）混凝土中的 SiO_2 衍射峰十分突出，对应混凝土中的砂颗粒。此外 $CaCO_3$ 衍射峰（29.405°）突出，这可能主要是由于部分 C-S-H 碳化所致。不同疏浚砂掺量配合比的混凝土 XRD 水化产物如图 6-33 所示。

（2）当疏浚砂掺量为 25%，即 DSC25 组，混凝土孔隙率的变化趋势由减转增。五种不同疏浚砂掺量配合比的混凝土的孔隙率如图 6-34 所示。

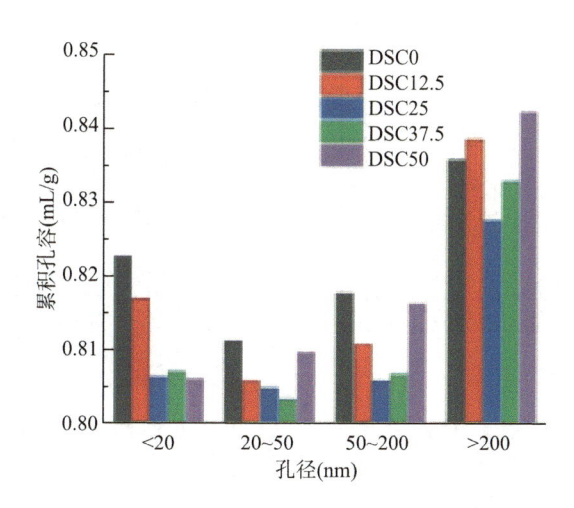

（3）适量的疏浚砂掺量可以改善混凝土的孔隙率和孔径分布，过量增加疏浚砂会造成少害孔、有害孔以及多害孔比例的增加。不同疏浚砂掺量配合比的混凝土孔径分布如图 6-35 所示。

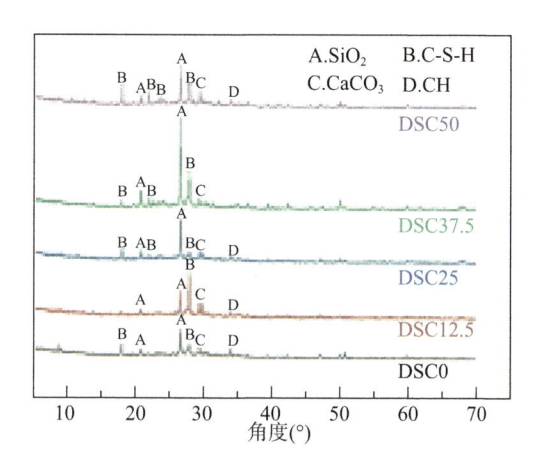

图 6-33 不同疏浚砂掺量配合比的混凝土 XRD 水化产物

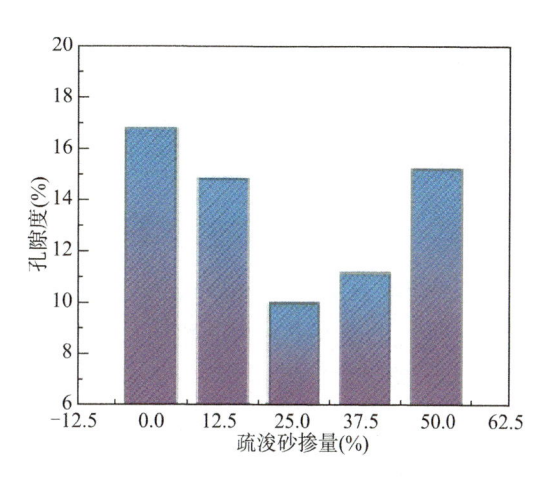

图 6-34 五种不同疏浚砂掺量配合比的混凝土的孔隙率

图 6-35 不同疏浚砂掺量配合比的混凝土孔径分布

（4）在 DSC25 组可明显观察出基质部分层片状堆积的 $Ca(OH)_2$ 晶体和 C-S-H 凝胶结合紧密，基质趋向密实化。不同疏浚砂掺量配合比的混凝土电镜图如图 6-36

所示。

(5) 随着疏浚砂掺量的增加,疏浚砂混凝土在孔隙球形度 0.9~1 区间的占比孔隙先减少后增加。球形度分布如图 6-37 所示。

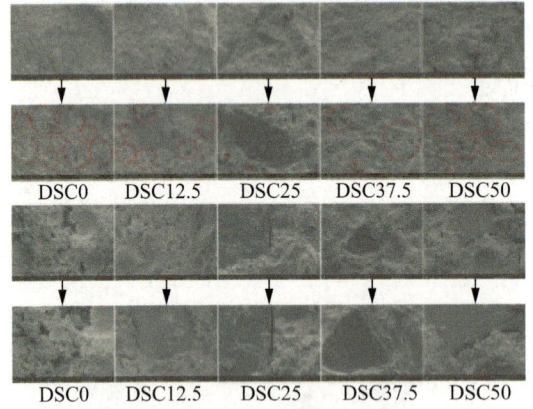

图 6-36 不同疏浚砂掺量配合比的混凝土电镜图

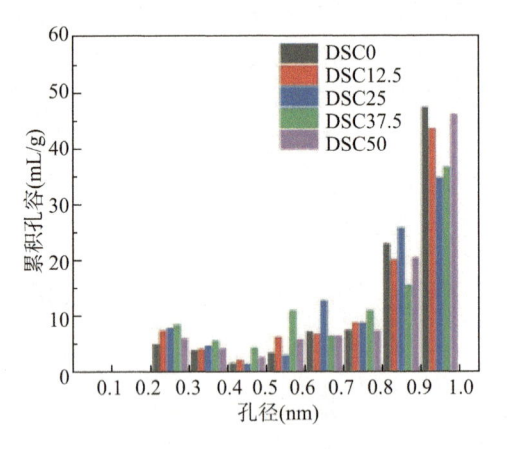

图 6-37 球形度分布

3. 超细疏浚砂对混凝土静动态力学性能影响研究

(1) 结合混凝土的力学性能和工作性能,疏浚砂的优化掺量在 50% 左右(疏浚砂占细骨料的质量比),其抗压强度和劈拉强度较对照组分别提升 8% 和 10.9%。不同疏浚砂掺量的混凝土的抗压强度如图 6-38 所示。

(2) SEM 电镜观察结果表明,适量掺加疏浚砂颗粒能够填充混凝土内部微小间隙,改善界面过渡区结构。疏浚砂混凝土与普通混凝土 SEM-EDS 分析如图 6-39 所示。

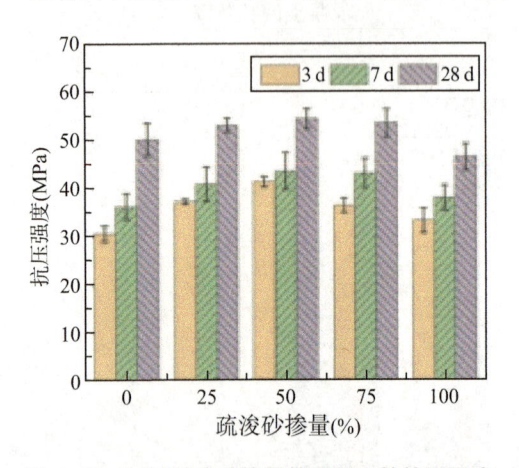

图 6-38 不同疏浚砂掺量的混凝土的抗压强度

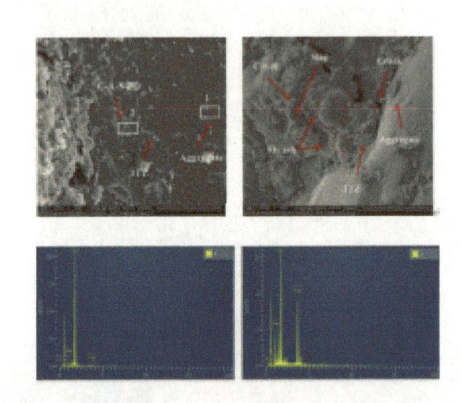

图 6-39 疏浚砂混凝土与普通混凝土 SEM-EDS 分析

4. 疏浚超细砂混凝土耐久性试验研究

混凝土结构在服役期内除了受到荷载作用还会受到各种环境因素的侵蚀作用,因此,有必要研究疏浚砂混凝土的耐久性。疏浚超细砂混凝土耐久性的多种试验类型如图 6-40 所示,疏浚超细砂混凝土耐久性研究性方案如表 6-5 所示。

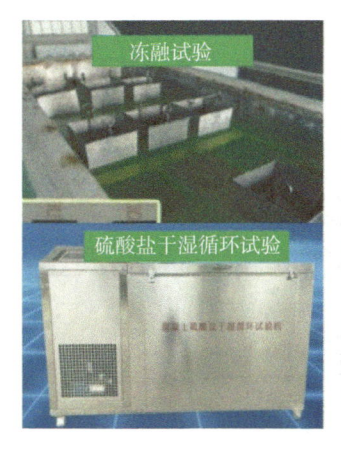

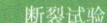

第 6 章 长江疏浚土衍生产品的研发及应用

图 6-40 疏浚超细砂混凝土耐久性的多种试验类型

表 6-5 疏浚超细砂混凝土耐久性研究性方案

试验类型	试件尺寸(mm³)	研究因素	水平	研究内容	试验类型	研究因素	研究内容
冻融试验	素混凝土 100×100×400	循环次数	0,50,100,150,200,250	质量损失、强度损失			
冻融试验、断裂试验	100×100×400	循环次数	0,50,100,150,200,250		断裂试验	加载制度	断裂性能
碳化试验	100×100×400	碳化时间	0,7 d,14 d,21 d,28 d	碳化深度			
碳试试验、断裂试验	100×100×400	碳化时间	0,7 d,14 d,21 d,28 d		断裂试验	加载制度	断裂性能
干湿循环试验	100×100×400	循环次数	0,15,30,45,60,75,90	质量损失、强度损失			
冻融试验、碳化试验	100×100×400	冻融与碳试验交替进行					
冻融试验、碳化试验、断裂试验	100×100×400	冻融与碳试验交替进行			断裂试验	单调加载	单调加载
钢筋拉拔试验	200×200×200	加载速率	$10^{-6}(s), 10^{-5}(s), 10^{-4}(s)$				
冻融试验、抗弯试验	钢筋混凝土梁 100×150×1 000	循环次数	0,50,100,150,200,250		抗弯试验		
抗弯试验	100×150×1 500 120×120×2 000				抗弯试验		

河海大学在以上研究的基础之上,研发了两种疏浚超细砂混凝土新型连锁构件,如下:

(1)混凝土 D 型连锁片设计:单元块 D 型软体排排体所受拉力较小,在排体抗拉强度一致的情况下,水下沉排过程中采用一体化单元块 D 型软体排结构更偏于安全。D 型连锁片如图 6-41 所示。

(2)新型透水框架设计:新型透水框架结构与制作工艺简单,并进行一体化设计,便于在工程现场开辟预制厂进行工厂化生产。新型透水框架如图 6-42 所示。

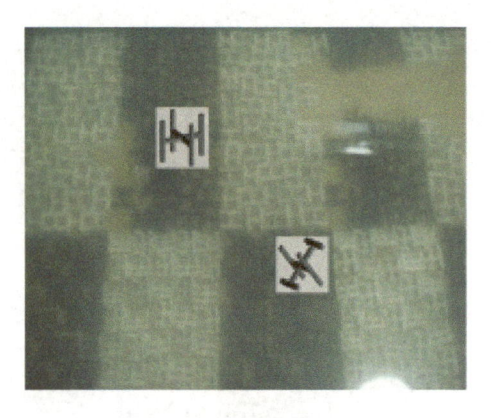

图 6-41　D 型连锁片　　　　　　　　图 6-42　新型透水框架

6.2.2　利用疏浚砂因地制宜实施河道治理

1. 长江澄通河段河道整治工程疏浚砂利用（2011—2016 年）

工程包括：铁黄沙整治工程疏浚砂利用、通州沙西水道整治工程疏浚砂利用、新通海沙岸线综合整治工程疏浚砂利用。疏浚砂主要被用于堤身袋装砂、堤身吹填砂和围区内吹填。

2. 长江南京河段八卦洲汊道河道整治工程疏浚砂利用（2019 年 9 月—2020 年 6 月）

工程包括：洲头水下鱼嘴加固工程、右汊进口护底工程、洲头右缘深槽防护工程及洲头左缘、上坝、洲头右缘、天河口、燕子矶等护岸加固工程。疏浚砂用于八卦洲洲头右缘深槽防护工程砂枕的填筑。袋装砂抛枕防护后多波束水下扫测图如图 6-43 所示。

图 6-43　袋装砂抛枕防护后多波束水下扫测图

3. 长江南京以下 12.5 m 深水航道二期整治工程疏浚砂利用

（1）2015 年仪征深水航道整治工程疏浚砂利用。整治建筑物位于世业洲西侧洲头，由头部潜堤、头部潜堤南北侧丁坝、右缘丁坝、左汊护底带以及护岸组成；采区位于世业洲右汊，疏浚砂用于世业洲西侧洲头潜堤抛填砂袋补坡。水上充灌翻板抛袋如图 6-44 所示。

图 6-44　水上充灌翻板抛袋

（2）2015—2016年和畅洲水道整治工程疏浚砂利用。辅以浅区疏浚，适当增加右汊分流比，工程措施主要有和畅洲左汊潜坝、右汊进口切滩、右汊主航道疏浚和护岸工程等；首次成功应用深水充灌袋装砂堤心施工工艺，疏浚砂主要用于潜坝袋装砂水下充灌。水下充灌铺排袋装砂如图6-45所示。

图 6-45　水下充灌铺排袋装砂

4. 2021年镇江市大港汽渡疏浚砂应用于孟家港码头袋装砂抛填抢险

孟家港抢险防护结构为软体排＋袋装砂＋护面块石；结合大港汽渡疏浚，疏浚砂主要用于孟家港码头抛填袋装砂充灌补坡。砂袋沉放补坡如图6-46所示。

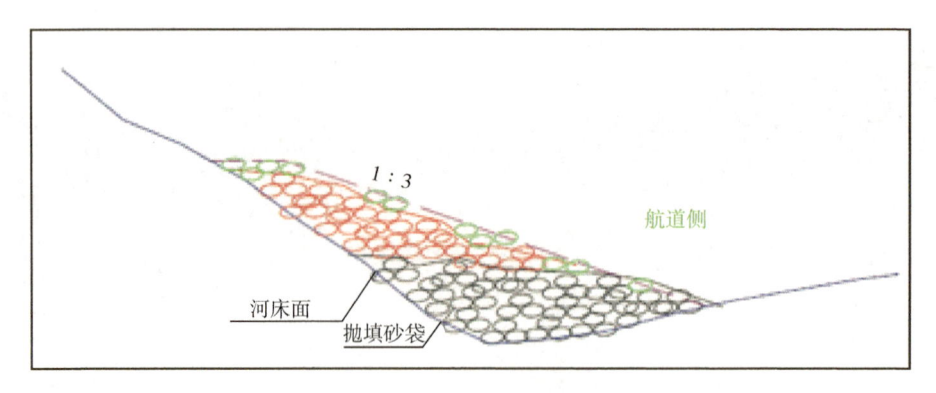

图 6-46　砂袋沉放补坡

5. 长江干线武汉至安庆段 6 m 水深航道整治工程疏浚砂利用

生态固滩是以疏浚土作为固滩基质,辅以临时固土措施,迁入生命力顽强先锋植被,后期通过适当养护,实现滩面植被丰度的逐步提升;利用疏浚砂因地制宜实施生态固滩。戴家洲生态固滩如图 6-47 所示,老虎滩生态固滩如图 6-48 所示。

图 6-47　戴家洲生态固滩

图 6-48　老虎滩生态固滩

6.3 制备低碳预制产品的研究及应用

6.3.1 疏浚土制作预制砖技术

疏浚土可用于制备护坡砖、彩色路面砖、透光砖、仿木砖等。疏浚土预制砖如图 6-49 所示。

图 6-49 疏浚土预制砖

(1) 护坡砖具有良好的透水性、透气性、保水性，还有降温、降噪和保护地表水循环等功能。护坡砖体积小、耐磨且修补方便，多用于较大坡度的道路两旁，能够减轻坡度冲击力，大大增加了安全性。在车站、机场、城市道路的改造中，护坡砖是较受欢迎的铺路石。淤泥烧结砖强度高、保温性好、抗风化、耐久性好，在市场上很受欢迎，市场前景广阔。利用淤泥制砖保护了黏土资源，有利于解决资源开发与制砖企业生产的矛盾。淤泥制砖的实施，可以解决清水河道工程中疏浚土方的出路，是保证河道整治工程顺利开展的有效途径。通常来说，河道淤泥沉积，每 3~5 年就需清理 1 次。以前财政每年都要拿出专项资金用于清淤，动用大量人力物力，还要解决淤泥堆放问题。如今淤泥成为砖瓦企业制砖原料，企业出资主动要求清淤，减少了政府投入，组织专业清淤队施工，在政府的监督下可以保证河道清淤的质量和进度，实现河道清淤的市场化运作。同时可以解决砖瓦企业难题，使砖瓦厂得以持续稳定地生存和发展，实现淤泥制砖企业的可持续发展。

(2) 利用疏浚砂、疏浚淤泥制备彩色路面砖，实现疏浚砂、疏浚淤泥的规模化应用。以疏浚砂、硅酸盐水泥、工农业废弃物(粉煤灰、矿渣粉、稻壳灰、城市垃圾焚烧灰等)、碱激发剂、憎水剂作为常温固化材料固化淤泥，研究优化固化材料的组成及耐水性能。以固化淤泥作为彩色路面砖基材(芯材)，通过优化组成与养护工艺，充分发挥胶凝材料的潜在水化活性，制备出满足相关规范性能要求的彩色路面砖产品，研究出适合工业化生产的工艺方法。

(3) 透光砖：人们对透光砖的印象可能来自 2010 年上海世博会意大利馆的外墙应用。整面墙像个巨大的窗户，阳光能穿透墙体照亮室内，同样，室内的灯光也能穿透墙体照亮夜晚。透光砖也是一样的原理。在制作透光砖的过程中，以疏浚砂为原材料，导入不同的导光材料，比如玻璃纤维，这样就使得透过透光砖的光变得柔和，也能做到在不同时间里透出不同波长的光，营造出不同的氛围，给人带来不同的感受。透光砖不仅能透光，还能承重，所以可以做成背景墙、吊顶、桌面等，应用范围广、空间适用性很强。

(4)仿木砖:仿木砖是一种类似于实木的地砖,其纹理逼真,抗潮、抗虫、抗污、耐磨、防水、防翘,无须使用胶黏剂,降低甲醛的释放量,相对于实木地板来说仿木砖使用时间更长、环保性能更佳。

6.3.2 掺有长江下游疏浚砂的钢筋混凝土构件

河海大学开展了基于疏浚超细砂的混凝土梁构件性能研究。

(1)采用不同掺量疏浚砂的混凝土浇筑梁构件,通过实际构件试验检验疏浚砂混凝土在结构应用中的真实性能。试件准备与性能检验如图6-50所示。

图 6-50 试件准备与性能检验

(2)采用分布式光纤传感,对钢筋及混凝土应变变形及裂缝扩展进行监测。试件准备与变形监测如图6-51所示。

图 6-51 试件准备与变形监测

(3) 采用不同掺量疏浚砂的混凝土浇筑梁构件,考虑不同剪跨比等参数,对疏浚砂混凝土梁的抗剪性能进行研究。抗剪性能试验如图 6-52 所示,单键齿与多键齿接缝抗剪性能实验装置如图 6-53 所示。

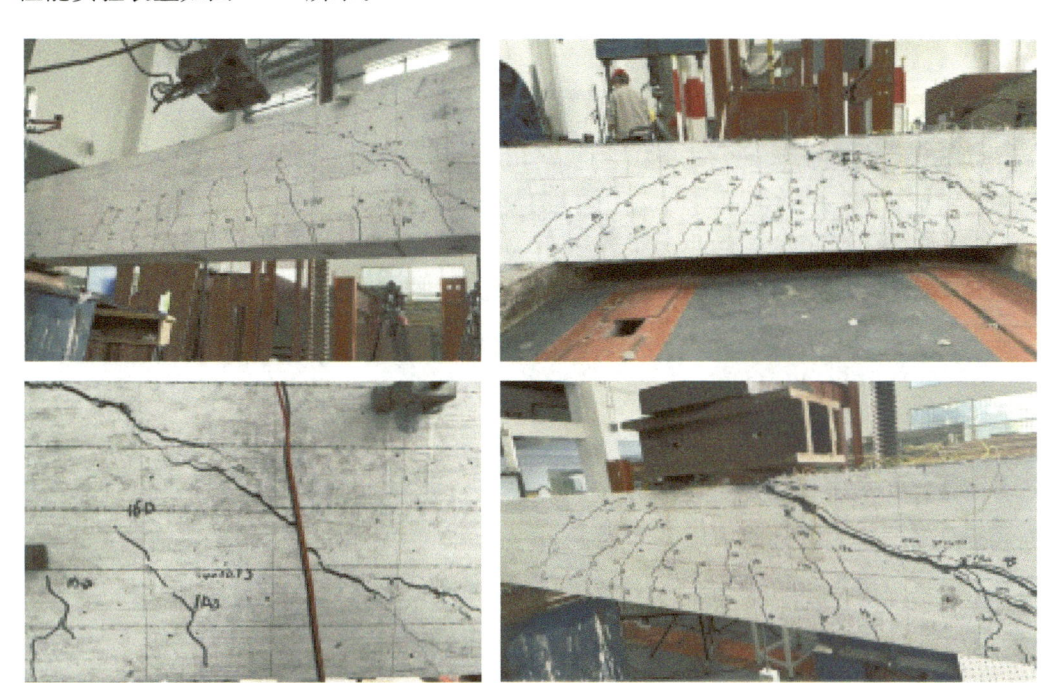

图 6-52 抗剪性能试验

图 6-53 单键齿与多键齿接缝抗剪性能实验装置

(4) 采用分布式光纤技术对梁表面及内部形变进行精确测量,发现结构破坏区域。
(5) 采用疏浚砂混凝土浇筑装配式构件,对疏浚砂混凝土在装配式桥梁方面的应用性能进行研究。疏浚砂混凝土在装配式桥梁中的应用性能试验如图 6-54 所示。

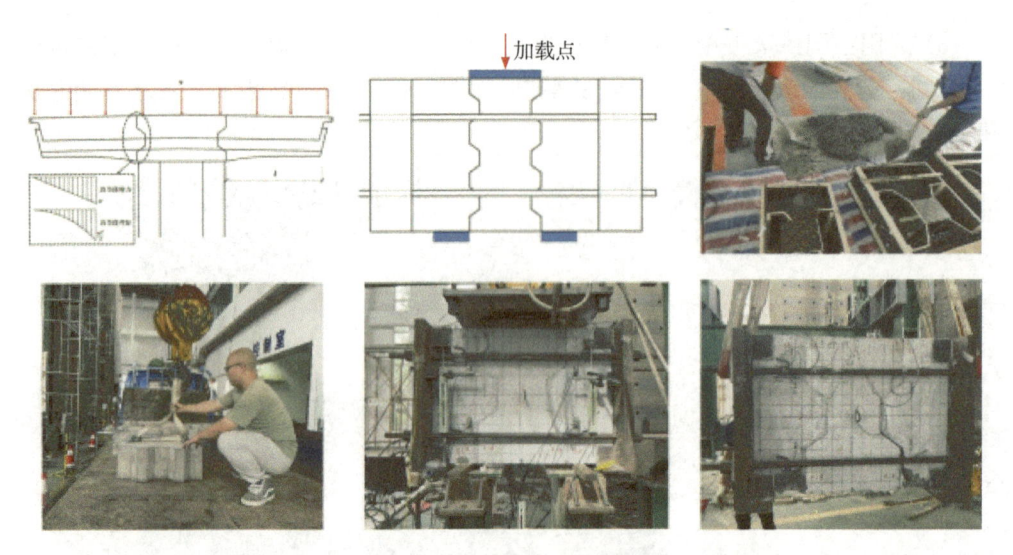

图 6-54　疏浚砂混凝土在装配式桥梁中的应用性能试验

（6）采用疏浚砂混凝土开展装配式桥梁构件的承载力研究，评估疏浚砂混凝土在装配式桥梁中的应用性能。疏浚砂混凝土在装配式桥梁中的应用性能评估如图 6-55 所示。

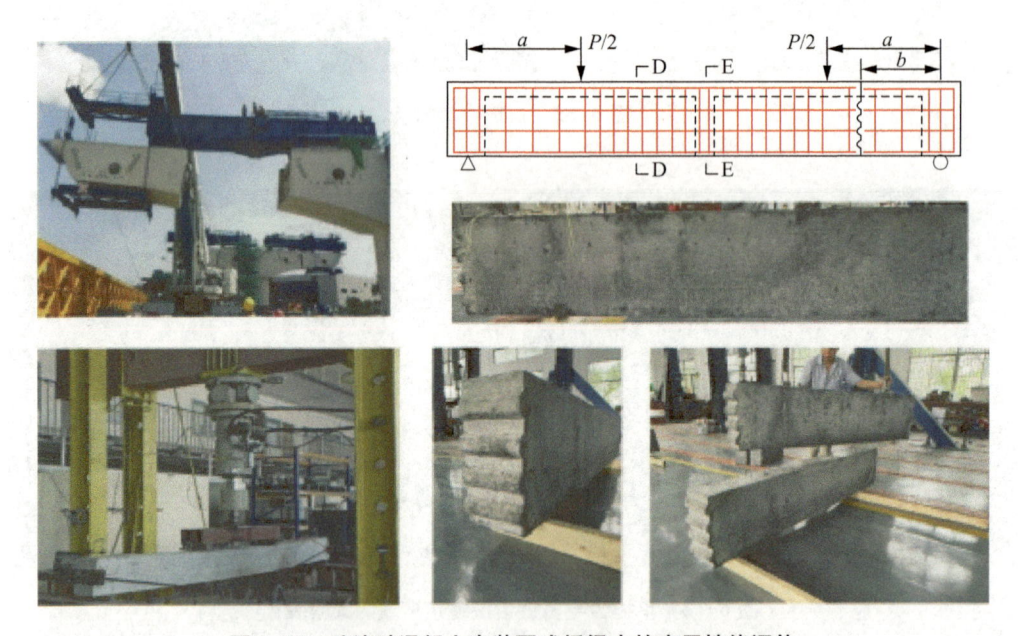

图 6-55　疏浚砂混凝土在装配式桥梁中的应用性能评估

6.4　疏浚土在改良土壤和种植中的研究及应用

对于河道疏浚工程中的淤泥，在技术作用下，对堆肥进行改进后，能够形成有机肥料，这种肥料不仅营养丰富，同时还含有有机质。污泥在进行除臭处理以及干化后，有较低的含水率，体积很小，便于运输，在加工方式作用下，可以作为商品肥，在农田以及绿地中作为肥料进行利用，另外，还可以作为河道周边绿化带的肥料进行利用。疏浚土改良土壤如图 6-56 所示。

图 6-56 疏浚土改良土壤

（1）将底泥应用在农业生产领域。在杂质较少、富营养化严重的河道，可采用水力冲挖疏浚方式，直接将淤泥输送到农田，进行土壤改良；或将淤泥集中堆放于岸边，待水排干，稍加干涸后将淤泥填于农田。此处理方法可以使部分农作物产量增加明显，但该方法对淤泥质量要求较高，需对淤泥成分进行分析，确定符合农作物生长要求后方可实施；同时该方法对淤泥所填高度和湿度都有严格的要求，淤泥过高或过干，都会导致植物窒息死亡，起到相反的效果，且受季节限制，冬季最为适合。

将底泥和化肥按照 2∶8 的比例加工为有机或者无机混合肥料，之后将这类肥料应用到农业生产中能够提升蔬菜质量。不仅如此，在将底泥加工改造为肥料之后应用到农田中，还能够提升农田土壤的肥力。

（2）将底泥应用在园林绿化领域。疏浚淤泥可以与轻质植物废弃物按一定比例混合进行耗氧堆肥，能显著降低容重，使淤泥变得轻质、疏松。堆肥时的持续高温能杀灭大多数的病原体，保证作为园林绿化营养基质的使用安全。将底泥应用到园林绿化领域，不仅能够更好地促进树木、花卉、草坪健康生长，而且还能够增强树木的观赏品质，在最大限度上减少对食物链的污染。

（3）将底泥应用在湿地和栖息地建设领域。疏浚底泥还能够应用在建设湿地领域，为动物栖息地的打造提供重要支持。由此可见，疏浚底泥的综合利用能够起到十分重要的生态环境修复和多样化建设作用。疏浚底泥还能够修复被扰动的土地，具体包括森林砍伐场地、垃圾填埋场地、地表严重破坏场地等。在河流疏浚底泥的作用下，能够尽快恢复土壤中的养分，改良土壤的基本特性。

6.5 制备文创工艺品的研究及应用

利用长江疏浚土为主要原材料,辅以水泥或者其他添加剂,利用 3D 打印技术,模具脱模后,精细打磨抛光制备文创产品,提高疏浚砂附加值,打造绿色循环经济。

充满趣味性的工艺品,以砼亭景观艺术装置为原型,将构筑物体以预制装配的搭建方式,转化为器物的组合形式。一个器物,一份陪伴生活的仪式感。合在一起是个混凝土亭,拆开是储物盒、烛台、书立、手机支架、明信片夹,种类多,用途广。利用疏浚砂制作的文创工艺品很多,例如:疏浚砂+水泥+添加剂制成的假山;疏浚砂制成的"原子核"系列;疏浚砂+白水泥+高钙粉制成的链条系列;砂子+树脂+陶瓷+玻璃器皿制成的疏浚砂水培产品。疏浚土文创产品如图 6-57 所示。

图 6-57 疏浚土文创产品

第 7 章

长江疏浚土综合利用设备与生产工艺研究

7.1 长江河道疏浚设备现状

7.1.1 疏浚施工船型及技术参数

挖泥船的品种多样,长期以来,无论国内或国外,挖泥船传统上都按其作用原理进行划分:即水力式(吸扬式)挖泥船和机械式挖泥船。水力式挖泥船根据不同的系统组成分为耙吸式、绞吸式、喷水式以及吸盘式等;机械式挖泥船依据不同的系统组成可分为链斗式、铲斗式和抓斗式等。在长江河道疏浚作业中疏浚施工船型多为耙吸式挖泥船、绞吸式挖泥船和吸盘式挖泥船。

1. 链斗式挖泥船

链斗式挖泥船是最早问世的挖泥船型。链斗式挖泥船的主要系统包括:斗塔、泥阱、溜泥槽、上导轮、下导轮、斗桥、斗链、泥斗、首部起吊斗桥用的钢丝绳和滑轮组,移船锚缆、驱动上导轮的动力设备、配套泥驳等,以及必要的检修设备。链斗式挖泥船泥斗的大小为 30~2 000 L。大型链斗式挖泥船的挖深已超过 30 m,生产率超过 1 000 m³/h。部分链斗式挖泥船的主要技术参数如表 7-1 所示。2004 年天津航道局从俄罗斯买进的 750 m³/h 自航链斗式挖泥船"津航浚 306"号如图 7-1 所示。

表 7-1 部分链斗式挖泥船的主要技术参数

船名	链斗 2	津航浚 306
造船厂	新河船厂	2004 年买进的俄罗斯二手船
交付时间	1997 年	2004 年
总长(m)	59.5	95.43
船长(m)	50.4	71.0
型宽(m)	11.5	14.4
型深(m)	4.0	5.21
吃水(m)	2.8	—
排水量(t)	1 314.6	3 074/2 463
航速(kn)	—	—
装船功率(kW)	717.36	1 926
生产能力(m³/h)	500	750
最大挖深(m)	16	24
斗容(m³)	0.8	0.75
斗数(只)	39	—
航区航段	沿海 A1	—

图 7-1　2004 年天津航道局从俄罗斯买进的 750 m³/h 自航链斗式挖泥船"津航浚 306"号

2. 绞吸式挖泥船

绞吸式挖泥船属于静态挖泥船,传统绞吸式挖泥船的疏浚系统主要由以下部分组成:泥泵、绞刀、绞刀桥架、吸排泥管、定位桩及其起落装置、定位桩台车、桥架绞车及移船绞车、驱动系统以及抛锚杆等。绞吸式挖泥船的挖槽平直、槽底无漏,能获得准确的挖掘轮廓。部分绞吸式挖泥船的主要技术参数如表 7-2 所示。

表 7-2　部分绞吸式挖泥船的主要技术参数

船名	恒宇7(图7-2)	舟龙16(图7-3)
建造厂	宁波恒宇疏浚有限公司	浙江舟龙海洋工程有限公司
总长(m)	66.3	57.2
船长(m)	52.25	57.2
型宽(m)	12	14.5
型深(m)	3.2	4.35
满载水线长(m)	52.25	57.2
空载吃水(m)	1.076	2.7
满载吃水(m)	1.85	2.7
吨位	569	1 052
满载排水量(t)	999.985	1 866.2
空船排水量(t)	548	1 461.2
水密横舱壁数	13	4
船体材料	钢质	钢质
结构	横骨架式	横骨架式
航区航段	沿海	沿海

图 7-2　恒宇 7 　　　　　　图 7-3　舟龙 16

3. 吸盘式挖泥船

吸盘式挖泥船属于冲吸式挖泥船，类似于绞吸式挖泥船，只是将安装在前面的绞刀头换成吸盘，以射流技术为开采方法。吸盘式挖泥船的主要系统由泥泵、驱动装置、吸盘架、带有高压喷嘴的扁平吸盘头（单个设置或两个并列设置）、吸盘吊架、锚缆定位系统、吸排泥管以及操控系统等组成。吸盘式挖泥船具有挖槽平整、挖宽大、吸入浓度高、作业不碍航、吃水特浅、调遣便利、装船功率小、疏浚成本低等特点，尤其适用于内河浅水航道的维护疏浚。部分吸盘式挖泥船的主要技术参数如表 7-3 所示。

表 7-3 部分吸盘式挖泥船的主要技术参数

船名	吸盘 3（图 7-4）	吸盘 4（图 7-5）
建造厂	南通港闸船舶制造有限公司	江苏海新船务重工有限公司
总长(m)	88.6	88.6
船长(m)	75	75
型宽(m)	15	15
船高(m)	24.2	24.36
型深(m)	4.8	4.8
满载水线长(m)	75.03	75.03
空载吃水(m)	2.159	2.268
满载吃水(m)	2.6	2.6
满载排水量(t)	2 275.6	2 330.3
空船排水量(t)	1 874	1 901.8
水密横舱壁数	7	7
船体材料	钢质	钢质
结构	纵横混合骨架式	纵横混合骨架式
航区航段	A 级	A 级

图 7-4 吸盘 3

图 7-5 吸盘 4

4. 耙吸式挖泥船

耙吸式挖泥船是吸扬式挖泥船的一种，主要系统组成如下：舱内泥泵，耙头及其所依附的耙管，用于收放耙管的甲板吊放系统，泥舱、泥门及其启闭系统，装舱管及余水溢流系统,抽舱及排岸管系,首部接头(首吹及首喷),针对耙头和泥舱稀释需要而设置的高压喷水泵系统波浪补偿装置,以及操控系统等。耙吸式挖泥船挖泥作业中,不需要锚缆索具、绞车等船舶移位、定位机具设备,且处于航行状态、不占用大量水域或封锁航道,对其他船舶航行影响小。部分耙吸式挖泥船的主要技术参数如表7-4所示。

表7-4 部分耙吸式挖泥船的主要技术参数

船名	航浚22(图7-6)	长鲸8(图7-7)	长鲸12(图7-8)
造船厂	广州文冲船厂有限责任公司	南通港闸船舶制造有限公司	江苏海新船务重工有限公司
总长(m)	80.3	95	117.6
船长(m)	76.2	84.8	110.2
型宽(m)	14	17.8	24.6
型深(m)	5.2	6.4	8.9
吨位	2 155	3 690	9 371
参考载货量(t)	1 572	—	—
满载水线长(m)	77.8	87.8	113.23
空载吃水(m)	2.614	3.101	3.377
满载吃水(m)	4	5	6.005
满载排水量(t)	3 710.3	6 458.6	17 116.2
空载排水量(t)	2 137.9	2 769.7	14 405.5
主机总功率(kW)	2 400	3 920	9 000
水密横舱壁数	6	6	7
船体材料	钢质	钢质	钢质
船舱数量	1	0	2
结构	混合骨架式	纵横混合骨架式	纵骨架式
航区	沿海	沿海	远海

图7-6 航浚22

图 7-7　长鲸 8　　　　　　　　　图 7-8　长鲸 12

7.1.2　运输船

部分运输船参数如表 7-5 所示。

表 7-5　部分运输船参数

船名	载重吨位(t)	长(m)	吃水(m)
腾飞 0958	2 681	63.5	4.97
腾飞 0968	2 681	63.5	4.97
皖湾沚货 3586	3 000	65	4.78
保轮 66	3 500	68	5.08
保轮 08	2 400	63	4.6
顾江 199	2 500	69.5	4.2
先锋 186	2 500	71.5	4.1
宝江货 18	2 300	63.9	4.4
江洋 8866	2 300	64	4.4
江洋 8899	2 300	64	4.4
新正 668	2 200	61.1	4.25
东顺 288	2 000	55.8	4.05
苏宝鑫货 19588	2 100	59.9	4
皖怀运货 3228	2 000	58.8	3.6
赣丰城货 2977	1 765	65	3.5
赣丰城货 2953	1 622	63.8	3.4

7.2　疏浚土生产工艺研究

7.2.1　水上疏浚技术及工艺研究

1. 绞吸式挖泥船施工工艺

绞吸式挖泥船施工工艺流程为：根据土质安装铰刀→绞松泥沙→泥泵吸泥→排泥管输泥至卸泥区。

绞吸式挖泥船采用船艉钢桩定位横挖法,钢桩位于挖槽中心线上,作为横移摆动中心,挖泥时分别收放桥架两侧摆动锚缆,左右摆动挖泥,利用绞刀旋转进行破土,泥泵将泥浆抽吸并通过船艉的排泥管线输送至装驳平台。利用定位钢桩前移。在挖槽中心线上,使绞刀的平面轨迹始终保持平行前移,避免出现重复挖泥或漏挖现象,其绞切平面轨迹呈月牙形,交替前进,摆动施工。绞吸式挖泥船功能结构图如图 7-9 所示,步进横挖法工艺示意图如图 7-10 所示,绞吸式挖泥船施工效果图如图 7-11 所示。

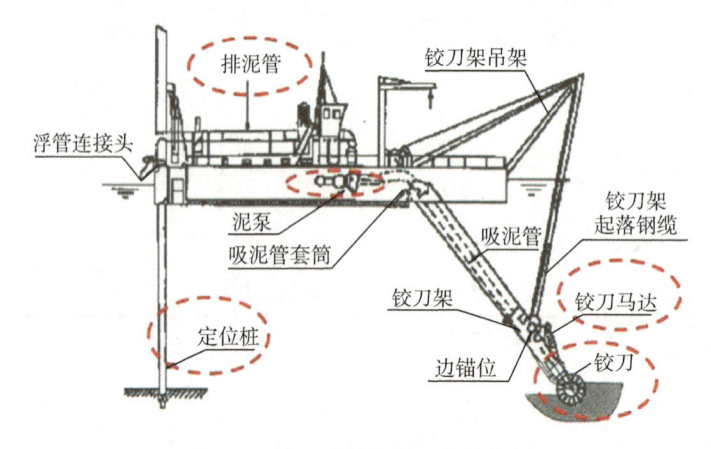

图 7-9　绞吸式挖泥船功能结构图

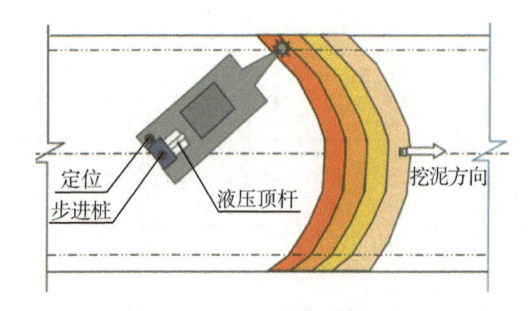

图 7-10　步进横挖法工艺示意图 　　图 7-11　绞吸式挖泥船施工效果图

疏浚土通过绞吸式挖泥船自带输出管线输送至艕带的运输驳船进行装舱,运输驳船安排专人查看装驳情况,当运输驳船吃水达到满载吃水线时,立刻与绞吸式挖泥船联系,要求停止装驳施工,绞吸式挖泥船在接到停止施工通知后立即停止施工。满载驳船离泊后,新的空载驳船停靠到绞吸式挖泥船边,靠妥后绞吸式挖泥船再次开始直吹装驳施工。疏浚土通过装载运输驳船运送至指定堆场。施工工艺流程如图 7-12 所示。

绞吸式挖泥船采用分段、分条、分层开挖。分段长度根据一次浮管布设挖泥船可移动的距离确定,一般为 400 m 左右。分层厚度 1.5～2.0 mm,最大摆宽 60 m。

2. 吸盘式挖泥船施工工艺

吸盘式挖泥船航行至疏浚区域后顶流校正船位,泥驳靠档,通过两船前后导缆桩系缆绳将两船相对固定,转动吸盘式挖泥船边抛架对准泥驳泥舱。

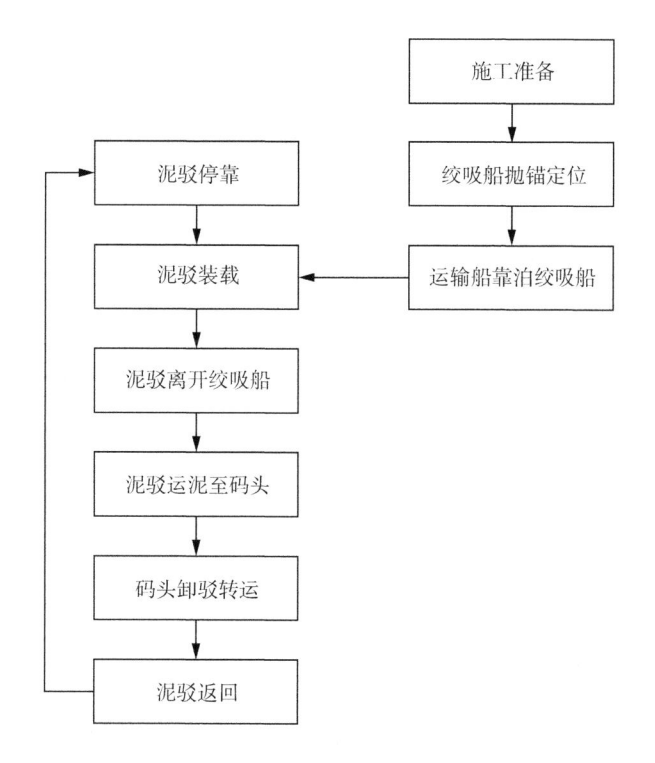

```
                施工准备
                   │
                   ▼
   泥驾停靠 ←  绞吸船抛锚定位
      │            │
      ▼            ▼
   泥驾装载 ← 运输船靠泊绞吸船
      │
      ▼
   泥驾离开绞吸船
      │
      ▼
   泥驾运泥至码头
      │
      ▼
   码头卸驾转运
      │
      ▼
   泥驾返回
```

图 7-12　绞吸式挖泥船施工工艺流程

吸盘式挖泥船吹泥时，启动泥泵机调节至合理转速，对照疏浚系统吸盘下放深度与深度指示仪深度合理下放吸盘。吸入清水后，启动高压冲水泵，根据施工流量、流速、浓度及泥驾装载情况逐步增大泥泵转速至合理数值，浓度控制在 35% 左右。装驾过程中安排人员观察泥驾及吸盘式挖泥船的缆绳有无异常，实时通过高频对讲机进行沟通联系。泥驾单舱装满后解开船艉部缆绳，将船艏处缆绳半松开，同时转动边抛架至两船错位，使边喷嘴对准泥驾未装的泥舱内，继续进行装驾施工。泥驾装载至溢流孔洞后，立即停止泥泵及高压冲水泵，松开两船缆绳，转动边抛架归至正常搁置位。

施工时船舶航行至施工水域，下放吸盘至待吸泥层，利用高压水切割水底的泥土，使泥土处于悬浮状态，使其形成泥水混合物（泥浆），然后通过离心泵将其吸入，经过舱内排泥管、边抛管将泥排至船外，或经过尾排管输送到岸上。

3. 耙吸式挖泥船施工工艺

耙吸式挖泥船的施工工艺为：空载航行到接近起挖点前→对标→定船位→降低航速→放耙入水→启动泥泵吸水→耙头着底→增加对地航速→吸上泥浆→驶入航槽，耙吸挖泥。耙吸式挖泥船功能结构图如图 7-13 所示。

耙吸式挖泥船在船中设开底泥舱，利用泥耙疏松疏浚土，通过置于船体两舷或尾部的耙头吸入泥浆，以边吸泥、边航行的方式工作，当舱内泥的装载达到挖泥船的满载吃水后，停止挖泥，起耙、运输，整个过程连贯进行。

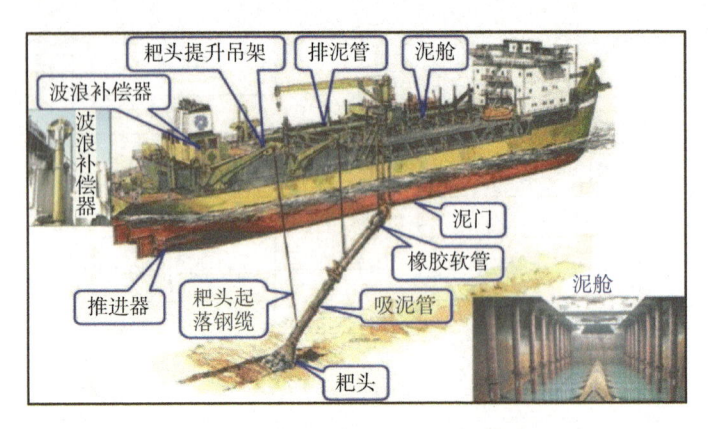

图 7-13　耙吸式挖泥船功能结构图

7.2.2　接驳技术及工艺研究

运距较远的地点需采用泥驳接驳至吹弃土平台或先运输至抛沙坑通过吹弃土船转吹。

(1) 耙吸式挖泥船(带艌吹功能)的运输方式(运距大于 10 km)：

耙吸式挖泥船(带艌吹功能)→装驳设备→泥驳→靠岸→卸船、吹填；

耙吸式挖泥船(带艌吹功能)→抛弃土坑→吸沙船转吹上岸。

(2) 耙吸式挖泥船(不带艌吹功能)的运输方式(运距大于 10 km)：

耙吸式挖泥船(不带艌吹功能)→吸弃土泵→泥驳→靠岸→卸船、吹填；

耙吸式挖泥船(不带艌吹功能)→抛弃土坑→吸沙船转吹上岸；

(3) 绞吸式挖泥船的运输方式：

绞吸式挖泥船→装驳平台→泥驳→靠岸→卸船、吹沙船吹填。

1. 转驳平台工艺

由拖轮将装船平台拖至施工现场后，根据施工布置图，利用船载全球定位系统(GPS)进行定位，由绞锚艇将装船平台的四个定位锚进行抛锚，采用风流合向八字交叉锚泊定位，抛好定位锚后，装船平台通过锚机的收放来精确调整位置。装船平台配备 2.8 t×2 双锚链抛，左右舷可同时靠泊 2 艘 5 000 t 级运输船舶。装驳平台定位示意图如图 7-14 所示。

图 7-14　装驳平台定位示意图

2. 绞吸式挖泥船装驳方案

在完成所有展布后，运输泥驳开始靠泊装驳平台。绞吸式挖泥船与装驳平台通过甚高频取得联系，在装驳平台确认所有工作就绪并确定开始疏浚施工。疏浚土通过管线输送至装驳平台,对两侧靠泊泥驳同时进行装舱,装驳平台安排专人查看泥驳装驳情况,满载泥驳离泊后,新的空载泥驳靠泊装驳平台,靠妥后装驳平台对绞吸式挖泥船发出开始施工通知,绞吸式挖泥船再次开始疏浚装驳施工。绞吸式挖泥船装驳施工流程如图7-15所示。

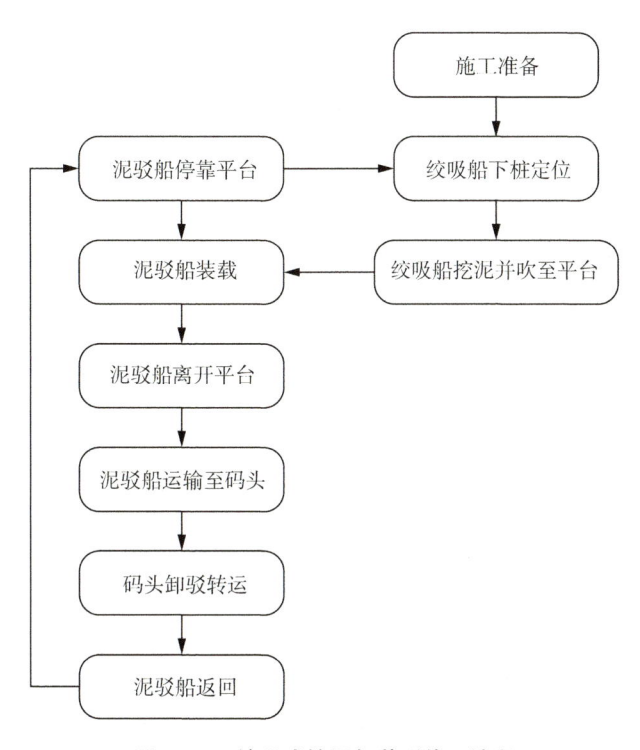

图 7-15 绞吸式挖泥船装驳施工流程

3. 吸盘式挖泥船装驳方案

吸盘式挖泥船主航道边沿处施工作业,边疏浚边装驳,运输船舶直接靠带在吸盘式挖泥船船边,装驳运输船,运输船转载结束至沥水区沥水,沥水结束航行至指定码头卸载。疏浚土通过吸盘式挖泥船自带输出管线输送至靠带的运输驳船进行装舱,运输驳船安排专人查看装驳情况,当运输驳船吃水达到满载吃水线时,立刻与吸盘式挖泥船联系,要求停止装驳施工,吸盘式挖泥船在接到停止施工通知后立即停止施工。满载驳船离泊后,新的空载驳船停靠到吸盘式挖泥船边,靠妥后吸盘式挖泥船再次开始直吹装驳施工。疏浚土通过装载运输驳船运送至指定堆场,施工工艺流程如图7-16所示,图7-17为吸盘式挖泥船舷外装驳现状图。

4. 耙吸式挖泥船装驳方案

大型耙吸式挖泥船在航道施工作业结束后航行至转运区,由锚艇协助对接管线,疏浚土通过管线输送至装船平台,对两侧靠泊运输驳船同时进行装舱,装船平台安排专人查看装驳情况,当运输驳船吃水达到满载吃水线时,立刻与耙吸式挖泥船联系,要求停止艏吹施工,耙吸式挖泥船在接到停止施工通知后立即停止施工。满载驳船离泊后,运输船转载结束至沥水区沥水,沥水结束航行至指定码头卸载。新的空载驳船靠泊装船平台,靠妥后装船平台对耙吸式挖泥船发出开始装驳通知,耙吸式挖泥船再次开始艏吹装驳施工。疏浚土通过装载运输驳船运送至指定堆场,施工工艺流程如图 7-18 所示,图 7-19 为耙吸式挖泥船艏吹接管装驳工艺施工现场图。

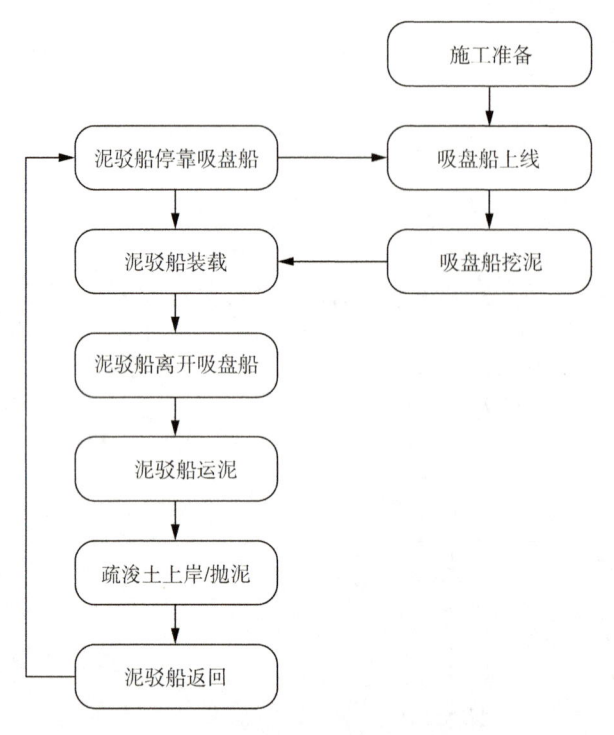

图 7-16　吸盘式挖泥船转驳工艺流程

图 7-17　吸盘式挖泥船舷外装驳现状图

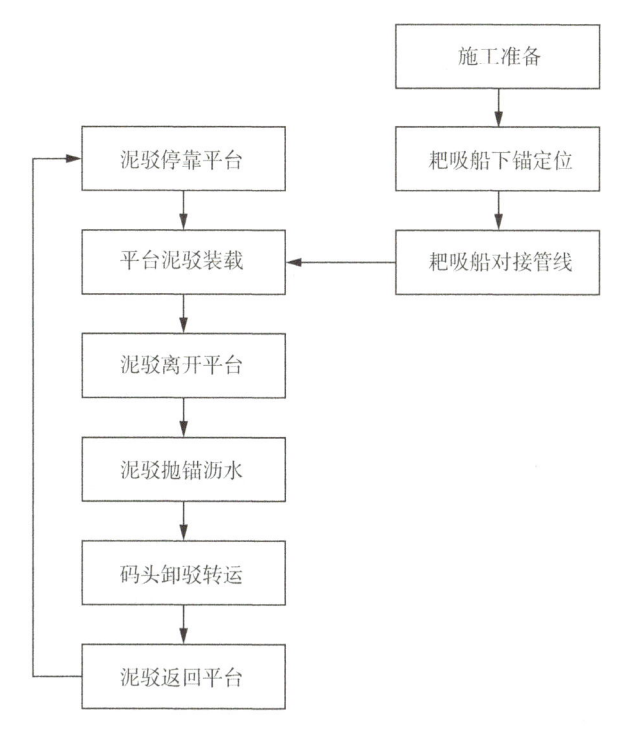

图 7-18　大型耙吸式挖泥船转驳工艺流程（长鲸 12）

图 7-19　耙吸式挖泥船艏吹接管装驳工艺施工现场图

小型耙吸式挖泥船在航道施工作业结束后航行至转运区，小型耙吸式挖泥船自带输出管线输送至膀带的运输驳船进行装舱，运输驳船安排专人查看装驳情况，当运输驳船吃水达到满载吃水线时，立刻与小型耙吸式挖泥船联系，要求停止装驳施工，小型耙吸式挖泥船在接到停止施工通知后立即停止施工。满载驳船离泊后，运输船转载结束至沥水区沥水，沥水结束航行至指定码头卸载。新的空载驳船停靠到小型耙吸式挖泥船边，靠妥后小型耙吸式挖泥船再次开始直吹装驳施工。疏浚土通过装载运输驳船运送至指定堆场。

7.2.3 沥水工艺研究

沥水工艺研究能够促进顺畅排水，提高滤水效率并且有效避免排水系统堵塞以及降低维护成本。经过升级的疏浚土运输船排水系统，在船舱上底部 1 的四周边缘倾斜设置用于安置支撑孔板 2 的卡槽，支撑孔板 2 一般至少为四块，支撑孔板 2 上排布孔径为 2～8 cm 的孔洞，孔洞可为方形孔、条形孔、菱形孔或圆孔，通过卡槽固定安装在船舱上底部 1 的四周边缘。船舱上底部 1 的四周边缘还具有平行设置在支撑孔板 2 下方的疏浚土筛网 5，疏浚土筛网 5 采用 40～45 目的不锈钢筛网制成，固定安装在支撑孔板 2 的下表面，与支撑孔板 2 之间的间距为 2～3 cm。船舱下底部 4 的四个边角部分设置有四条落水管 6，排水管道 3 与各条落水管贯通，且直径小于落水管。排水管道 3 上连接用水排水的水泵，通过支撑孔板 2 对疏浚土筛网 5 进行防护，同时利用疏浚筛网在排水过程中对疏浚砂进行过滤。排水装置简视图如图 7-20 所示。

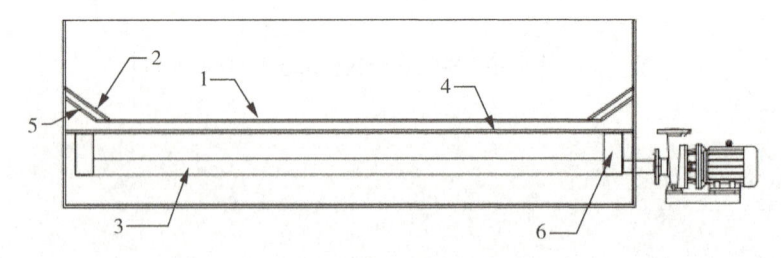

1—船舱上底部；2—支撑孔板；3—排水管道；4—船舱下底部；5—疏浚土筛网；6—落水管。

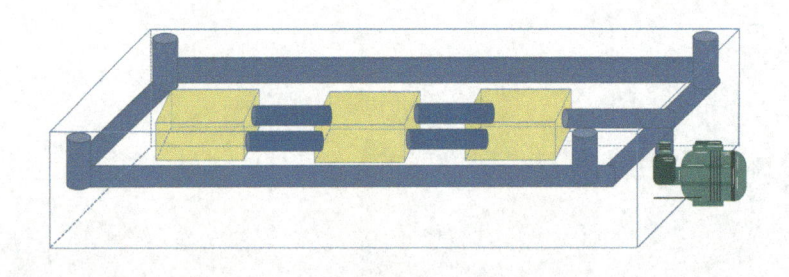

图 7-20 排水装置简视图

沥水工艺升级后，一方面，通过直接在船舱上底部的四周边缘设置平行布置的支撑孔板和疏浚砂筛网，大幅度提高滤水效率，滤水时间能缩短到 2 h 以下，有效提高疏浚土运输上岸效率，节约了生产成本；另一方面，通过支撑孔板和疏浚土筛网的巧妙结构设计，能够在保证水分快速排出的基础上进行承重，保护疏浚土筛网，还可以利用疏浚土筛网对疏浚土进行过滤,避免疏浚土经过落水管时将排水管道堵塞,解决了传统上疏浚土进入排水管道内造成排水管道阻塞以及损坏水泵的问题。在船舱下底部四个边角部分设置的四条与排水管道贯通的落水管,均匀快速地将过滤后的水输送到排水管道内,避免排水死角,提高了排水效率。

7.3 疏浚土技术改造研究

7.3.1 疏浚船技改研究

疏浚船技改研究,是指对传统疏浚船型号和技术进行改进和升级的系统性研究。随着港口深水航道、船舶运输和海洋工程的不断发展,疏浚船对于维护港口、航道和水道的重要性日益凸显。因此,研究如何提高疏浚船的效率、降低成本、减少环境影响以及提高安全性,对于现代水运和海洋工程至关重要。

部分耙吸式挖泥船泥门液压系统设计的缺陷会导致挖好的泥装舱后,在航行去抛泥的过程中,出现泥浆水泄漏的现象。技改后,泵源电磁溢流阀采用二级压力调节阀,同时采用泥门上升接近开关2个,来控制泥门的关闭动作。耙吸式挖泥船泥门液压系统设计图如图7-21所示。

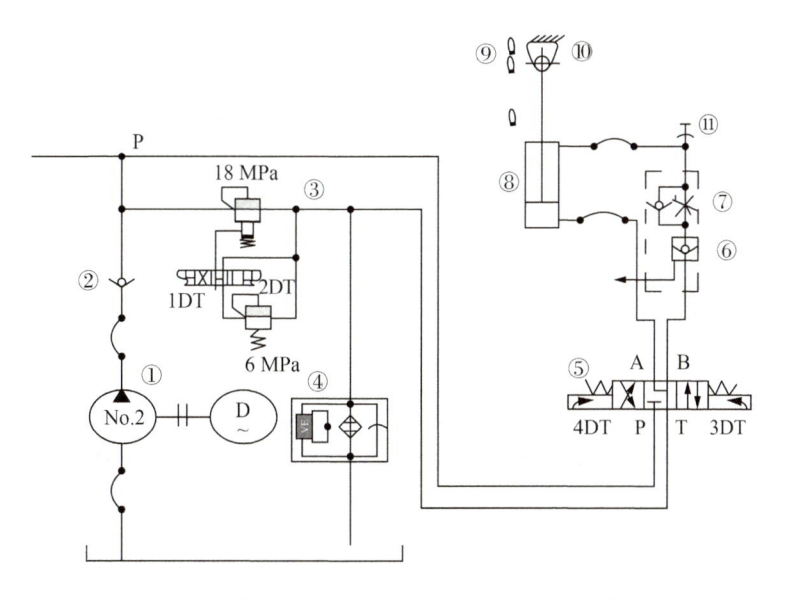

①—液压油泵;②—单向阀;③—二级压力电磁溢流阀;④—回油过滤器;⑤—电液换向阀;⑥—液控单向阀(保压阀);⑦—单向节流阀;⑧—泥门油缸;⑨—接近开关;⑩—泥门;⑪—测压接头。

图 7-21 耙吸式挖泥船泥门液压系统设计图

系统电磁溢流阀压力设有2级压力,一级压力为低压,设定6 MPa,从开始关泥门到感应到泥门的一个低位置接近开关时使用;二级压力为18 MPa高压,在泥门锁紧时使用。泥门关闭时设有2个接近开关,一个为泥门初步到位接近开关,另一个为锁紧到位接近开关。空载时,系统压力很低,不会超过6 MPa。当上升到一定位置能够感应到一个泥门初步接近开关时,接近开关发讯,驾驶台上指示灯亮,动作自动停止。这时按下驾驶台锁紧按钮,二级压力电磁溢流阀 1DT 和电液换向阀 4DT 得电,泥门开始高压并紧,压力缓慢上升到 18 MPa,同时感应到另一个锁紧到位接近开关,泥门锁紧,同时接近开关发讯,驾驶台上锁紧到位指示灯亮,动作自动停止。如果进行第一步泥门关闭动作时,泥门初步到位接近开关没有感应到,驾驶台指示灯没有亮起,说明泥门上有异物,需要清除。通过可编程控制器(PLC)程序修改和液压系统的改进,有效地降低了泥门密封圈损坏或者泥门局部变形故障,提高了船舶生产产能和效率。

本工法通过吸盘式挖泥船装备的改造、泥驳靠泊及装驳的稳定性控制、船舶安全监管一体化等先进技术的研制与集成,实现了吸盘式挖泥船舷外装驳的施工作业,有效地解决了传统航道疏浚施工工艺的施工效率不高、施工质量不佳、水体污染、疏浚土没有得到利用等问题,保证了航道疏浚施工的高效、安全、环保。

7.3.2 运输船技改研究

疏浚土运输船技改,是指对用于疏浚工程的弃土运输船进行技术和性能的改进,以提高其运输效率、环保性能和经济可行性。这一领域的创新至关重要,因为疏浚工程常常需要运输大量的弃土材料,而传统的疏浚土运输船可能存在效率低下、污染和高运营成本等问题。

疏浚土运输船技改研究包括以下几个关键方面。

(1) 负载能力提升:改进船舶设计,增加货物负载能力,以便一次性运输更多的疏浚土,减少频繁的装卸操作。

(2) 轻量化材料应用:采用轻量化结构材料,减轻船舶自身重量,提高燃油效率和稳定性。

(3) 燃油效率改进:引入先进的动力系统和节能技术,降低燃油消耗,减少运营成本,同时减少碳足迹。

(4) 污染控制技术:集成先进的废物处理设备和防污染技术,确保疏浚土运输不会对水体和环境造成负面影响。

(5) 自动化和远程监控:引入自动化装置和远程监控系统,提高船舶的操纵精度和安全性,减少操作人员的负担。

通过疏浚土运输船技改研究,我们可以更有效地支持港口、水道和海洋工程的发展,同时减少环境污染,提高运输效率,从而实现可持续性发展的目标。这些技术改进可以为疏浚行业带来更多的创新和竞争力。

7.3.3 疏浚土技术展望

我国正处于一个极其难得的发展时机,科学技术发展水平位于世界前列,航天、航空、造船等相关行业相继取得瞩目的进步,我国已是世界上能够建造具有自主知识产权、高技术、高附加值大型耙吸式挖泥船的少数几个国家之一,我国疏浚装备制造业已进入世界强国之列。强大、精良的疏浚装备是占领世界市场的基石,目前针对市场需求,挖泥船的发展呈现如下特点。

（1）大型化。随着各国对水资源的不断重视，对挖泥船的需求越来越多。大型挖泥船可进一步扩大船的仓容，提升作业的快速性以及操作的高效性，同时可以提高在航行中的稳定性和抗风浪能力。

（2）多功能化。泥泵、绞刀等关键机具功率更强大，多功能化使得挖泥船得到有效的利用，降低闲置率，减少资源的浪费，有效增加企业的经济效益。

（3）高度智能化。高度智能化旨在实现仪表化与自动化。科技的发展使得船舶自动化程度日益提高。通过自动化操作可以提高作业的精准性，降低人工操作的难度，简化操作程序，提高操作效率和经济效益。

（4）生态化。可持续发展理念在船队建设中始终占据主导地位，越来越多的船厂致力于通过改善挖掘方式来减少生态破坏。另外，提高挖掘效率也可以节省能源，减少污染排放，改善生态环境。

第 8 章

长江疏浚土综合利用问题与建议

第 8 章 长江疏浚土综合利用问题与建议

目前,长江疏浚土综合利用仍处于发展探索阶段,沿江各地在开展长江疏浚土综合利用实践过程中仍存在较多的难点问题,包括政策制度、运作模式、工作机制等,给项目申报审批和管理操作带来困难。本章节从实际出发,以问题为导向,为长江疏浚土综合利用提供一些合理化建议,供各主体及相关部门和行业参考,以此进一步推动长江疏浚土综合利用的高质量发展,促进长江经济带建设的发展。

8.1 疏浚土制度建设方面的问题与建议

8.1.1 当前存在的问题

目前,现有相关制度包括国家层面的《中华人民共和国水法》《中华人民共和国河道管理条例》《长江河道采砂管理条例》《长江河道采砂管理条例实施办法》,以及沿江各省市层面的《河道管理条例》《河道采砂管理条例》等,均缺乏对疏浚土综合利用的相关规定。

2020 年 9 月 25 日,水利部、交通运输部联合发布了《水利部交通运输部关于加强长江干流河道疏浚砂综合利用管理工作的指导意见》(水河湖〔2020〕205 号)文件,进一步规范了长江干流河道疏浚土综合利用管理的相关程序,为长江疏浚土综合利用管理提供了重要政策依据。少数地区水利部门,根据当地实际情况,印发了相关制度办法,如湖北省水利厅 2023 年 7 月 16 日印发了《河道疏浚砂综合利用实施方案编制导则》,为科学编制河道、航道及涉水工程疏浚砂综合利用实施方案,有效利用河道疏浚砂资源,规范河道清淤疏浚砂综合利用管理工作提供了指导依据。

由于现阶段各地方尚未制订出台适配长江疏浚土综合利用工作相关的制度办法,多地对疏浚土综合利用工作的监管采用河道采砂管理的相关制度规定,使得大部分地区和流域还未形成疏浚土综合利用管理体系,增加了项目监管难度和执法成本,因而影响到长江疏浚土综合利用工作的展开。

因此,迫切需要长江疏浚土综合利用管理制度的建设,综合协调、统筹兼顾各主体及相关部门和行业,以弥补现有长江疏浚土综合利用方面管理指导性文件的不足,为管理体系构建提供有效保障。

8.1.2 关于制度建设方面的建议

1. 国务院相关部门配套政策

随着长江经济带的发展,长江中下游地区建筑用砂资源供需矛盾在加剧,充分利用长江疏浚土,对缓解建筑用砂供需矛盾、保障长江经济带发展和沿江各地基础设施建设具有重要意义。近年来,国家重视经济"内循环"的发展,长江黄金水道是国内水路运输的重要一环,国家在长江黄金水道建设力度上持续发力,今后一段时期,长江航道疏浚工程仍将处于高峰期。疏浚土综合利用从环境保护、资源节约、循环经济和可持续发展的角度上看,是一项利国利民的重要工作,相关配套制度的顶层设计及建设非常关键。

2. 各地方政府管理制度

《水利部交通运输部关于加强长江干流河道疏浚砂综合利用管理工作的指导意见》

(水河湖〔2020〕205号)文件的发布,对长江疏浚土综合利用工作具有重要的指导意义。在此文件指导下,各省市可结合地方实际情况及不同长江河段的水情,建设因地制宜的疏浚土综合利用相关管理制度,不仅便于疏浚土综合利用工作的开展与实施,也为各地的水利、交通、海事、航道等行业主管部门提供制度依据,明确管理范围及职责。

8.2 疏浚土管理体系方面的问题与建议

8.2.1 当前存在的问题

长江疏浚土综合利用工作由于涉及水上施工作业,在项目实施管理过程中会涉及水利、交通、海事、航道等不同方面的主管单位,其中水利部门主要监管疏浚土上岸吨位数量;交通部门负责沿线港口码头、锚地疏浚清淤工程的项目立项审批及建设管理;海事部门负责水上疏浚施工及疏浚土接驳运输过程的安全监督;航道部门负责航道疏浚施工计划安排。

由于涉及的部门较多,在项目管理过程中存在许多交叉内容,项目相关方案编制、施工过程监管等须逐个召开专家评审会议,征求不同部门的意见,这也给疏浚土综合利用项目实施单位的管理增加了难度。

疏浚土综合利用工作由于其项目特殊性,与传统采砂存在较多差异。例如项目审批方面,疏浚土综合利用项目多数沿用河道采砂项目申报审批的流程手续,在审批方式上为一年一申报,一年一审批,批复获取需要一定的审批时间(通常为2~3个月)。而由于长江河道疏浚通常为全年365天不间断作业,在疏浚土综合利用项目的批复等待期内,航道疏浚产生的大量疏浚土无法上岸综合利用,对全年疏浚土综合利用总量产生影响。

8.2.2 关于管理体系方面的建议

1. 疏浚土项目审批

《长江河道采砂管理条例》中明确,"长江采砂管理实行地方人民政府行政首长负责制。沿江县级以上地方人民政府应当加强对本行政区域内长江采砂活动的管理,做好长江采砂的组织、协调和监督检查工作。"长江河道采砂许可证由沿江各省、直辖市人民政府水行政主管部门审批发放。相较于采砂,疏浚土综合利用工作是对长江航道疏浚过程中产生的疏浚弃置物进行综合利用。由于疏浚土中通常含有一定比例的江砂,在行政审批程序上疏浚土综合利用项目需办理长江河道采砂许可证,由项目所在地的省(直辖市)人民政府水行政主管部门审批发放。

疏浚土的生产作业单位是承担该长江河段疏浚任务的疏浚单位,通常为长江航道工程局,其隶属于交通运输部。每年长江干流河道疏浚量由交通运输部确定,该疏浚量影响长江不同河段范围内的疏浚土综合利用量。尽管长江各河段每年的航道疏浚量不同,但长江干流的航道疏浚量均由交通运输部审批确认,以往的相关数据表明,航道疏浚土综合利用量均低于长江各河段每年的航道疏浚量。长江航道疏浚属于政府行为,项目实施过程合法合规。

结合上述情况,疏浚土综合利用项目每年除疏浚土上岸量不同外,每年度的项目实施方案内容基本相似。建议水利部门可酌情考虑适当延长疏浚土综合利用项目的批复时间,如 2～3 年一审批,如遇项目重大变化则另行请示审批。

2. 疏浚土项目联合管理机制

目前,长江疏浚土综合利用工作主要涉及水利和交通运输两个政府部门。针对长江流域,水利部门设置有长江水利委员会作为派出的流域管理机构,在长江流域和澜沧江以西(含澜沧江)区域内行使水行政管理职责;交通运输部门设置有长江航务管理局作为派出机构,受交通运输部委托或法规授权行使长江干线(四川宜宾—上海长江口)航运发展规划、运输市场监管、水上安全监督、航道整治维护等政府行政管理职能。

在日常项目管理方面,项目河段所属地市的水行政主管部门,以及该河段的长江海事部门、长江航道部门分别对疏浚土综合利用项目的疏浚土上岸量、水上施工运输安全及航道疏浚作业进行监管。

建议可以由各地市政府牵头,成立包括水利、海事、航道等多部门在内的联合管理工作组,形成统一的工作机制,并结合国家发展计划和地区发展规划,指导推进疏浚土的综合利用工作,协调解决项目实施过程中存在的问题,切实提升长江疏浚土综合利用管理水平。

8.3 疏浚土实践操作方面的问题与建议

8.3.1 当前存在的问题

目前,各地开展的长江疏浚土综合利用项目操作模式有所不同。湖南、湖北等地区砂石资源丰富,为长江流域最主要的砂石供应基地,传统采砂业务起步较早,行业发展相对完善,不同县市地区均有配套的国企作为砂石运作主体单位,在疏浚土综合利用业务方面具有较为成熟完善的审批程序以及相对丰富的管理操作经验。而其他地区尤其是长江下游地区,由于砂石资源相对匮乏,且受地方采砂政策影响,缺少配套国企从事砂石业务方面相关工作,在疏浚土综合利用项目上只能从长江中上游地区学习经验,逐步探索适合下游地区的实践操作模式。

尽管个别地区如江苏镇江等地通过几年时间建立起了一套符合地方政策、适合区域长江航道特点的管理操作模式,但不同地区的疏浚土综合利用模式在监管、供应等方面仍存在较大差异,亟须建立疏浚土综合利用相关的行业标准。

8.3.2 关于实践操作方面的建议

1. 疏浚土综合利用的专业化操作模式

现阶段长江干流的疏浚土综合利用工作的操作模式大致相同,在政府主导的前提下,由沿江各地市的国有企业负责疏浚土综合利用项目运营,但具体操作模式有所不同。长江疏浚土综合利用的施工主体为长江干流航道的疏浚单位(通常为长江航道工程局),而地市国有企业主要负责水上接驳运输、上岸仓储、销售供应等环节,因此疏浚土综合利用项目须由疏浚单位与地市国有企业合作实施。

在具体合作层面,部分地市采取成立合资公司的形式进行运作;部分地市通过签订疏浚土转运服务协议,将水上接驳运输环节统筹交由疏浚单位负责,从而达成项目合作。前者由于涉及股权与利润分成,操作相对烦琐,且不同地区难以形成统一标准。建议对长江干流区域内的疏浚土综合利用项目中地市国有企业与航道疏浚单位的合作模式进行统一,通过签订疏浚土转运服务协议,促使项目运作更加科学合理,操作更加灵活便捷。

2. 疏浚土产生额外成本的补偿方式

长江疏浚土综合利用项目在实施过程中需多个部门及单位配合,负责项目的地市国有企业与疏浚单位通过合作可以签订疏浚土转运服务协议,解决航道疏浚过程中产生的额外费用。但是水利、海事、航道等部门在项目实施过程中需额外增加部分人、机力量,以满足项目监管需求,该部分人、机成本如无法解决也将影响项目的长期平稳有序发展。

为确保合法合规,可采取设立"长江疏浚土综合利用基金"的方式,由各地市疏浚土综合利用领导工作小组牵头,根据各地实际情况研究确定"长江疏浚土综合利用基金"的设立方式。可由疏浚土综合利用实施单位设立基金专用账户,接受市财政部门的监督,疏浚土综合利用项目收入全部进入该基金专用账户。水利、海事、航道等部门在项目实施过程中涉及额外增加的部分人、机费用,经疏浚土综合利用领导工作小组研究同意后,可由该基金专用账户支出。

8.4 疏浚土市场供应方面的问题与建议

8.4.1 当前存在的问题

长江疏浚土综合利用项目在实施过程中,因项目涉及江砂资源,其主要监管部门为水利单位。由于不同长江河段、不同区域的实际情况不一,水利部门对江砂资源的监管方案及措施也存在差异。在 2020 年以前,国内大部分地区的长江疏浚土综合利用工作仍处于试点阶段,加之相关的指导性文件尚未出台,疏浚土的供应范围主要以地方水行政主管部门在项目审批文件中给出的意见为准,没有明确的参照依据。

在各地长江疏浚土综合利用项目实施过程中,在供应方面遇到的问题也存在不同。如长江中游的湖北荆州,作为长江流域首个开展疏浚土综合利用试点工作的城市,在项目初期,疏浚土上岸后仅能用于个别城市建设项目,不得向市场供应,尽管降低了疏浚土流出带来的监管风险,但也限制了疏浚土的供应范围,"点对点"的供应模式不利于项目的长远发展。

在长江下游的江苏镇江,2019 年疏浚土上岸开展综合利用后,根据项目批复文件,疏浚土主要供应范围为镇江地区的政府工程项目。由于镇江地区疏浚土的细度模数较低,利用范围有限,且镇江地区的城市建设用砂量相对较少,使得大量疏浚土上岸后无法开展综合利用,仅能堆积在堆场内。

《水利部交通运输部关于加强长江干流河道疏浚砂综合利用管理工作的指导意见》(水河湖〔2020〕205 号)中明确"长江河道疏浚砂利用优先保障重点基础设施建设和民生工程,有条件的情况下可兼顾社会市场需求",从一定程度上缓解了疏浚土无法面向市场供应的困境。在具体实施过程中,由于各地疏浚土质量不一,仍需结合疏浚土特点因地制宜制订供应策略。

8.4.2 关于市场供应方面的建议

1. 长江中下游疏浚土资源互通机制

受水流泥沙影响,长江流域上、中、下游的疏浚土物理特性存在较大差异。上游疏浚土中所含江砂细度模数高于中游、下游,且越往下游疏浚土中江砂的细度模数越低。在疏浚土综合利用的混凝土、水泥等延伸产品中,由于考虑到和易性等产品特性,需要不同细度模数的江砂以满足砂石骨料级配需求。因此,长江上、中、下游的疏浚土在实际利用过程中存在一定的互补性,实现疏浚土资源互通对沿江各区域的经济社会发展与城市建设具有重要意义。

目前,长江疏浚土综合利用在行政审批及项目监管上仍属于分区域管理。疏浚土跨省综合利用由于涉及不同省市的水行政主管部门,在项目监管操作层面存在较大难度。要实现疏浚土资源互通,需建立相应的工作机制,以满足实际监管需求。

建议由长江水利委员会牵头沿江各省市水行政主管部门,建立联合监管工作机制,通过信息化等手段,将沿江各地市长江疏浚土综合利用项目实施单位纳入统一监管范围,从而实现对长江全流域疏浚土流通的管控。

2. 长江中下游疏浚土市场化供应机制

《水利部交通运输部关于加强长江干流河道疏浚砂综合利用管理工作的指导意见》(水河湖〔2020〕205号)中明确"长江河道疏浚砂利用优先保障重点基础设施建设和民生工程,有条件的情况下可兼顾社会市场需求"。在此原则下,现阶段,长江流域内疏浚土综合利用项目大多以供应政府重点基础设施建设及民生项目为主,市场化供应仍在逐步探索中。

为了进一步发挥长江疏浚土综合利用的经济效益与社会效益,服务地方经济发展,有效缓解疏浚砂供应困境,在保障公平、公正、公开的原则下实现市场化供应,建议通过公开竞价、摇号竞价等方式对疏浚土进行供应。可以委托第三方拍卖机构对某部分标的数量的疏浚土进行竞价拍卖,由公证处全程公证,确保疏浚土供应的合规性。

第 9 章

长江疏浚土综合利用高质量发展探索

长江经济带发展战略是关系国家发展全局的重大战略,以"共抓大保护、不搞大开发"为导向,推动长江疏浚土的综合利用对促进长江经济带建设与发展具有重要意义。长江疏浚土综合利用项目是习近平生态文明思想的具体体现,是落实长江大保护的具体举措,是贯彻中央化解地方债务风险的重要抓手,是长江中下游建材短缺的有效补充,也是港产城融合发展的基础保障。随着各地长江疏浚土综合利用项目的陆续实施,其未来的发展方向与发展模式是一项亟待深入研究的重要课题。

9.1 "变废为宝"助力低碳绿色发展

"2030年前实现碳达峰,2060年前实现碳中和"是我国在国际上作出的重要承诺,是"十四五"时期我国为全面实现"碳中和"的精确部署。目前,随着我国社会经济与国民经济的高速发展、人们物质生活水平的逐渐提高,国内对于资源的需求量、消耗量逐渐增加,以绿色、低碳、环保等方式开展废弃资源的循环利用,能够进一步加快实现绿色"碳中和"发展目标。

9.1.1 疏浚土经济效益

1. 直接效益

长江干线河道每年疏浚土的疏浚量约3 176万 m^3,上岸利用率预估为40%,密度为1.2 t/m^3,即约为1 525万 t,如果价格为83元/t,那么每年疏浚土综合利用带来的直接收入将会达到约12.66亿元。考虑到疏浚土的季节性需求特点,可能会有一定程度的供需波动,但是整体来看,营收还是相对稳定的。

2022年镇江市疏浚土综合利用量创历史新高,上岸利用量约400万 t,销售价格平均约83元/t,给地方带来直接营收3.3亿元。在营收的基础上,我们可以计算出每年的净利润。假设每吨疏浚土的成本为60元,那么每年的净利润将会达到9 200万元。其中,成本主要包括施工、运输、技术服务、人力、设备租赁等费用。

企业盈利的同时,也需要向政府缴纳一定的税收。根据国家的相关规定,负责实施疏浚土综合利用的企业的所得税率一般为25%,所以每年需要缴纳的税收将会达到2 300万元。此外,还可能需要支付一些其他的税费,例如增值税、消费税等,可以为地方财政做出很大贡献。

近年来,为了应对债务压力,镇江市国有企业开始寻求各种方式来化解债务。长江河道疏浚土每年产生的净利润将会有一部分用于偿还债务,这不仅可以降低国有企业的财务风险,也有利于提高国有企业的信用等级。假设每年需要偿还的债务金额为1 000亿元,信用等级由AA级升为AAA级,融资成本将降低约1.5%,那么化债将节省15亿/年负担。

2. 间接效益

公开数据显示:2023年前三个季度,镇江市GDP增幅高于江苏省平均水平,主要经济指标增幅位居全省前列。镇江市委、市政府要求各地国有企业,通过盘活国有资产方式,充分挖掘可化债资源。据镇江市国资委统计:2018年,镇江市属国企营业收入仅为339.11亿元;2022年,镇江市属国企营业收入达到446.9亿元,利润总额达到

36.36亿元。2019—2022年镇江市疏浚土综合利用营收利润表如表9-1所示。

表 9-1 2019—2022年镇江市疏浚土综合利用营收利润表　　　　单位：元

年份	营收	税额	利润
2019	6 738 522.56	49 199.47	−2 674 363.62
2020	73 408 166.04	389 511.72	3 916 395.79
2021	487 829 650.95	1 248 298.09	61 134 379.88
2022	744 666 098.3	1 301 232.75	88 671 409.54

从表9-1中可以看出疏浚土行业在2019—2022年所创造的营收逐年增长，在2022年营收占镇江市属国企营收的7%左右，同时为当地政府带来了丰厚的税收收入。疏浚土行业的盈利和工程项目所带来的经济收入都需要缴纳一定比例的税金，这些税金成为地方政府的重要财政收入来源，为政府提供了更多的财政支持，为地方的公共服务和基础设施建设提供了保障。

疏浚土行业的发展也为当地的基础设施建设提供了支持。疏浚土行业的工程项目需要大量的港口、码头、航道等基础设施支持，这些基础设施的建设和改善为当地经济发展提供更好的支持，提升当地的港口运输能力和服务水平。

综上所述，长江河道疏浚土利用的经济效益显著，对于国有企业的发展有着重要意义，同时对地方税收、降低债务风险、基础设施建设及产业链发展具有重要意义，有力地推动企业发展和地方经济社会进步。

9.1.2　疏浚土综合利用生态效益

疏浚土的合理使用和处置对生态环境保护具有重要的意义。通过科学合理的处理方式，可以最大程度地发挥疏浚土的生态环境效益，实现经济与环境的和谐发展。

疏浚土综合利用有效保护长江河道水生态环境。传统的长江航道疏浚工艺，是将长江航道疏浚砂从航道里面清淤之后，抛至长江的深水区，现在的工艺中长江航道疏浚砂通过转运，直接上岸，减轻了对长江水体的污染。相比于传统疏浚后到深水区二次抛弃，疏浚土综合利用有效地防止污染物进入水体，从而减少环境污染。假设每年疏浚土的上岸量达到1 525万t，那么每年就可以减少约1 270万m^3的污染物进入水体。

疏浚土综合利用实现低碳绿色发展。疏浚土的疏浚施工和运输上岸过程中会产生少量的二氧化碳排放，疏浚土的处理过程中通过改进技术和工艺，可以提高能源利用效率，减少能源消耗和碳排放。能够减少污染物进入水体，水体功能的改善，如水质改善、洪涝控制等，有助于提高水体生态系统的稳定性，间接地减缓了碳排放。在进行疏浚土综合利用工作时，通过科学规划，综合考虑生态系统的碳循环和碳储存特征，争取达到生态效益的最大化和碳排放的最小化。因此，总的温室气体排放量会有所减少。

疏浚土综合利用有助于改善生态环境。疏浚土可以作为土壤改良剂，在某种程度上促进土壤生态系统的恢复。疏浚土经过适当的处理后，可以用来改善河流湖泊的水质，有助于恢复生态系统。疏浚土的排放不会直接导致气候变化，但可以间接减少温室气体排放，有利于减缓全球气候变暖的趋势。疏浚土综合利用有助于清理底栖生物的栖息地,为水生植物和动物提供更为适宜的生存环境,有助于提高水域的生物多样性。清理底泥和淤泥可以减少富营养化问题,提高水域的透明度,有利于水生植物的光合作用和改善水质。清理底床可以创造更良好的环境,促进鱼类的洄游、产卵和仔鱼成长,有助于丰富水域中的渔业资源。沉积在水底的泥沙和淤泥可能导致鱼类栖息地的丧失,疏浚土综合利用有助于避免这种丧失,维护水域生态系统的完整性。清理水域底床可以提高水域的景观价值,使其更具吸引力,有助于促进生态旅游和环境教育。疏浚土综合利用可以改善水域的功能,包括提高通航能力、减少洪涝风险等,从而对水域的生态系统产生积极影响。

疏浚土综合利用极大降低碳排放量。建材生产阶段碳排放的计算公式通常为:

$$碳排放 = 能耗 \times 能效系数 \times 污染因子$$

其中,能耗是指建材生产过程中所需的电、煤、油等能源消耗;能效系数是指单位能耗生产的建筑材料数量;污染因子是指建材生产过程中的污染物排放量。

假设长江河道疏浚土替代400万t机制砂,能效系数为3,污染因子为1,那么每年可以节省约400万t机制砂,从而减少约1 200万t碳排放。

需要注意的是,这个计算公式只是一个粗略的估计,实际情况可能会受到许多因素的影响,比如建材生产工艺、能源消耗、污染排放等。因此,具体的碳排放减少量需要根据实际的生产情况进行详细的计算。

因此,长江河道疏浚土的生态环境效益显著。在今后的疏浚土处理过程中,应当注重提高处理效率,减少能源消耗和碳排放,进一步发挥疏浚土的生态环境效益。同时,还需要加强对疏浚土排放污染物的监测和控制,保护生态环境。

9.1.3 疏浚土综合利用社会效益分析

疏浚土是一种从河道水域中挖出的砂土,具有丰富的养分和矿物质。疏浚土的合理使用和处置对社会经济发展和生态环境保护都具有重要的意义。长江河道疏浚土综合利用具有较高的社会效益,主要表现在以下几个方面:

(1) 促进就业:疏浚土处理和利用过程中需要大量的人力和物力投入,可以为当地创造就业机会,推动经济发展。镇江市疏浚土综合利用行业的直接产值约3.5亿元,相关疏浚施工、船舶运输、吊卸、堆存、陆路运输、加工、使用等产业链从业人员达3 000～5 000人,带动产值可达近10亿元。

(2) 促进城市建设:疏浚土综合利用是落实长江大保护和绿色发展要求的需要,上岸后的疏浚土可以有效地和机制砂进行掺配,用于工程建设,也能有效地缓解地方砂石供需矛盾。2022年镇江市疏浚土广泛应用于道路建设改造、生态修复、城市修补、老旧小区改造等,有近200个项目,其中城建项目113个,包括国家、省重点工程3个,市级续建及新建项目各33个,镇江市域内国家、省重点工程及城建项目需要大量的基础砂石填料。

(3) 促进河道整治:疏浚土可以用于河道整治,降低河床水位,减轻洪水压力。2020年镇江市大港汽渡清淤的疏浚土,通过灌装砂袋,用于孟家港抢险,2022年孟家港险情已从根本上得到解决。

(4) 增强土壤肥力:疏浚土中含有大量的有机质和微量元素,可以增强农田土壤的肥力,提高农田土壤的质量,促进农作物的生长,从而提高农作物的产量和质量。

(5) 改善环境:疏浚土的施工、上岸及处理过程中,可以有效地防止污染物进入水体,从而改善河流湖泊的水质,保护生态环境。疏浚土经过适当的处理后,可以用于园林绿化、土地复垦等方面,改善城市和农村的生态环境。

(6) 促进资源回收利用:疏浚土可以通过堆肥等方式转化为有机肥料,实现资源的有效回收利用。疏浚土可以作为土壤改良剂,在某种程度上促进土壤生态系统的恢复。

因此,长江河道疏浚土具有较高的社会效益,对于当地的经济发展和环境保护都具有积极意义。同时,通过合理的管理方式,可以最大限度地发挥疏浚土的经济效益和社会效益,实现经济效益和社会效益的双重提升。

9.2 疏浚土综合利用标准化建设

伴随长江疏浚土综合利用行业的不断发展,多地因地制宜开展疏浚土综合利用,项目实施方式与管理方法存在差异,部分地区项目启动后由于种种原因未能延续实施。为了保障长江疏浚土综合利用行业的健康有序发展,有必要研究一套标准化的项目准入条件。

9.2.1 准入前提

随着长江全线打击非法采砂工作的大力推进,长江采砂管理工作也呈现出稳中向好的态势。长江疏浚土综合利用是在长江采砂管理工作基础上的延伸,严厉打击非法采砂,是开展长江疏浚土综合利用的重要前提。

开展长江疏浚土综合利用的城市需确保所辖河段近年内采砂管理秩序可管可控,未发生任何非法采砂事件;相关区域内批准实施的河道采砂或港口、码头疏浚工程,项目实施单位无违法、违纪行为。全力确保长江疏浚土综合利用工作能够在健康有序的行业环境下开展实施。

9.2.2 管理团队

1. 能力素养方面

长江疏浚土综合利用工作由于涉水、涉砂,所需对接的主管部门较多,且该项工作尚未在长江流域内大范围开展,在管理方法与操作模式上需要项目实施单位逐步探索和实践,因此,对项目管理团队的能力素养要求较高。建议在组建团队时,可优先考虑有涉水项目管理经验的人员,为长江疏浚土综合利用项目的运作与队伍建设奠定基础。

2. 廉洁纪律方面

由于项目涉及砂石资源,效益相对可观,容易引起社会各方的逐利现象,对管理团队的廉洁纪律方面要求严格。建议在组建团队时,充分考虑管理人员的思想建设、工作作风、廉洁自律等情况,营造风清气正、严守底线、不越红线的优良工作环境。

9.2.3 配套建设

1. 港口码头设施

长江疏浚土在综合利用过程中需要进行码头上岸装卸作业,对指定上岸点的装卸能力、作业环境、仓储面积有一定要求,以满足项目监管需要。建议在组建或选定长江疏浚土综合利用项目实施单位时,充分考虑自有港口、码头、仓储堆场等条件因素。

2. 监管设施

监管措施的落实是保障长江疏浚土综合利用项目顺利实施的重要一环。根据水行政主管部门对项目开展过程中的监管要求,项目实施单位需在疏浚施工船、运输船、装卸码头、仓储堆场等地配备监控设施,在项目管理过程中能够确保监管部门实时掌握项目各个环节的现场情况。

9.2.4 规划设计

由于长江流域内不同河段的疏浚土分布差异较大,且不同地区编制的疏浚土综合利用项目实施方案中,大多仅对该区域河段内的水文泥沙特性、疏浚土分布进行分析,缺乏对长江干流范围的疏浚土分布情况整体摸排、调研及分析。

目前,各地区长江疏浚土综合利用项目的申报均需编制项目实施方案,对固定时间跨度内的长江干流全流域疏浚土综合利用工作进行统筹规划,为各地区长江疏浚土综合利用项目的行政审批提供有力依据。

应当对长江干流河道情况、疏浚土分布情况、疏浚船机情况、上岸点分布情况等内容进行统筹规划,为沿江各地实施疏浚土综合利用工作提供翔实的指导资料,有利于长江不同河段疏浚土综合利用实施方案和实施计划的编制。

9.3 项目申报批复与验收评审的优化

9.3.1 项目申报批复

1. 航道疏浚土综合利用项目申报与批复方式

当前,长江疏浚土综合利用的申报审批流程沿用河道采砂的管理流程,其中航道疏浚土综合利用项目以年度为划分标准,由项目实施单位每年向所属省市的水行政主管部门进行申报。由于不同年份航道疏浚土的综合利用量与航道疏浚量成正比关系,且均小于航道疏浚量,因此在疏浚土上岸点固定、疏浚单位与项目实施单位不变的情况下,具备延长航道疏浚土综合利用项目批复中"项目实施时间"的可行性。

航道疏浚土综合利用项目批复的"项目实施时间"延长至2~3年,有利于航道疏浚土综合利用项目的施工延续性,提升全年疏浚土综合利用总量,实现深层次意义上的常态化运作。

2. 港口、锚地、专用航道疏浚土综合利用项目申报与批复方式

长江疏浚土综合利用除航道疏浚土综合利用项目以外,还包含港口、锚地、专用航道的疏浚土综合利用。由于该类别项目的建设主体通常为港口、锚地、专用航道的管理或使用单位,且项目疏浚单位通常由项目建设主体通过招标或委托方式确定,因此与航道疏浚土综合利用项目存在较大差异。

建议针对不同的港口、锚地、专用航道疏浚土综合利用项目,由项目建设主体或代理建设单位向所属省市的水行政主管部门进行申报。水行政主管部门对申报内容采取"单项目"审批的方式审核发放批复及采砂行政许可。

3. 项目变更批复方式

针对航道疏浚土综合利用项目以及港口、锚地、专用航道疏浚土综合利用项目在实施过程中存在的部分内容变更(如疏浚土上岸点、疏浚施工船舶、运输船舶、作业时间等内容),可由项目实施单位与水行政主管部门提前沟通,在符合相关规定且不影响项目主体内容的情况下,由项目实施单位提交变更申请,经水行政主管部门批准同意后进行相关变更。

9.3.2 项目验收与评审

1. 航道疏浚土综合利用项目定期总结

结合本章节内容,若航道疏浚土综合利用项目的批复时间延长至2~3年,由于项目时间长且跨年度实施,为了便于水行政主管部门对项目实施情况的监督管理,在项目批复周期内,可于每年初组织召开上一年度的航道疏浚土综合利用项目阶段性会议,对上一年度项目实施情况进行定期总结,反馈问题与困难,为批复期内的下阶段航道疏浚土综合利用工作提出意见及建议。在项目批复到期后,可组织召开项目总结会,全面总结项目实施期内生产运行情况,由水行政主管部门组织项目实施单位、航道疏浚单位、水上转运服务单位等进行项目验收,出具验收意见。

2. 港口、锚地、专用航道疏浚土综合利用项目独立验收

港口、锚地、专用航道疏浚土综合利用项目相较于航道疏浚土综合利用项目,由于项目实施时间多数情况由其管理或使用单位根据实际情况主导确定,存在差异性,综合本章节中提到的"单项目"审批内容,建议对港口、锚地、专用航道疏浚土综合利用项目采取独立验收,即项目完成时由水行政主管部门组织项目建设单位、项目实施单位(或代建单位)、疏浚施工单位等进行项目验收。

3. 各省市长江疏浚土综合利用经验交流机制

受地方政策及地形、水道、航运量等因素影响,长江各河段疏浚土综合利用项目在实施过程中存在诸多差异,有必要加强各区域之间的联动交流,提升长江全流域疏浚土的综合利用水平。建议由长江水利委员会、长江航务管理局不定期联合组织开展长江疏浚土综合利用经验交流会议活动,选取管理运作成熟、项目效益突出的地区项目作为会议交流地点,各地区疏浚土综合利用项目实施单位通过实地调研、座谈交流等方式学习先进经验,全面促进沿江各地市疏浚土的综合利用高质量发展。

9.4 长江疏浚土综合利用信息化建设

伴随长江疏浚土综合利用工作的区域范围逐步扩大,利用总量不断提升,工艺技术与管理模式愈发成熟,亟须将信息化技术应用到长江疏浚土综合利用项目管理中,建设一套涵盖疏浚作业、驳船装运、码头接卸、仓储堆存、物流运输、定位跟踪等功能的管控平台,促使项目实现全过程、全方位的智慧化管理。

9.4.1 信息化建设的重要性

疏浚土综合利用智慧管控平台的建设开发,是将现代信息技术全方位融入长江疏浚土综合利用项目管理中,坚持需求导向,立足于项目管理工作实际需求,推动信息技术在项目各环节工作中的深度应用。

管理单位、监管单位、客户单位根据各自需求,通过管控平台上的数据信息和基础功能进行线上操作,以实现疏浚土综合利用项目的集中化管控,大幅增强项目实施效率,降低管理难度及管理成本,满足长江疏浚土综合利用的长远发展。

9.4.2 智慧化管控平台

疏浚土综合利用管控平台可建设 PC 端与移动端,其中 PC 端可划分为基础数据管理、发运计划管理、生产作业管理、报表统计查询、系统综合管理等功能板块;移动端可划分为需求报送、运输船调度、发运指令审核、发运指令接收、运管单管理、作业线管理等功能板块。

(1)基础数据管理主要用于维护系统基础信息,包含船舶管理、客户管理、操作过程管理、码头管理、场地管理、电子围栏管理、电子章管理等。

(2)发运计划管理主要记录各客户单位上报的需求计划,形成客户需求清单,再根据订单发运需求清单制定发运指令,关联标段信息,选择客户名称、运输船名、作业方式、计划量、接运工具、接运时间等信息。

(3)生产作业管理中各板块则根据作业线情况将运输船作业指令拆分,用于操作生产发运。

(4)报表统计查询板块可以实现将系统内的各种统计数据查询、汇总、分析的功能,以日常表单为主,支持导出功能。

(5)系统综合管理包括用户管理、组织架构管理、角色管理、菜单管理、缓存管理、日志监控等。

9.4.3 智能水尺测量

在疏浚土综合利用过程中,疏浚土接驳转运至运输船后,对疏浚土量的测量方式通常有地磅计量和水尺计量两种方式。

(1)地磅,也被称为汽车衡,是设置在地面上的大磅秤,通常用来称量卡车的载货吨数,是厂矿、港口企业等用于大宗货物计量的主要称重设备。

①优点:称量迅速、准确、灵敏度高,数字显示、直观易读,使用期长,易于维护保养。

②缺点:秤体高出地面约 45 cm,汽车必须以均匀速度通过引坡上下磅称重,卡车急刹或快速起步有可能导致计量不准确。遇强降雨天气易积水,设备不通风极易造成传感器使用精度降低,需要进行经常性维护和校磅。

(2)水尺计量,指的是在阿基米德原理的基础上,以船本身为计量工具,对船载货物进行计量的一种方法。水尺计重原称固体公估,适用于水运散装固态商品的计重。对承运的船舶通过观测船舶吃水,求得船舶的实际排水量和船用物料重量,以计算所载货物的重量。水尺计重具有省时、省力、省费用的优点,为国际贸易和运输部门所采用。

中国从 1952 年上海首次出口散装氟石时,开始水尺计重工作。1990 年,国家商检局在上海召开重量鉴定技术委员会会议,对上海商检局负责修订的《进出口商品重量鉴定

规程　水尺计重》进行鉴定，代表们对该规程提出修改意见，对修订稿中明确含义、统一符号、表达确切、公式排列顺序、便于应用微机等方面给予好评，并通过鉴定。

①优点：缩短船舶在港口停留时间，保护贸易各方的利益，尤其是对于装运大宗散装货物的船舶。其主要特点是方法简便，节省人力、物力和时间，因此广泛适用于煤炭、生铁、废钢、矿石、盐、化肥、砂石等散货的计重。

②缺点：需要专业的人员和专业的测量工具。

以长江镇江段疏浚土综合利用工作为例，当前，疏浚土转驳—运输靠岸—吊卸的装卸工艺基本上全部采用水尺计量，水尺计量结果直接影响散货船货物计重的准确性，关乎商品的交接结算、纠纷索赔等问题，因此，快速准确测量吃水线至关重要。为了保障疏浚土计量的准确性，同时兼顾计量效率，有必要研究开发新型电子水尺计量技术。

2023年9月21日，日本川崎汽船（KLine）宣布，公司与合作伙伴TIS和Miotsukushi Analytics共同开发了一款基于人工智能的自动水尺检量应用程序。该应用程序利用人工智能（AI）从智能手机拍摄的图像中识别水面和吃水标志，并在屏幕上显示去除波浪影响后的准确吃水深度，将智能手机和人工智能相结合，以便把传统上依赖海事技术人员经验的吃水测量补充到人工智能中，帮助精确测量船舶吃水，从而帮助船员准确计算散货船上的货物重量。

9.5　疏浚土综合利用产业链建设

在长江疏浚土综合利用过程中，目前大部分地区的利用方式相对单一，通常作为工程建设用砂石原料直接供应给工程项目，附加值较低。由于疏浚土中所含的江砂是建筑材料中不可或缺的重要原料，长江疏浚土综合利用行业未来的发展前景与砂石行业密不可分，建设疏浚土综合利用延伸产业链能够进一步提升疏浚土的附加值，是未来发展的主要趋势。

9.5.1　疏浚土延伸产业及砂石市场前景

1. 砂石市场前景

2023年4月28日中共中央政治局召开会议，分析研究当前经济形势和经济工作。会议指出，需求收缩、供给冲击、预期转弱三重压力得到缓解，经济运行实现良好开局，但内生动力还不强，需求仍然不足，推动高质量发展仍需要克服不少困难挑战。目前，中国拥有超大规模市场，城镇化率仍有较大提升空间，2023年中国经济预期增长率5%，处于中高水平。砂石产业市场前景可期，机遇和挑战并存。

2022年建筑业增加值占GDP的6.9%，房地产业增加值占GDP的6.1%，两项合计占13%。2023年《政府工作报告》指出加强住房保障体系建设，支持刚性和改善性住房需求，解决好新市民、青年人等住房问题。"十四五"时期，以人口流入多、房价高的城市为重点，扩大保障性租赁住房供给。全国40个重点城市，将建设1 000万套保障性租赁住房，以解决3 000多万新市民、青年人住房困难问题。中国要达到发达国家80%的城镇化率，以每年城镇化率增加一个百分点预计，大约需要15年时间。有工地、有项目就有砂石需求，这对未来一段时间的砂石行业发展有利。

2. 疏浚土延伸产业前景

习近平总书记在中国共产党第二十次全国代表大会上的报告提出，加快发展方式绿色转型。推动经济社会发展绿色化、低碳化是实现高质量发展的关键环节。加快推动产业结构、能源结构、交通运输结构等调整优化。实施全面节约战略，推进各类资源节约集约利用，加快构建废弃物循环利用体系。完善支持绿色发展的财税、金融、投资、价格政策和标准体系，发展绿色低碳产业，健全资源环境要素市场化配置体系，加快节能降碳先进技术研发和推广应用，倡导绿色消费，推动形成绿色低碳的生产方式和生活方式。

国家发展改革委于2021年7月7日发布《"十四五"循环经济发展规划》，规划到2025年，我国资源循环型产业体系基本建立，覆盖全社会的资源循环利用体系基本建成。因此，响应国家发展绿色循环产业的要求、推动疏浚土资源整合、优化产业布局发展、建设延伸产业链，符合国内政策环境及行业高质量发展的大趋势。

9.5.2 疏浚土延伸产业发展趋势

1. 科技引领迈向高质量发展时代

高质量发展是中国式现代化的首要任务，疏浚土综合利用行业的高质量发展是解决各方面生产和供给由"有没有""足不足"转向解决"好不好""优不优"的问题。高质量发展的基本要求是：生产要素投入少、资源配置效率高、资源环境成本低、经济社会效益好。

2023年7月，中国砂石协会在广东韶关召开第十届全国砂石骨料行业科技大会，大会以"创新驱动 科技引领 高质量发展"为主题，为未来砂石行业实现高质量发展指明了路径。疏浚土综合利用产业作为砂石行业中的新生力量，更需走在行业前列。从疏浚土水上工艺技术的改造提升，到电子信息化管理系统的开发建设，充分发挥了科技创新对疏浚土产业高质量发展的引领作用。以创新驱动、科技引领，开发疏浚土衍生产品，打造具有地方特色的疏浚土延伸产业链，通过新产品、新技术、新理念、新模式，促进疏浚土产业结构转型升级，是未来疏浚土综合利用行业实现高质量发展的关键。

2. 依江治江，打造绿色生态产业链

长江航道疏浚养护、航道建设改造、河道生态治理等工程是践行中央关于长江"共抓大保护、不搞大开发"指示精神，保障长江经济带高质量发展的重要一环。上述工程在建设过程中需要用到大量的构筑材料，如护坡砖、灌沙袋、抛江石、鱼巢构件等，长江疏浚土可作为砂石原料，经过工艺加工制成上述构筑材料。

长江疏浚土"来之于长江，用之于长江"，完美诠释了生态绿色发展、资源循环利用的行业发展方向，具有巨大的市场需求和广阔的行业前景。建设疏浚土绿色生态产业链，将生态设计理念引入长江建设中，不仅满足了工程建设需求、降低了建设成本，而且真正实现了疏浚土"变废为宝"的可持续发展，对助力长江经济带高质量发展战略具有重要意义。

参考文献

［1］丁继勇,王卓甫,安晓伟,等.基于多案例的长江河道砂石资源优化利用策略研究[J].水力发电,2018,44(12):90-94.

［2］何宁,安晓宇,刘洋,等.深海SCR触地管道与土体水平向作用离心模型试验研究[J].水道港口,2022,43(2):246-251.

［3］谈晓青.长江口航道疏浚淤泥(砂)用于底层抹灰石膏的研制[J].新型建筑材料,2017,44(5):41-45.

［4］丁慧,孙秀丽,刘文化,等.固化疏浚淤泥作路基材料工程特性试验研究[J].土木建筑与环境工程,2017,39(2):11-18.

［5］王海兵.浅谈河道采砂与清淤疏浚治理[J].山东工业技术,2018(5):105.

［6］郑永梓.浅谈疏浚工程施工监理质量控制要点[J].珠江水运,2022(22):96-98.

［7］中交(天津)生态环保设计研究院有限公司.一种河湖底泥板框压滤脱水方法:CN201911285683.9[P].2020-12-01.

［8］丁继勇,林欣,卢晓丹,等.河道采砂管理问题及其研究进展[J].水利水电科技进展,2021,41(4):81-88.

［9］包起帆,周海,窦希萍,等.河口疏浚土资源利用和新横沙滩面生态培育研究及应用示范[Z].上海:华东师范大学,2021-01-19.

［10］柴萍,马凯.疏浚底泥资源化利用研究综述[J].绿色环保建材,2019(3):54-55.

［11］徐会显,徐江宇,熊正伟,等.荆江三口疏浚泥资源化利用研究[J].环境科学与技术,2020,43(S1):128-133.

［12］陈彦霖.疏浚淤泥的固化处理技术与资源化利用[J].中国设备工程,2020(20):11-12.

［13］姚仕明,刘同宦.长江流域泥沙资源供需矛盾及对策[J].人民长江,2010,41(15):10-14.

［14］杨会臣,王培.湖库疏浚技术及淤积物资源化利用技术进展[J].中国水能及电气化,2021(8):39-42.

［15］陈秀瑛,古浩,孙萍.长江下游航道疏浚砂综合利用研究[J].中国水运,2021(10):126-128.

［16］李升涛,陈徐东,张伟,等.基于长江下游超细疏浚砂的碱激发矿渣混凝土力学性能[J].复合材料学报,2022,39(1):335-343.

[17] 赵国权,丁付革.深水域抛填袋装砂筑堤工艺探索[J].中国水运(下半月),2013,13(9):214-217.
[18] 张培生,黄昊,杨旋.袋装砂抛填在仪征深水航道整治工程中的应用[J].中国水运(下半月),2016,16(8):257-258.
[19] 陶润礼,袁超哲,王健,等.小型袋装砂抛填水下轨迹模拟与分析[J].中国港湾建设,2017,37(3):18-21,42.
[20] 张庆文,胡子军,谭炜强.长江南京以下12.5 m深水航道二期工程深水充灌袋装砂堤心施工工艺[J].中国港湾建设,2017,37(9):70-73.
[21] 吴松华,罗鹏达.复杂潮汐深水海域大型袋装砂施工关键技术研究[J].人民长江,2018,49(20):60-64.
[22] 刘超,张克非,吴国强.浅谈深厚软基袋装砂筑堤施工工艺[J].中国水运(下半月),2018,18(2):240-241,243.
[23] 刘明忠.袋装砂护岸技术在汉江鄢湾段抢险中的应用[J].水利水电快报,2019,40(7):34-37.
[24] 曹静.复杂护岸袋装砂结构施工工艺研究[J].工程建设与设计,2019(8):204-205.
[25] 施军,毛森敏.航道整治工程袋装砂斜坡堤新型砂袋研制与应用[J].中国港湾建设,2021,41(7):47-50.
[26] 邓传贵,甘磊,庄雪飞.南京八卦洲袋装砂抛枕防护施工技术研究与应用[J].人民长江,2021,52(11):150-154,174.
[27] 王兴勇,郭军,刘树坤,等.生态型鱼巢砖水力特性研究[J].水利学报,2007,38(11):1290-1295.
[28] 张亮.鱼道工程质量影响因素分析——以加查鱼道工程为例[D].昆明:云南大学,2020.
[29] 郑松,徐月忠,陈立,等.组合工字型生态航道护岸施工工艺总结及应用[J].科学技术创新,2018(21):89-90.
[30] 杨有军,曹定维,王鹏,等.工业化箱型装配式护岸生态性分析研究[J].中国水运(下半月),2020,20(10):84-85.
[31] 徐雪鸿.透空格栅鱼巢结构制作工艺及其在武安段航道整治中的应用[J].中国水运(上半月),2020(6):85-87.
[32] 金罗斌,刘勇军,徐云,等.内河航道重力式生态护岸的设计及应用[J].中国水运(上半月),2021(12):66-68.
[33] 蓝于倩,张家俊,何景亮,等.人工鱼巢应用效果提升探究[J].人民珠江,2022,43(8):41-46.
[34] 苏国青.新型鱼巢砌块水力特性试验研究[D].哈尔滨:黑龙江大学,2022.
[35] 叶昆河,韩雷,王正君,等.鱼巢砌块水力特性的研究现状与意义[J].水利科学与寒区工程,2022,5(4):33-36.